設計に活かす
建築計画

内藤和彦・橋本雅好・日色真帆・藤田大輔　編著
Kazuhiko NAITOH　Masayoshi HASHIMOTO　Maho HIIRO　Daisuke FUJITA

学芸出版社

はじめに

　この本は、日本建築学会東海支部の設計計画委員会への参加をとおしてつながりのできた若手研究者が中心になって作った建築計画の教科書である。

　「建築計画学」という分野は日本建築学会ではオーソライズされてはいるが、確とした英訳語は存在しない。従って外国にはない、日本固有の研究分野であるといってもよい。西洋建築の導入過程で生まれた、整理・集約して効率よく学ぶための研究分野であり、具体的な建築物の設計に必要不可欠なものとしてスタートしている。その後、独自の発展過程を経て「建築計画学」という確固たる学問分野に成長するが、それと同時に、本来の設計に役立たせることへのこだわりは薄れ、今日に至っている。

　著者たちは、この「建築計画学」の研究者である。しかし、建築が好きで、この地球上にすばらしい建築が沢山できることを夢見る若い心を持ち続けている。ほぼ全員が建築設計の実務を手がけ、作品を世に出している。そして研究を研究者だけのものに留めず、設計に役立てて欲しいと思っている。

　建築を目指す学生諸君に、まずこのことを伝えたいという情熱が、本書「設計に活かす建築計画」の生まれるきっかけとなった。従って、本書は建築を志す初学者、特に建築の設計・デザインに強い関心を持ち、将来、具体的な建築の設計に携わろうとしている方を読者として想定した教科書となっている。もちろん「建築計画学」の研究者になろうとしている方やすでに実務についている方も対象にしており、過去よりも、現在と未来を見据えた建築設計実務経験者ならではの視点と表現、研究者としてのそれも随所に盛り込み、これらの方々に対しても十分示唆に富んだ内容となるよう工夫している。加えて、第3章では最新の「建築計画学」の成果と情報をわかりやすく解説している。

　多分に斬新な試みを含んでおり、意気込み先行のきらいはあるが精一杯の努力はしたつもりである。後は、読者諸君にすばらしい建築をつくって欲しいと思っている。そして、本書がそのお役に立てることを願っている。

　なお、本書の企画は編者全員の合議の上決定したが、編集作業の主な役割分担は、全体：藤田、第1章：日色、第2章：内藤、第3章：橋本となっている。特に、藤田、橋本両氏には、多く尽力いただいたことを付記しておきたい。また、学芸出版社の知念靖広氏の適切なアドバイスと指導によって本書が上梓できたことに謝意を表したい。

2010年3月

内藤　和彦

本書の使い方

　建築作品に関する言説では、コンセプトやデザインとそのプロセスへの関心が高く、建築計画の内容があまり評価されていないと感じられます。むしろ、建築計画の知見を「設計をつまらなくさせる」ものと捉え、あえて参考にしないスタンスも見られます。これは、これまでの建築計画について書かれた書籍が、学問として積み上げてきた知見を重視して、「どうすれば設計に活かすことができるか」についてあまり語っていなかったことも一因と思われます。本書はそのような問題意識を背景として、建築計画で学ぶべき広い範囲の中から設計課題に活かすことができる内容を厳選して盛り込みました。

　第1章は建築計画を学ぶ上で知っておいて欲しい内容として、社会における建築計画の役割、専門家としての姿、実際の計画と設計の流れについて書かれています。第2章では住宅、学校、オフィスビルなどの基本的な各種建築の計画、様々な建築物に関わる外部空間の計画について簡潔に書かれています。第3章では建築計画を学ぶ上で必要なキーワードを厳選し解説しています。この他、コラムとして様々な建築物に適用できる単位空間の基本的事項について触れてあります。

　本書のレイアウトは見開きで左側に文章、右側に図表や写真となっています。わかりやすい内容と文章表現に留意しつつ、建築計画の理解を助けるため、多くの図表・写真を掲載しています。また、巻末には、図版の出典や関連する書籍、索引を載せて、読者が自主的に学ぶことができるように配慮しました。

　本書の内容を適宜取捨選択して授業を行う場合、次のような授業構成が考えられます。半期で15コマある授業においては、第1章：2コマ、第2章：8コマ、第3章：5コマ、通年の場合、半期の倍の時間を割り振ることで半期よりもより細やかに学ぶことができます。また本書のタイトルにもあるとおり、建築計画で学ぶ内容は設計に活かすことが必要です。教科書として使用する場合は、設計の課題とリンクさせ、教授すべき内容について本書を逆引きする方法もあります。各章の割合は、例えば第1章：4コマ、第2章：20コマ（設計の授業課題とリンクさせて選択）、第3章：6コマ（必要と思われるキーワードを取捨選択）などが考えられ、臨機応変に対応することができます。また、各章の内容は視点が異なりますので、それぞれの章だけで授業が成立することも考えました。第1章は建築計画の概要を扱う授業、第2章は設計の授業と連動させた講義科目や建築種別の内容を学ぶ授業、第3章は建築計画やデザインのキーワードを学ぶ授業などで使用することができます。

　本書は建築を初めて学ぶ学生や興味がある方々に読んで欲しいと願っています。また、特に1章と3章の内容はインテリア系の学生にとっても有用な内容であると思います。たくさんの方々に本書を使用していただき、設計演習課題や建築計画で学ぶべき基本的事項について理解を深めていただければ幸いです。

2010年3月

藤田　大輔

目 次

はじめに　3／本書の使い方　4

第1章　建築計画を概観する　7

1・1　変化する社会と建築 ………8
デザインと環境問題／建築の目指す方向／環境と市民

1・2　専門家の姿 ………10
社会に対する説明責任／倫理と行動規範

1・3　建築計画の役割 ………12
建築計画とは／建築の計画プロセス／建築計画と建築計画学

1・4　建築計画の広がり ………14
諸技術の細分化と総合／建築計画の特殊性

1・5　計画・設計のプロセス ………16
建築の仕事の流れ／設計の始まり／考慮すべき目標／適切なバランス

1・6　設計体制と設計の進め方 ………18
さまざまな主体／協働の設計体制／設計チームと設計の進め方／協働体制の留意点／打合せの場の形成／設計における公共性

1・7　企画、計画 ………20
話を聞く／敷地の基本情報を調べる／敷地の現地調査／人間と環境に関する基礎的知識／専門的知識／事例に学ぶ／条件を整理し、コンセプトを導く

1・8　基本設計 ………22
配置、動線、平面・立面・断面の計画／典型的な設計の課題／構造／設備／外構・ランドスケープ／周辺環境／法規チェック、コスト・工程の把握／設計の手法

1・9　実施設計、工事監理 ………24
実施設計／コストの把握／確認申請とその他関係官公庁への届出／工事施工者の選定・工事契約／工事監理／竣工・引き渡し／維持管理、ファシリティマネジメント

第2章　各種建築を理解する　27

2・1　住宅 ………28
「住宅」とその設計方法／敷地と環境／外構・庭とアプローチ・駐車場／必要諸室とその必要最小限の寸法／住宅の間取りと外形／工業化・プレハブ化・住宅産業化と「かたち」／コストとデザイン／住宅の課題

2・2　集合住宅 ………36
集合住宅という設い／欧米での集合住宅の計画史／日本の集合住宅の計画史／計画の条件（インプット）／計画の解（アウトプット）／維持管理・再生／集合住宅計画の要点／今後の集合住宅像

2・3　福祉施設 ………44
高齢者と福祉施設／特別養護老人ホーム／グループホーム／デイサービスセンター／小規模多機能ホーム／児童養護施設／福祉施設の今後

2・4　病院 ………50
療養環境の歴史／病院の構成／人・物・情報の流れの計画／成長と変化／病棟の計画／病棟とナースステーション／さまざまな病室／病院のこれから／クリニック時代

2・5　コミュニティ施設・公共サービス …54
「コミュニティ」の語意／わが国のコミュニティ施設／事前調査／生活圏の構成／コミュニティ活動の概要／立地条件等／必要諸室と機能図／外部空間・駐車場／バリアフリー、ユニバーサルデザインの配慮／法的配慮／補助金とメンテナンスへの配慮／その他の公共サービス施設

2・6　学校・乳幼児施設 ………60
学校（教室のオープン化／学校の運営方式／学校の閉鎖性／ブロックプラン・アプローチ／上下足の履き替え／学年のまとまり／教室・教室まわり／多目的スペース／特別教室／図書・メディアスペース／ランチルーム／体育館／管理諸室／屋外空間）／幼稚園・保育所・認定こども園(屋内外の連続性／保育室／遊戯室／便所・沐浴スペース／管理諸室／廊下・テラス／屋外空間)／今後の学校建築

2・7 図書館 ………68
記憶の倉庫／日本の図書館の変遷／地域計画と図書館ネットワーク／図書館の利用圏域と地域計画／施設計画と図書館の部門構成／開架閲覧室の計画／図書館家具の計画／多様な利用者への図書館サービス／電子図書館とオートメーション化／「場」としての図書館の役割

2・8 美術館・博物館 ………74
美術館と博物館の定義／既に社会へ開かれていた古代の博物館／美術館と博物館に必要な要件／近年の博物館の傾向／これからの美術館と博物館

2・9 劇場 ………80
劇場の概念、定義／劇場の場の意味／劇場の形式／専用ホールと多目的ホール／複合と可変／運営体制と施設規模／各部の計画

2・10 ホテル ………86
ホテルとは／日本におけるホテルの沿革／ホテルの種別／ホテルの企画／ホテルの企画・基本設計手順／ホテルの設計における留意事項／ホテルのデザインテーマ／客室と客室階の設計／料飲・宴会部門の設計

2・11 オフィスビル ………90
ビルディングタイプとしてのオフィス／全体の計画／基準階の計画／オフィスレイアウトの変化／オフィスからワークプレイスへ

2・12 外部空間 ………94
外部と内部／都市景観／アプローチ／迷路性／建ち方／庭・庭園／公園・広場／水景

コラム　単位空間 ………100
トイレ／カウンター／廊下／スロープ／階段／エントランス／エレベータ／駐車場

第3章　人間、設計、環境のキーワード　103

3・1 パーソナルスペース ………104
3・2 空間認知 ………106
3・3 中間領域 ………108
3・4 居場所 ………110
3・5 アクティビティ ………112
3・6 シークエンス ………114
3・7 歩行群集 ………116
3・8 ユニバーサルデザイン ………118
3・9 尺度 ………120
3・10 デジタルデザイン ………122
3・11 ワークショップ ………124
3・12 ファシリティマネジメント ………126
3・13 転用再生 ………128
3・14 複合化 ………130
3・15 コンパクトシティ ………132
3・16 コンテクスト ………134
3・17 風土と歴史 ………136
3・18 環境 ………138
3・19 「建築」とメディアとの距離 ………140

索引　142
図版出典・参考文献　144
著者一覧　150

第1章 建築計画を概観する

建築計画を学ぶ上で知るべき内容として、社会における建築計画の役割、専門家としての姿、実際の計画と設計の流れなどについて学ぶ

ロンシャンの教会

白川郷

1・1　変化する社会と建築

▶1　デザインと環境問題

明治以降、西洋の近代文明を受け入れた日本は、加速的に物質文明を発達させ、化石燃料にたよる大規模な都市環境を形成することで、利便性の高い、効率的な生活を手にしてきた。こうした日本を含む多くの先進諸国による振る舞いは、地球規模においてさまざまな環境問題を浮かび上がらせることとなった。気候の異変、生態系の破壊、資源の枯渇、大気・水質の汚染などにより、生命にとってかけがえのない環境を奪おうとしている。

建築技術は、工学的技術を応用することで、経済的で機能的な建築空間を大量に生み出す仕組みを構築してきた。スクラップ・アンド・ビルドによる際限のない建替えの繰り返しのプロセスにおいて（図1、2）、消費者ニーズを探る市場調査、消費をあおる広告、時間と距離に縛られない情報技術などが、環境問題を加速させた。地球環境問題にはさまざまな要因があるにせよ、建築活動が深く関わっていることは、明らかである。

建築設計を含むデザインという行為は、強度、機能、美しさを具体的な形態として実現する合理的活動と考えられてきた。あるいは豊かな生活を実現する手段として支持されてきた。しかし、デザインが物を必要以上に氾濫させ、人間の知覚をはるかに超える巨大な都市を構築してきたことも間違いない（図3）。

▶2　建築の目指す方向

世界的な規模において、環境問題が現代ほど大きく取り上げられた時代はない。いまや国際社会における最も重要な政治課題でもある。

日本における建築技術は、人口が拡大し、経済活動が拡大し続ける時代を背景として、大きく発展してきた。しかし、その前提となる社会のあり方が大きく変化している。人口は減少に転ずる一方、高齢者の人口に占める割合が急増している。家族構成もこれまでの時代とは様変わりし、生活様式も極めて多様で拡散的である。

こうした社会の変革にそった建築やその集合としての都市のあり方について、21世紀に生きる人類の進むべき方向性が検討されつつある。2000年6月には、日本建築学会など5つの建築関連団体が集まり、「地球環境・建築憲章」（図4）をまとめている。「持続的社会を構築する上での日本の建築のあるべき姿を共有しよう」というものである。環境共生の重要性を認識し、循環社会のあり方を追求し、持続可能な社会実現のための行動が求められるのである。

もはや都市の大きさ、建築の種類、規模、供給量など、基本的なスペックを変更せざるを得ない。これまでの建築とは、大きく軌道修正を図る必要がある。物質的に恵まれることの豊かさの見直しが求められているのだ。今日、私たちは思慮なく物質的な豊かさを追い求める20世紀の暮らしから脱却する必要がある。自滅に向かう浪費社会ではなく、持続可能な社会の仕組みを構築するためには、これまでの社会のあり方を根本から見直す分岐点に立たされている。

▶3　環境と市民

これからの建築を語るに欠かせない、「環境」と「市民」という二つの視点を取り上げる。

まずは、建築と環境との関係性を見直し、持続可能な循環型社会へ変革する必要性があろう。そのために、自然エネルギーを活用しつつ、エネルギー消費を抑える技術が求められる。また、これまで地域で培われてきた歴史、文化、伝統技術、景観など歴史的資源を再評価し、その継承手法を再構築する（図5）。

次に、都市建築のあり方を、本来の利用者である市民の生活、活動に焦点を当てることである。最低限、安心、安全、健康を保障するものでなくてはならない。従来忘れられがちであった弱者に対する眼差しは、ユニバーサルデザインのような概念として既に実践されている（図6）。あるいは、専門家の判断力に加え、設計プロセスへのユーザー参加、管理運営への参加などの技術も開発が求められる。

これまで蓄積されてきた高度な建築技術は「いかにつくるか？」に答え続けてきたが、今や「何をつくるべきか？」という問題解決に向けて、「環境」と「市民」はキーワードである。

図1　ビルの解体現場

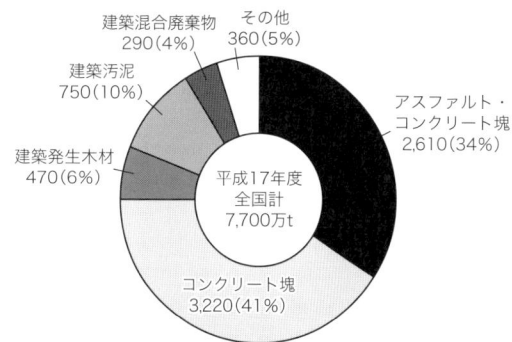

図2　建築廃棄物の種類別排出量

図3　巨大な都市の景観

地球環境・建築憲章
私たち建築関連五団体は、今日の地球環境問題と建築との係わりの認識に基づき、「地球環境・建築憲章」を制定し、持続可能な循環型社会の実現にむかって、連携して取り組むことを宣言します。

2000年6月1日

　　　　社団法人　日本建築学会
　　　　社団法人　日本建築士会連合会
　　　　社団法人　日本建築士事務所協会連合会
　　　　社団法人　日本建築家協会
　　　　社団法人　建築業協会

　20世紀、物質文明の発達と、日本をはじめ世界各地における急速な都市化は、人間を中心とした快適な生活の実現をもたらしました。その結果、地球規模においてのさまざまな問題が顕在化してきました。地球温暖化をはじめ、生態系の破壊、資源の濫用、廃棄物の累積等によって、あらゆる生命を支える地球環境全体が脅かされています。そして、建築活動がこのことに深く関わっていることも明確となっています。
　いま私たちは、地球環境の保全と人間の健康と安全をはかり、持続可能な社会を実現していくことを緊急の課題と認識しています。建築はそれ自体完結したものとしてでなく、地域の、さらには地球規模との関係においてとらえられなければなりません。私たちは21世紀の目標として、建築に係わる全ての人々とともに、次のような建築の創造に取り組みます。
1) 建築は世代を超えて使い続けられる価値ある社会資産となるように、企画・計画・設計・建設・運用・維持される。（長寿命）
2) 建築は自然環境と調和し、多様な生物との共存をはかりながら、良好な社会環境の構成要素として形成される。（自然共生）
3) 建築の生涯のエネルギー消費は最小限に留められ、自然エネルギーや未利用エネルギーは最大限に活用される（省エネルギー）
4) 建築は可能な限り環境負荷の小さい、また再利用・再生が可能な資源・材料に基づいて構成され、建築の生涯の資源消費は最小限に留められる。（省資源・循環）
5) 建築は多様な地域の風土・歴史を尊重しつつ新しい文化として創造され、良好な成育環境として次世代に継承される。（継承性）

図4　建築関連5団体による「地球環境・建築憲章」

図5　日射エネルギーをコントロールする建物の壁面緑化（名古屋市千種文化小劇場）

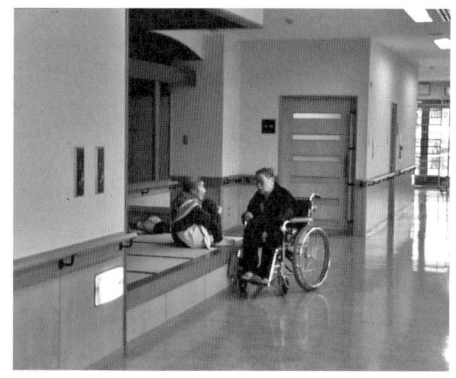

図6　すべての人にやさしいユニバーサルデザイン

1・2 専門家の姿

▶1　社会に対する説明責任

2005年に、集合住宅やビジネスホテルの構造耐震性能を建築専門家が偽装していたという事実が発覚した。この事件は、建築に対する社会の信頼を根本から失墜させるもので、建築に関わる者にとってきわめて衝撃的であった。それ以上に一般市民が、事件を通じて、自らの生命に関わる安全性という点で、建築設計における専門家の存在意義を認識したことこそ重要である。

人々の生活を安全に守るべき建築が、いかに無責任な専門家の手にまかされていたか、どれほど脆弱な検査システムに支えられていたかがあからさまになった。市民生活に欠かせない建築設計の過程が、高度に専門化し、市民にとってほとんどブラックボックスであることがはっきりした。快適さの追求以前に安全性の確保がいかに重要であるか、ここで現代社会における建築専門家のあり方を根本的に問い直す必要があろう（図1～3）。

建築を計画し設計する者は、専門的な技術を身につけることで、その使い方に関して一定の規範の中で活動することが許されている。同時に、ある専門技術を担う技術者には、社会で通常求められる規範に加えて、専門職として責任を果たすことのできる倫理観が求められる。

長期にわたる教育と実践的訓練を通して修得した技術や技能を独占的に行使して社会に貢献する職業をプロフェッションという。歴史的には、聖職者、医師、法律家がその代表であるが、建築家も社会に貢献するプロフェッショナルとして自立性を求められていることは言うまでもない。

専門家の自立性とは、職業遂行上の責任を全うする能力をさす。責任にはその職能団体や制度が求める行為を正しく履行する義務が含まれる。プロフェッショナルは、業務上の倫理的課題について、誰からも強制されることなく独自に判断を下し、行動することが求められるのである（図4）。

そうした判断や行動を説明する責任のことをアカウンタビリティ（accountability：説明責任）と言い、国際的には責任の所在が厳しく問われる。建築家としての仕事の結果は、社会に対する影響が大きく、判断の適格性について、根拠ある説明が求められる。

▶2　倫理と行動規範

法令遵守のことをコンプライアンス（compliance）という。法律や社会的な常識・通念を厳密に守ることの意味で使われる。法の許す範囲ならば、どんな行動も許されるというわけではない。社会にはその構成員である以上、守らなければならないルールがある。ルールは社会の秩序を維持するもので、守らなければペナルティが科せられる。

法律は既に明記されていることに対応するものであるが、倫理は未知の事態に対処するものである。科学技術が社会の信頼を得ることができるのは、倫理という暗黙の約束を履行すると信じられているからだ。倫理は行動規範の一種であり、広い意味では道徳と同じく用いられる。倫理は法とは違い、自分の行為が正しいかあるいはそうでないか、また善か悪かについての判断を自ら行なわなければならないものだ（図5）。

技術には、人のために役立つという基本的指向性がある。建築家の意識が、自己利益のみに関心を寄せる依頼主の要求実現に向かうならば、社会に対する責任説明を果たすことは困難である。あるいは、自己実現の場として「作品づくり」に余念がない場合、地域での建築景観を形成するといった課題への意識は希薄になりがちだ。地域の街並みの形成には、建築主、建築家、地域住民の建設に関わる倫理が前提になる。

さらには、地球環境問題への対応から低成長の循環社会への転換を余儀なくされ、地域社会における生活者の豊かな生活実現が求められている。つまり、環境倫理に関して、倫理的判断と行動が求められている。新しい時代に向けて、技術者は世界で普遍的に通用する倫理観をもち、より良い変革に取組む志が必要だ（図6）。

将来に向けて、長期にわたり価値を失わない社会資産の形成に建築家は深く関わっているのであり、新しい時代にふさわしい創造力と行動倫理が求められる。

図1 阪神・淡路大震災で倒壊した建物

図2 大都市の夜景　エネルギーの適切な利用が厳しく問われる

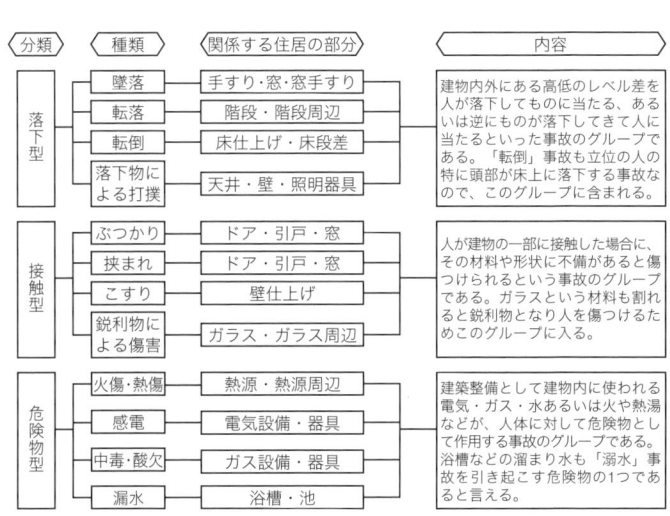

図3 日常災害の種類

日本建築学会倫理綱領・行動規範
1999年5月31日総会議決　1999年6月1日実施

倫理綱領
日本建築学会は、それぞれの地域における固有の歴史と伝統と文化を尊重し、地球規模の自然環境と培った知恵と技術を共生させ、豊かな人間生活の基盤となる建築の社会的役割と責任を自覚し、人々に貢献することを使命とする。

行動規範
日本建築学会の会員は
1. 人類の福祉のために、自らの叡智と、培った学術・技術・芸術の持ち得る能力を傾注し、勇気と熱意をもって建築と都市環境の創造を目指す。
2. 深い知識と高い判断力をもって、社会生活の安全と人々の生活価値を高めるための努力を惜しまない
3. 持続可能な発展を目指し、資源の有限性を認識するとともに、自然や地球環境のために廃棄物や汚染の発生を最小限にする。
4. 建築が近隣や社会に及ぼす影響を自ら評価し、良質な社会資本の充実と公共の利益のために努力する
5. 社会に対して不当な損害を招き得るいかなる可能性をも公にし、排除するよう努力する。

図4 日本建築学会の倫理綱領と行動規範

技術者の行動原則＝事後制裁＋事前規制＋リスク管理

規則	行為	結果	
法律	法令遵守	罪	事後制裁
慣習 (伝統・流行・習俗) 道徳 倫理	信頼	内部告発 サンクション	
予防倫理 (Preventive Ethics)	説明責任	内部告発 サンクション	事前規制
監視	地域児童見守りシステム(GPS活用) 警察や検察取調べ録音・録画(可視化) サイト規制法令、ユビキタス	サンクション	
リスク管理 (Risk Management)	フェールセーフ フールプルーフ 深層防護 ヒューマンエラー ひやりはっと	危機管理 (Crisis Management)	リスク管理

図5 行動原則の構成

エンジニアの資質
　人類と生物と地球への愛情
　大自然に対する謙虚さ
　国際社会で働ける素養
　他の学問分野への関心
　最先端の技術に対する距離感
　プロとしての能力と習慣
　研究開発を断念する勇気
　上司や依頼人に盲従しない

図6 APECエンジニアに示された技術者の資質

第1章　建築計画を概観する　11

1・3 建築計画の役割

▶1 建築計画とは

「計画」とは、目標達成のための方法や手順を、あらかじめ筋道立てて考え企てることである。

歴史上優れた建築物が、積み重ねられた経験と研ぎすまされた勘によりつくり出されてきたことはよく知られている。しかし、現代は、経験知だけで新しい世界を切り開くには、あまりにも複雑な状況である。しかも建築と環境についての知識や技術は、物理的ハードウェアから、それらを効果的に活用するソフトウェアの分野にまでひろがり、多様で異なる価値観を背景として語られるようになった（図1）。そうした状況で優れた建築物を実現するために、初期における計画段階の位置づけが重要となる。

建築主の意向を受けながら、社会的な資産としての建築を創造するにあたり、客観的なデータに基づき、専門家としての意志により手段を選び手順を組み立てる必要がある。まずは、建設の目的を明確にし、運営の準備をし、経済的裏付けをするなどの企画を行なう。次に、建築物に対する諸要求・諸条件を探りながら、具体的な建築形態としてまとめるための方針を設定することである。これが建築計画である。よい設計の前提には、優れた計画があり、その大きな役割を担うのが建築計画である。

▶2 建築の計画プロセス

実際の場面における建物の建設過程は、さまざまなプロセスを経て竣工に至る。現在の設計行為は通常、企画―計画―設計―施工―利用―改修・解体のような段階を踏む。施工に至る段階においては、必ずしも段階を踏んでステップアップするわけではない。検討を進めつつ後戻りすることが多く、明確に段階を区分することができない。

企画から計画の段階では、プロジェクトの初期段階であり、まずは建築の目的と意義をはっきりさせ、全体構想を立ち上げることが目的である。とくに竣工してからの管理・利用のあり方を予想し、建設・維持に関わる採算性について検討を行う。また、予定する敷地内外の自然環境、社会環境を調査し、具体的な建築の可能性の条件を明らかにする。

第2の段階は、計画から設計に至る段階である。前段階で検討された内容をさらに詳細に検討し、不確定要素として保留したままの条件について、さまざまな角度から検討を加え、決断と合意を繰り返し建築の全体的像をつくり上げる。とくに建築を利用する人の多面的要求を把握し、その要求を満たすべき必要な諸室の中身と規模を具体化する。その段階で、建築が安全性と快適性を確保できるよう、各方面の技術者の協力を得ることで詳細な検討を行う。最終段階で建築の全体はもとより、建築の詳細な部分についての形態決定を行い、決定された内容を設計図書と仕様書にまとめる。

このように一連のプロセスにおいては、条件を整理し構想を練る計画段階と、計画に沿って具体的に形態として確定する設計段階に大別できる。しかし計画と設計は、必ずしも直線的に段階が進行するものでなく、ときにはフィードバックを繰り返すことも多い。

▶3 建築計画と建築計画学

建築計画の概念の歴史は比較的新しく、戦後になって誕生した。1930年代後期以降における西山夘三の研究は、庶民住宅の実態調査に基づく現状認識と問題把握により建築計画学の近代化に大きな役割を果たした（図2）。また1950年代以降における吉武泰水の研究は、学校・病院・図書館などの公共施設を対象に実態調査を精緻化、科学化し、分析手法、現象の予測を客観化することで、学問を体系化した（図3）。

いずれも人々の生活と建築空間の対応を重視し、生活上の要求を正しく把握するとともに、これに適切に応えうる建築空間をつくる技術、学問が建築計画の中心的課題である。

建築物がつくられれば、数多くの人々が働き、学び、遊び、休憩するなど生活上の関わりをさまざまに持つ。こうした生活上の安全性や利便性などを効果的に実現できる建築空間をいかに用意すべきかが、課題である。建築空間のあり方が、人々の生活に大きな影響を与え、毎日の生活の制限となったり、逆に生き生きとした豊かな活動を後押しすることもある（図4）。

図1　クラスルームの機能構成要素

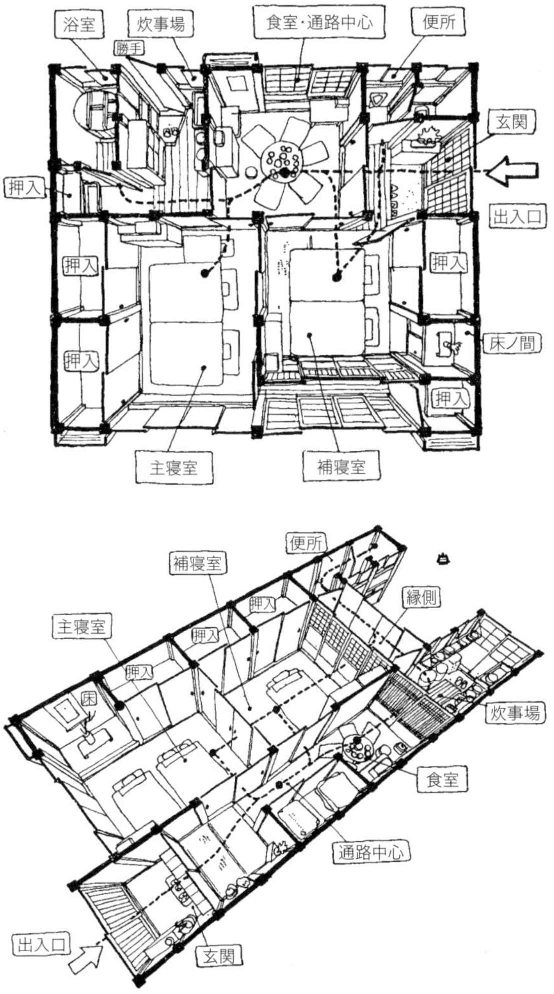

普通教室が果たしている機能・役割

G：一般学習スペース
　様々な学習活動の場。自由度、広がりが求められる
H：ホームベース
　クラスの学校生活の拠点。持物の収納、掲示、連絡、特別教室型のクラスルーム、教科教室型のホームベース
W：水回りスペース……トイレ・手洗い・水飲み等
　低学年のクラスルーム、特殊学級等に付属
P：作業活動スペース
　流し、作業台、床仕上げを備えた作業活動の場
T：教師コーナー
　小学校のクラスルーム、教科教室に確保される
R：教材スペース
　クラスや教科の教材を整理よく収納、保管する
M：メディアスペース
　図書・コンピューター・視聴覚機器・教材・作品等の場
V：半屋外空間……ベランダ・テラス・バルコニー等
　汚れや音を気にせず活動でき、気分転換の場となる
Q：クワイエットスペース……閉じたスペース
　音から守られた場、やすらぎの場…デン・アルコーブ

これらの要素を有機的に組み合わせて教室まわりを計画する

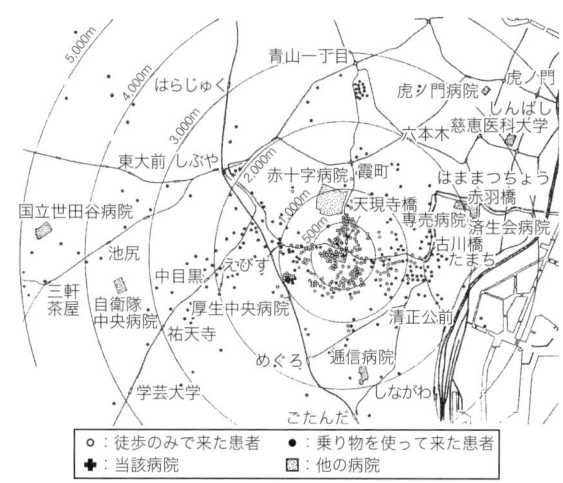

図3　規模計画における諸要素と諸指標

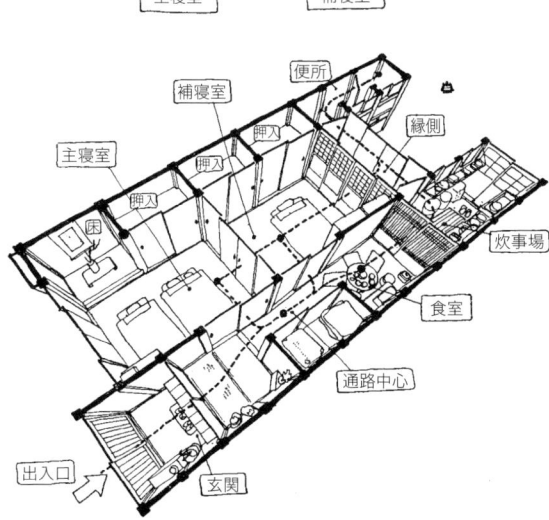

図2　住宅の住み方調査の例

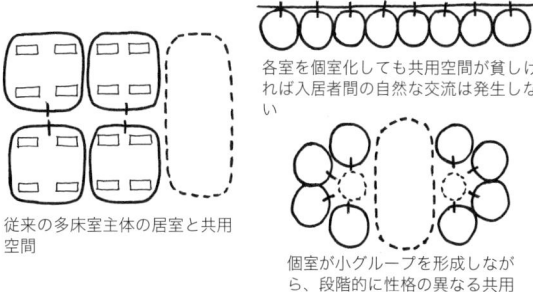

図4　老人施設における居室と共用空間のあり方

1・4 建築計画の広がり

▶1 諸技術の細分化と総合

歴史的に、建築は意匠上の様式と構造技術が有機的に深く関連しながら、経験の蓄積とともに継承されてきた。時代の流れとともに、建築機能が複合化・大規模化し、また多くの高度な設備を備えるようになると、科学技術の発達とともに学問として、技術として体系化され、独自の専門分野として独立してきた。とくに構造技術は力学的性状を追究する学問分野の発達により早くから独立した（図1）。その後も建築材料、設備、施工などが次々と分化した。

建築設計においては、多くの専門家が協力するが、建築、構造、設備に分かれることが多い。構造では、力学的解析を通じて主要構造体を設計し（図2）、設備では、主として空調・電気設備の設計を担当する（図3、4）。建築担当は、構造設計、設備設計の技術者を統括しつつ、建築の全体的形態を決定し、内外の仕上げ材料などを選定する。

また、実践場面で最も重要な作業は、こうした計画が予定されている財源内で執行可能であることをコントロールすることである。同時に、建築に関わるさまざまな法規にのっとり、合法的建築として実現する責任がある。

建築内部に関しては、インテリアに関わるさまざまな要素に目を配ることが必要である。その空間にふさわしい家具や照明器具を選定したり、場合によっては自ら設計することもある（図5）。利用者を誘導するサイン計画、アート作品にも配慮する。

建築外部に関しては、建物と関わる敷地の外構計画、緑化計画などがある（図6）。大規模なケースでは、地域スケールのランドスケープ計画を行う場合もある。

よい建築物をつくるためにはこれらのさまざまな技術をそれぞればらばらに駆使するのではなく、相互に関連させてひとつの建物にまとめあげることが大切である。

例えば、どんなに力学的に合理的な構造でも、施工技術がともなわなければ建築できない。理論的に優れた機械設備でも、その配管が床や梁などの構造体を著しく損なうものであると実際上使えない。構造的にしっかりした建物でも日常の使用に支障があっても意味がないし、使用に便利な形であっても、火災に対しては危険がともなうということがあってはならない。

各細分化された技術も建築物のある側面について体系化された技術であり、これらの技術を正しく使うことは重要であるが、これらに従うことが目的ではない。したがって、ひとつの建築を計画し、設計するためには、いろいろな専門分野の技術を駆使すると同時に、それらの諸技術の間の矛盾をなくし、調整し総合することが必要となる。この総合の技術が「建築計画」でもある。

▶2 建築計画の特殊性

建築計画という分野は、最終的には人の生活を包み込む機能的形態を創造する。内部空間と外部空間にわたる独創的空間を、一定の縮尺で表現する図面や模型で示す。当然そこには「設計」という行為が介在し、これから実現しようとする建築空間の抽象化、あるいはモデル化を繰り返しながら一つの解答に到達する。このように素材、色彩、形態を全体的な秩序として決定する物的計画としての特徴を有する。

次に、原則として計画が個別的、特殊であると言える。建築設計は、特定の依頼主によるもので、特定の敷地を対象とする1回限りの計画であることが基本である。特定の環境・歴史・文化条件の中に、あらたな要素として建ち上がり、その地域の新しい景観やまち並みを構成する。

第三に、計画が総合的でかつ価値観が多様であること。関与する人々の価値観が異なり、期待するものも異なり単純一義的に規定することができない。また個別の建設動機に即した目的のみでなく、社会的存在としての役割が同時に問われる。

純粋芸術と異なる最大の点は、単に作者の思想や恣意のみによってつくることを許されないことである。建築が社会的な生産物である以上、機能的合理性、構造・材料・設備との対応、環境・文化・歴史の中における位置づけを含め、その建築形態の全体的な論理性が問われる（図7）。

図1 地震に対応した構造計画

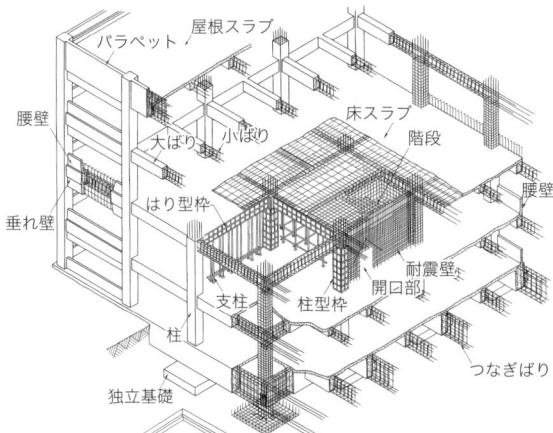
図2 鉄筋コンクリートによるラーメン構造

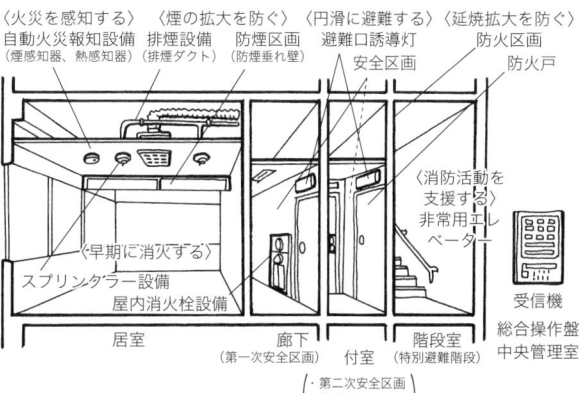
図3 建物各部における主要な防火設備

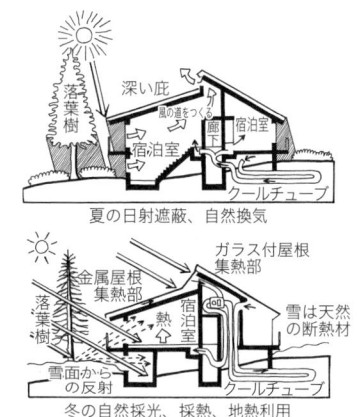
図5 小児病棟のインテリアデザイン（名古屋市立大学病院）

図4 自然環境を活かした施設

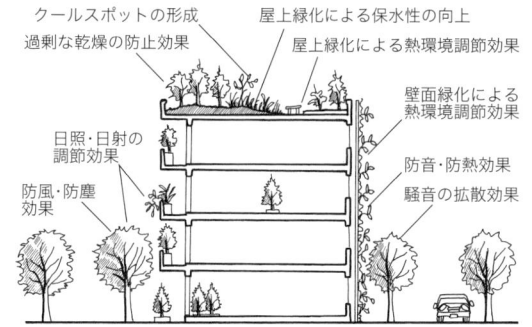
図6 緑化による環境調節

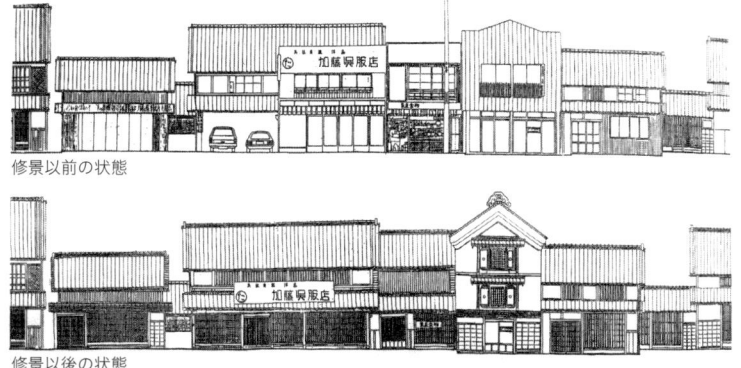
図7 名古屋市有松地区の町並み保存

第1章 建築計画を概観する　15

1・5 計画・設計のプロセス

建築をつくるために設計者は中心的な役割を果たす。この後の節では建築の仕事の流れにあわせて、設計者がいつ何をするのかを説明する。

▶1 建築の仕事の流れ（1・3参照）

ある建築が着想され、世の中に建てられてから、やがてなくなるまでの経過を、時間を追って見れば、企画、計画、設計、施工、使用、維持管理（改修）、解体という順をたどる（図1）。

建築をつくり出そうと構想し、資金を用意し、ことを起こすのが企画で、一般的には建築主（施主、クライアントとも言う）が行うことである。さらに建築主は、設計を依頼する設計者を選定する（図2）。

計画と設計は、建築主の依頼を受けて設計者が行い、構想を現実に存在可能な建築の案に具体化する。計画は諸条件を満たす概略の構成を決めることで、設計によって具体的な建築の形が決まり、素材や詳細な仕様まで決定される。実際の仕事では、設計を基本設計と実施設計に分けることが多く、最終的に建築の案は図面（設計図書という）としてまとめられる。計画と設計は明確に分けられないこともあり、いつも段階的に進むものではなく、検討の中で後戻りすることもある。

施工は、設計図書にもとづいて施工者が工事を行うことである。施工にあたって設計者は設計図書に従って工事がされるよう監理する。工事が完成すれば、建築は建築主に引き渡される。なお、完成後の建築を所有するのは所有者（オーナー）で、工事の建築主とは異なることもある。その後、利用者（ユーザー）によって使われ、管理者により維持管理され、必要に応じて改修されることもある。そして、やがて何らかの理由で解体されることがある。

設計者や施工者は、建築の完成までの業務を行うが、設計や施工の過程の中で、建築が使用され消滅するまでのライフサイクルを考慮する必要がある。完成引き渡し後も、改修等で再びその建築の設計や施工に関わることもある。

▶2 設計の始まり

設計は依頼を受けて始まる。依頼には様々なものがあり、何もないところに、全く新たな建築をつくることもある。日本では戦後復興期や高度成長期にそのようなケースが多かった。しかし、現代では、様々な制約条件の中で設計業務が始まることが多い。建替え、用途変更、増築、改修、既存建築の再生、保存、移築、復元など、既にある状況の中で設計することになる。条件が曖昧なまま始まり、設計者が企画の主要部分を立案することもある。

設計案を募る設計競技（コンペティション）や設計者を選ぶプロポーザルのように、事前に条件が整理され計画が練られていることもある。しかし、多くの場合、設計者は参考となる事例や現在の使い方を観察・調査し、建築主や利用者の話をよく聞きながら、様々な条件を整理する必要がある。

▶3 考慮すべき目標

設計の目標は多様である。ウィトルウィウスの「強・用・美」（図3）は、広く解釈すれば今も変わらず挙げられる目標である。「強」（耐久性）に関わる目標としては、丈夫で長持ちする構造や材料、長寿命化につながる維持管理しやすさ、適切なコスト、合理的な工程・工期などがあげられる。「用」（機能性）に関わる目標としては、快適さ、使いやすさ、用途変更に対する可変性、わかりやすさ、安心・安全（避難、日常災害、防犯）などがあげられる。「美」（芸術性）にかかわる目標としては、美しさ、象徴性、新しさ、都市や地域の歴史性や景観への配慮などがある。

現代では建築を取り巻く環境や社会といった広い文脈の中での妥当さも求められ、公共性、情報公開、地球環境への配慮なども目標となる。さらに表1のような新しい事項への配慮も求められる。

▶4 適切なバランス

表1のような設計の目標はどれも重要ではあるが、互いに矛盾することもあり、すべてを十分に実現することはむずかしい性質のものである。H・リッテルは、デザインの問題の特徴を「意地悪な問題」として10項目を挙げているが、建築の設計にもそのままあてはまる（表2）。設計者は置かれている状況の中で適切にバランスをとることが重要になる。

	所有者	建築主	管理者	利用者	設計者	施工者	
(前)		•	•	•	•		
↓ 企画	○	○	•	•	•		建築行為
↓ 計画	○	○	•	•	○		
↓ 設計	○	○	•	•	○		
↓ 施工	○	○	•	•	○	○	
↓ 使用	○		○	○	•		
↓ 維持管理	○		○	•	•		
↓ 改修	○	○	○	•	○	○	建築行為
↓ 解体	○	•	•	•	•	○	
↓ (後)	•	•	•	•	•		

※○：強く関わる、•：関わることがある
※所有者と建築主が異なることもある。
※企画前に利用状況が把握できることもある（移転や建替えなど）。
※解体後に記録が残り復元されることもある。

図1　建築の仕事の流れと関わる主体

図2　重源による東大寺再興のための勧進　富岡鉄斎が描いた図。俊乗坊重源は、東大寺再興のため、勧進を始めた（1181年）。一輪車を6両つくり浄財を求めて七道諸国を巡ったと言われている。重源は、企画するだけでなく、計画、設計、施工までを指揮し、大仏を鋳直し、大仏様の技術を中国から取り入れ大仏殿や南大門などを建設した。

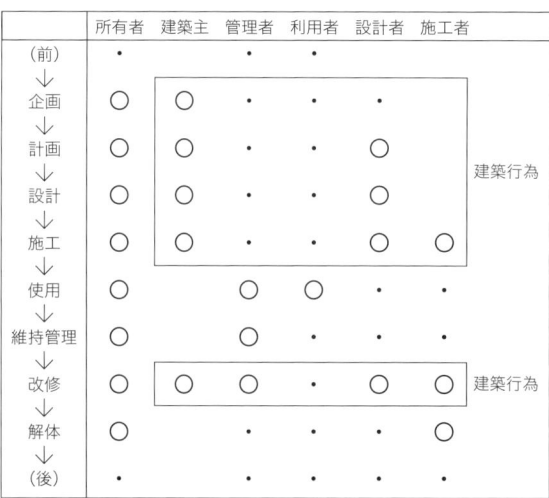

図3　皇帝アウグストゥスに『建築書』を披露するウィトルウィウス（右）　1684年の絵画。前1世紀の建築家ウィトルウィウスは、最古の建築理論書『建築書』の中で、建築が満たすべき根本的要求として「強（フィルミタス firmitas）」、「用（ウティリタス utilitas）」、「美（ウェヌスタス venustas）」を挙げている。美を「歓び」と解釈することもある。

表1　最近の設計キーワード

- 住宅性能評価
- 長期優良住宅
- ユニバーサルデザイン、バリアフリー
- シックハウス対策
- 環境負荷の低減（建設、運用ともに考慮する）
- 環境共生住宅
- CASBEE（総合的な環境評価システム）
- LCC（ライフサイクルコスト）
- LCCO2（ライフサイクルからみた CO_2 排出量）
- 建設リサイクル
- ストックマネジメント
- スケルトン・インフィル
- コンバージョン（転用）
- 景観法
- 地産地消

表2　H・リッテルによる意地悪な問題（wicked problem）としてのデザインの問題

1) 明確に定式化できない。
2) 終了規則をもたない。
3) 解についていえるのは真か偽かではなく、優れているか劣っているかである。
4) 解に対する決定的な検証手段をもたない。
5) すべての解は1回きりで試行錯誤の余地はない。
6) 問題を解く手続きの完全なリストはありえない。
7) すべての問題はユニークである。
8) すべての問題は他の問題の兆候と見なしうる。
9) 問題にはいくつもの説明が可能で、その選択は（世界観に依存し、）同時に解を決定づける。
10) しかし責任はとらなければならない。

1・6 設計体制と設計の進め方

▶1 さまざまな主体

1・5節にあげた建築主（施主）、設計者、施工者、所有者、利用者、管理者といった主体は、個人の場合もあれば組織の場合もある。いくつかの主体を同じ個人や組織が兼ねることもある。住宅など小規模な建築では建築主と所有者、利用者、管理者は同一のことが多い。また、日本では歴史的に、設計者と施工者が一体となった設計施工一貫で請け負うことも多い。

一方で、現代では役割がさまざまに分化し、それぞれの主体が個人ではなく組織になる傾向がある。特に規模の大きな建築の場合は複雑になる傾向がある。建築主が所有者にならないこともあるし、利用者が多様なことも多い（図1）。

▶2 協働の設計体制

設計にあたって次のような業務ごとに担当者を決め、協働体制を組むことがある（図2）。

- 総括
- 意匠設計
- 構造設計
- 設備設計（電気、給排水、空調）
- 積算
- 申請関係（確認、消防、開発許可等）
- 各種の専門的デザイン：都市設計、土木設計、インテリア設計（照明、色彩、家具備品、サイン、アート）、ランドスケープ設計（造園、外構）、音響設計、その他特殊な設備設計
- プレゼンテーション（模型、パース、写真等）
- 施工監理

その他、計画者（プランナー）、業務の流れをマネジメントする人、コーディネーター、様々なアドバイスをするコンサルタント、開発業者（ディベロッパー）、資金計画の専門家などが関わることもある。

▶3 設計チームと設計の進め方

設計を進める設計チームについては、人数、構成、作業環境、仕事の進め方などが、設計の効率や質に関わるとされている。設計の進め方は、設計者、設計対象、状況の違いにより、リーダーがもっぱら案を作成／メンバーが案を出し合う、複数案を並行して検討／早い段階で絞り込む、など多様性がある。

設計一般に共通するプロセスモデル（図3）が提案されているが、建築設計は他の設計に比べて、特に分析から統合にいたる段階に多様性があるとされる（表1）。それは、建築が機能と形態の対応が限定的でなく、様々な形であっても用途を満たし、一品生産で寿命が長く、多様な評価があるためである。

▶4 協働体制の留意点

分業して作業を進めることは、質を維持して効率的に業務を進めることに有利である。作業分担の面よりも、相互に刺激することによる創造性を期待して複数の人・組織が協力することもある（コラボレーション）。一方で、関与者が多いと連絡や調整の業務が増え、それらが不十分だと総合的検討のないまま設計が進むおそれもある。特に、建築主や利用者など専門家でない関係者に設計内容を理解してもらうには、総合的検討とその説明が必要である。設計者は、効率、設計の質、十分理解など、相互に矛盾しかねない側面のバランスを取って業務をすすめなくてはならない。

▶5 打合せの場の形成

建築主側にも適切な体制ができることが望ましい。設計は建築主との打合せを繰り返して進められるが、その場が、単なる連絡ではなく、議論を重ね意志決定のできる場となる必要がある。また、設計の場に適切に利用者や管理者の意見を反映し、竣工後の利用や運営に反映することが望ましい。設計者は、建築主と相談して、関係者の意見をとり入れる有意義な打合せの場をつくるよう努力したい。

▶6 設計における公共性

規模の大小に関わらず、どんな建築も周囲の環境に影響を与え公共性をもつものである。特に公共的利用の多い建築では、利用者の意見を求め反映することが望ましいが、不特定多数の人々から意見を聞くことはむずかしい。そのため、説明会やワークショップなど、利用者と設計者の対話の機会をつくる方法が提案されている。また、設計の進行に合わせて適切に情報を公開する工夫が必要である。

1) 自分で考え、つくってみたが失敗。
2) 自分の考えを業者に伝えつくってもらったが、誤解があって庭へのドアがない。
3) 建築家が自分の好みで家をつくってしまった。住むのは私たちなのに。
4) 建築家が、"平均的人間像"によってデザインした。しかし、私たちは現実の人間である。
5) 住居についてのレパートリーと指示があり、そこからの選択が可能。
6) 家を建てるには、土地・電力などのインフラストラクチュアが必要。まわりに住む人々との合意もとっておくこと。

図1　N・ネグロポンテ（N. Negroponte）による建築のつくられ方の変遷

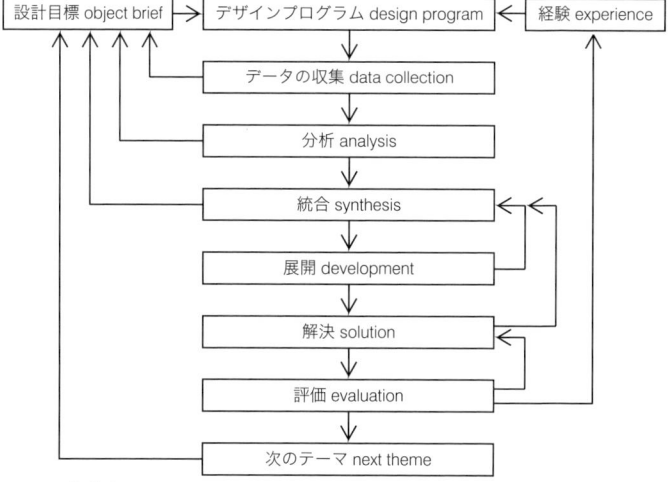

図3　一般的な設計プロセスのモデル　日本建築学会設計方法小委員会が提案したもの。

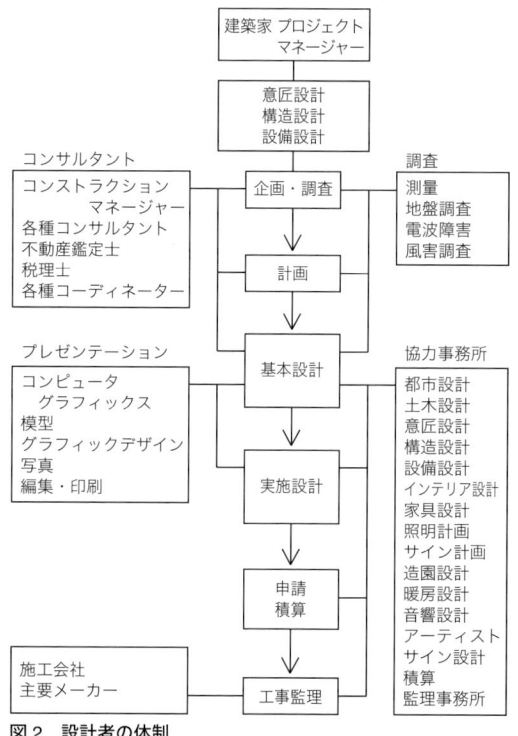

図2　設計者の体制

表1　槇文彦による分析から統合にいたる3つのモデル

1) Issue-oriented Model：
建築観にもとづき代案からアプリオリに選択する巨匠的な方法。演繹的。効率がよい。

2) Solution-oriented Model：
最適解を合理的に導く方法。工学一般と共通する。帰納的。建築設計では部分的に有効。

3) Search-oriented Model：
分析－統合のあり方を探しながら導く方法。推論的。統合にはクリティカル・ジャンプが必要。効率的でないが創造的。

1・7 企画、計画

設計者は、企画の段階から建築に関わることもある。計画段階では、どんな建物をいつどのように建てるのか明確にし、具体的な形の設計につなげる。

▶1 話を聞く

設計者は、建築主から依頼内容についてよく話を聞かなくてはならない。建築主が気付かないこと、語らないことも多い。可能な場合は現在の建物や使い方を観察したり、ヒアリングシートを作成し記入してもらう。建築主の背景とする理念や思想も理解する必要がある。設計者は建築主の「世界」を知るために注意深くなくてはならない。以下のような項目が最も基本的な確認内容である。

○建築主や事業主体の構成
○利用者や管理者：家族構成や人員計画
○予算　　　　　　○スケジュール
○必要諸室や規模　○持込み家具や備品類
○構造や設備の要望　○その他特別な要望

予算やスケジュールは、設計プロセスの中で建築主と相談しながら調整することも多い。利用者や管理者の話もできるかぎり聞いておきたい。

▶2 敷地の基本情報を調べる

下記のような、敷地の基本的情報を公的機関などで調べて収集する必要がある。

○土地基本情報（登記など）
○法規（地域地区指定など）
○道路状況
○設備関係の引込み（電力、電話、TV、ガス、給水、排水、雨水排水など）

敷地の測量図や地盤調査情報も基本となる情報で、不足している場合は建築主に調査を依頼する。

敷地周辺の地形、気象、植生、土壌、歴史、文化なども調べる。現在ではインターネットを利用して、敷地に関係する図面、航空写真なども収集できる。設計の参考になる情報はできるだけ集める。

▶3 敷地の現地調査

敷地を訪れ、詳しく調査する。敷地や周辺の地形、既存建物、植栽、隣地や道路との関係などを把握し、必要なら実測や写真撮影を行う。建替え等で現在の建物や使い方が観察できる場合は、その調査を行う（図1、2）。

調査分析の方法については建築計画分野に多くの蓄積があるので利用できる。

▶4 人間と環境に関する基礎的知識

これまでに挙げたような、建築主と敷地に依存した情報の一方で、広範な知識を活かす必要がある。

人体寸法、人の動作や行動、知覚の傾向、感じ方、認知や記憶など、人間と環境との関係についての基礎的な理解を活かしたい。第3章に紹介している。

▶5 専門的知識

現代の建築は専門化している。第2章に紹介している各種施設は、用途、必要な空間や動線、設備や運営の仕方に至るまで特化しており、それぞれに専門的知識の積み重ねがある。『設計資料集成』はその標準的紹介としてよく参照される資料である。また、施設によっては専門家やコンサルタントがいてアドバイスを得ることもできる。設計者は専門的知識を吸収した上で、それぞれの設計の状況で何が適切か検討する必要がある。

▶6 事例に学ぶ

建築は個別の環境や状況に依存し、一般的な法則で論じることが難しい。文献や講義から学ぶだけでは不十分であり、事例から学ぶ側面が強い。設計を進めるにあたって、適切な事例を見学することも効果がある。設計者は知識を吸収し、経験を重ねていく必要がある。

▶7 条件を整理し、コンセプトを導く

計画段階では、建築主の要望、敷地情報、現地調査、基礎的知識や専門的知識、見学の印象など、多様な情報を集め、それらを設計の条件として短期間にまとめる必要がある。設計条件相互の関係性を把握するために、さまざまなダイアグラムを用いることもある。

条件が整理されても建築の形が決まるわけではない。形を導きだし、設計を進める力となるコンセプトが必要になる。敷地の印象、場所や敷地のこれまでの歴史、建築主の一言などを手掛かりに、スケッチを描いたり言葉を練って、イメージを喚起するような設計のコンセプトをつくる（図3）。

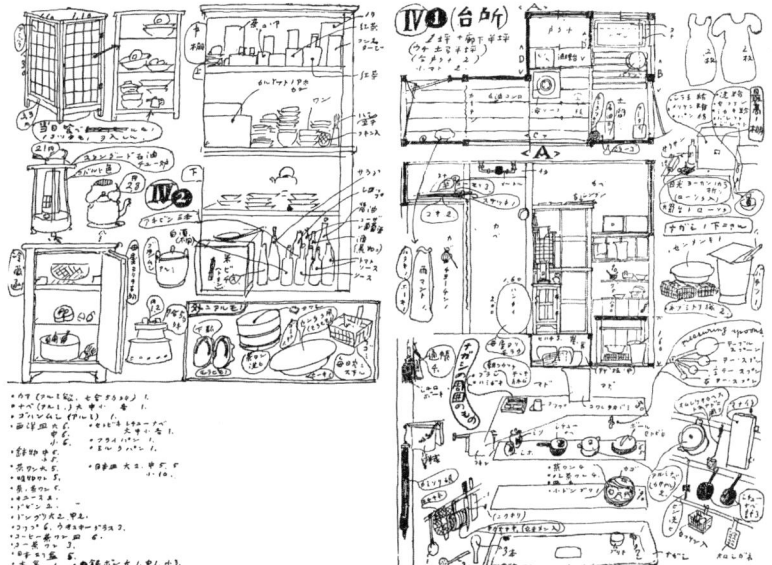

図1　今和次郎は関東大震災後に同時代を観察し記録する考現学を始めた　たくさんのスケッチをしており、これは、1925年に東京山の手郊外に住む、若い夫婦の住まいの品物調査をしたもので、台所の図。

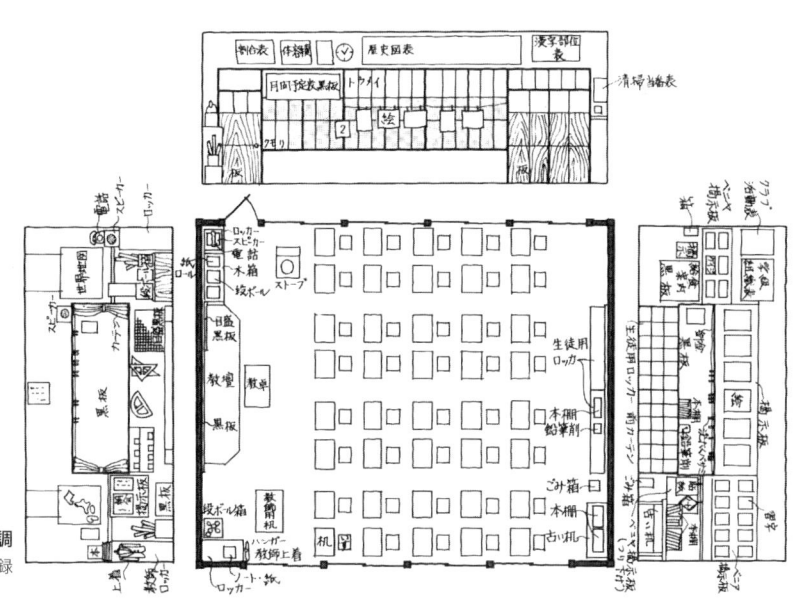

図2　長沢悟による小学校教室の利用状況調査（1974年）　さまざまなしつらえを観察、記録し問題点を見つけ出す。

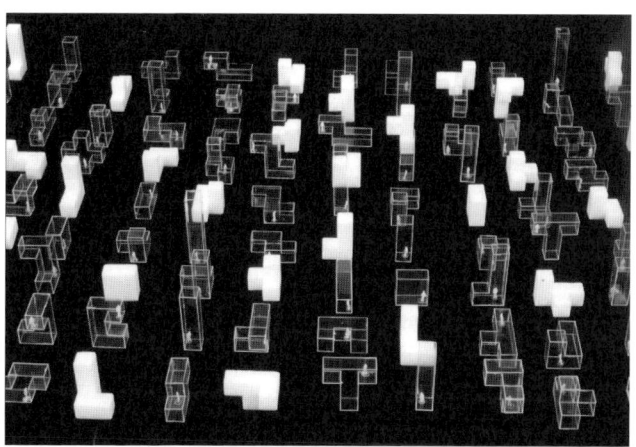

図3　コンセプト模型　ベーシックスペースブロック　スペースブロックは、壁などに囲まれた空隙部分を透明な積木のように考えるもので、設計集団のシーラカンスの日色真帆、小嶋一浩らが考案した。これは、1996年に設計ツールとして展開した、立体的に折れ曲がった立体パズルのようなベーシックスペースブロックで、集合住宅の設計などに活かされた。

1・8 基本設計

基本設計では、計画にもとづき具体的な建築の形や方針を決め、図面化する（図1）。

▶1 配置、動線、平面・立面・断面の計画

計画段階で図式的であった諸関係に平面、断面の形を与え、配置、動線を具体的に決める。寸法を与え、面積を決め、全体のヴォリュームを検討する。用途をみたす主要な空間群とそれらの配置を検討する。建物配置は、外観、使いやすさ、日照や通風、コスト、工事のしやすさなどの大枠を決定づける。動線については、サービスや避難も含めて、さまざまなアクティビティの展開を想定し、ユニバーサルデザインに配慮しつつ設計する。ヴォリュームと共に立面の検討を進め、外観デザインの方向性を決める。

▶2 典型的な設計の課題（表1、2）

- **アプローチ**：建物にどう近づくかは建築の印象を決定づける。駐車、駐輪、搬出入などのサービス動線や敷地外構の設計とも関連する。
- **エントランス**：内部空間の第一印象を形づくる。案内、待ち合わせ、人の滞留や渋滞、傘、荷物やコート、靴の汚れ、寒気の侵入など、機能的要求が集約される。日本では靴の履き替え方式も関係する。
- **階段、スロープ**：デザイン的な焦点となることもある。階段幅・蹴上げ・踏面の寸法、手すりなどを検討し、上りやすさ、安全などに配慮する。
- **開口部**：内外の境界として、視覚的側面だけでなく、出入り、開閉方式、暑さや寒さ、通風、防犯など、機能性、快適性、安全性を考慮する。
- **外周部分（外壁や開口部）**：室内環境の性能や外観のデザインにも関係する。
- **執務スペース**：机やカウンター回りは、座る・立つなどの姿勢、作業内容、道具類にあわせて詳細を設計する必要がある。
- **休憩スペース**：人数、会話、外を眺めることなど想定される行動によって多様に考えられる。テーブル、イス、ソファ、ベンチなどの家具配置も計画する。畳に床座というケースもある。
- **半屋外空間**：テラス、縁側、土間のような内外の中間的場所をつくることもある。
- **裏方や収納**：管理・運営用のサブ動線や諸室について、使い勝手をよく検討することで、完成後の運営がスムーズとなる。要所に適切な収納スペースや収納家具を計画する。
- **水回り**：トイレ、洗面所、キッチンといった水回りスペースを計画する。
- **仕上げ材**：内外の仕上げの材料を検討する。

▶3 構造

構造形式は、早い段階から検討する必要がある。鉄筋コンクリート、鉄骨鉄筋コンクリート、鉄骨、木、あるいはそれらの混構造等の選択によって、空間構成、架構、全体の形が異なり、コストや工期にも大きな影響がある。

▶4 設備

今日では建築における設備の重要性は高い。空調、給排水、電気やエレベータ等の概要も基本設計で検討する必要がある。一般に設備は建築本体より寿命が短いため、更新を視野に入れて設計する。

▶5 外構・ランドスケープ

建築の外部を外構として設計する。敷地が比較的広い場合、外構をランドスケープ（造園ともいう）として計画することもある。造成、植栽、舗装などを行うことで、建築とともに景観の形成に関わる。植栽の維持管理にも配慮する。

▶6 周辺環境

まちなみをつくる景観形成に配慮する。近隣に対する日影や風害、眺望等の影響を検討する。

▶7 法規チェック、コスト・工程の把握

法規に適合することを確認しつつ設計をすすめる。実施設計に入ってから作業が戻ることのないよう、コストの概算を把握しておく必要がある。また、工事の概略の工程を把握しておく。

▶8 設計の手法

基本設計で使われる手法は多様である。平面図でスタディする場合も、模型で検討する場合もある（図2、3）。スタディ段階からコンピュータで3Dモデルを作成する場合もある。プレゼンテーションのために模型やコンピュータグラフィックス（CG）をつくる場合もある。

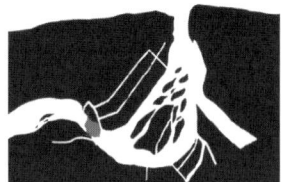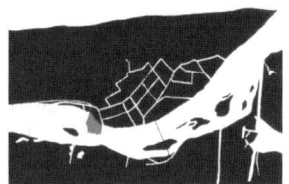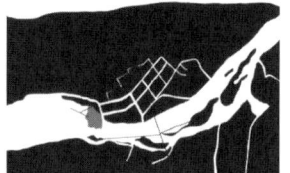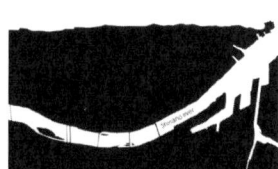

図1　敷地分析図

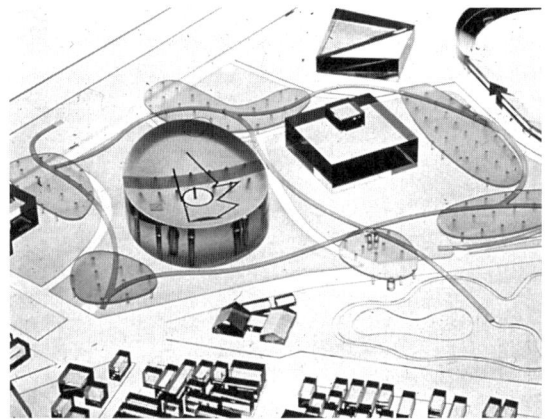

図2　コンセプト模型　新潟市民芸術文化会館（設計：長谷川逸子、1998）。設計競技によって選ばれ実現している。敷地分析は、左から1699、1920、1930、1997年で、敷地周辺の信濃川河口域における流路の変化を示す。新潟周辺に特徴的な、砂丘列が島のように連なる「潟」の風景を手掛かりに、空中庭園を群島のように配置するコンセプトが導かれている。

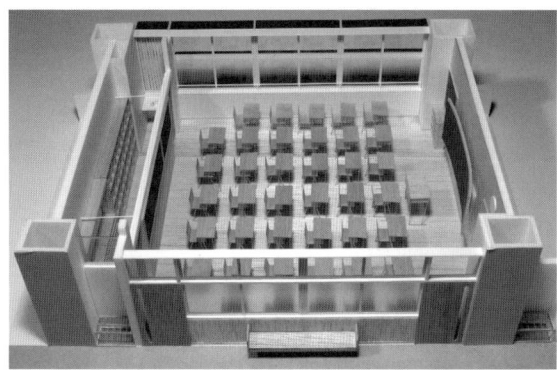

図3　スタディ模型　設計を進める中で模型を製作することは有効である。写真はロッカースペースのある教室の1/30模型。愛知淑徳中学校高等学校（設計：タラオ・ヒイロ・アーキテクツ、日本設計、2007）

表1　基本設計の検討事項の一例

区分	検討事項	成果図書
配置計画	外部動線（人・車）計画／建物配置の検討／駐車（輪）、付帯施設（電気室、塵芥室）の検討　外構、植栽計画	敷地案内図　配置図
建築計画	機能配置計画／空間構成計画／動線計画／平面計画／断面計画／立面計画／サイン計画	仕様概要書／仕上表　面積表及求積表　平面図（各階）　断面図　立面図（各面）　矩計図（主要部詳細）
構造計画	構造種別の検討／構造方式の検討／耐震計画／各部構造計画：骨組方式、基礎方式の検討／将来増築への対応の検討	基本構造計画書　構造計画概要書　仕様概要書
電気設備計画	インフラストラクチャーの調査／受電方式の検討／監視システムの検討／防災システムの検討（消防事前打合せ）／照明計画の検討／情報通信システムの検討／計量区分の検討／省エネルギー計画の検討／スペースの検討（電気室・EPS）	電気設備計画概要書　仕様概要書／各種技術資料
給排水衛生設備計画	インフラストラクチャーの調査／給水方式の検討／汚水処理方式の検討／雨水、再処理水の検討／熱源の検討／消火システムの検討（消防事前打合せ）／計量区分、方式の検討／配管材の検討／スペースの検討（機械室、PS）／経済性の検討	給排水衛生設備計画概要書　仕様概要書／各種技術資料
空調換気設備計画	熱源の検討／空調方式の検討／水処理方式の検討（水配管の場合）／省エネルギー計画の検討／計量区分の検討／換気方式、区分の検討／排煙方式、区分の検討／スペースの検討（機械室、PS）	空調換気設備計画概要書　仕様概要書／各種技術資料
搬送設備計画	設置台数の検討／搬送システム、グレードの検討	搬送設備計画概要書　仕様概要書／各種技術資料
駐車設備計画	設置台数の検討／駐車システムの検討／安全対策の検討	駐車設備計画概要書　仕様概要書／各種技術資料

表2　基本設計図書

1) 設計要旨
2) 基本設計概要（敷地、建物、電気設備、給排水衛生設備、空調換気設備、搬送設備、駐車設備の各概要）
3) 建築図（仕上表、配置図、平面図、立面図、断面図等）
4) 設計・工事工程表
5) 工事費概算書

1·9 実施設計、工事監理

▶1 実施設計

実施設計では、基本設計にもとづいて詳細を設計し、工事に必要な図面一式（設計図書）を作成する。設計図書は下記のような図面からなり、施工者が工事費の見積をし、工事計画を立てるのに十分な情報をそろえる。作成には労力がかかるので、合理的な作業が求められる（図1、表1）。

- 建築概要書
- 仕様書（標準仕様書および特記仕様書。材料の品質、使用製品、施工方法などを指示）
- 面積表（建築面積、延床面積、建ぺい率、容積率）
- 仕上表（外部仕上表、内部仕上表）
- 案内図（北を上にすることが多い）
- 配置図（外構や植栽も表す）
- 平面図・立面図・断面図（建築規模により縮尺は1：50、100、200、300など）
- 断面詳細図（縮尺は1：20、30、50など。かなばかり図とも言う）
- 展開図（各室の各壁面を描く）
- 天井伏図（天井を見透す描き方をする図）
- 屋根伏図（建物を上から見た図）
- 各部詳細図（出入口、窓、階段、水回り、家具等の詳細の納まりを示す）
- 建具表（建具の詳細、ガラス、付属金物の一覧）
- その他（外構計画図、サイン計画図等）
- 構造図（仕様書、杭伏図、基礎伏図、床伏図、梁伏図、小屋伏図、軸組図、断面リスト、かなばかり図、詳細図、構造計算書）
- 設備図（仕様書、電気、給排水衛生、空調、防災、昇降機等）

▶2 コストの把握

設計図書をもとに設計者側も工事費を予測する。

▶3 確認申請とその他関係官公庁への届出

確認申請等を提出して、着工までに計画内容が法令の規定に適合することの確認を受ける。

▶4 工事施工者の選定・工事契約

設計図書をもとに、候補となる施工者に対して見積依頼をし、工事費見積書の提出を受ける。設計者は、見積内容をチェックし比較表などを作成する。建築主と打ち合わせた上で、候補の施工者と交渉し、設計変更や仕様の見直し等を行って予算内に納めるよう調整をはかる。建築主とともに施工者を選定し、建築主と選定された施工者との間で、適切な工事請負契約が成立するように助言する。

▶5 工事監理

工事が設計図書の通りに実施されているかを確認する。施工者に設計意図を伝達し、施工計画の検討や助言をする。施工会社の作成する各工事の施工図を検討し承認する。建築と設備の整合を取るよう総合図を作成する場合には、そのチェックも必要である。工事の確認をし、必要な検査を行う。工事の間に、各部の詳細、仕上げ、色彩などについて最終的な検討や確認を行う（図2、3）。

建築主、設計者、施工者による定例会議を行い、相互に確認をとりつつ工事をすすめる。工事中に状況が変わることもあり、情報の共有と迅速な対応が必要となる。

▶6 竣工・引き渡し

工事が完了すると官公庁等の完了検査を受け、設計者や建築主が竣工検査をして、建築主に引き渡しとなる。設計者は建物の使用が円滑に始まるように協力する必要がある。設計意図や維持管理の方法などを建築主に伝えることも効果的である。

▶7 維持管理、ファシリティマネジメント

建築が快適に長い期間使われるためには、日常的な清掃、点検、そして適切な補修が欠かせない。また、使い勝手のよい環境を維持するには、さまざまな対応が必要になる。これらは管理者が行うことであるが、設計者が相談を受けることもある。

近年では、POE（post occupancy evaluation、居住後環境評価）を行ない、適切な改善につなげることもある。建物、設備、備品類などの施設を統合的かつ経済的に管理運営する、ファシリティマネジメントも普及しつつある。

建設時だけでなく、維持管理から解体にいたる、建築のライフサイクルを通して、コストバランスや環境負荷低減を考慮することが求められている。

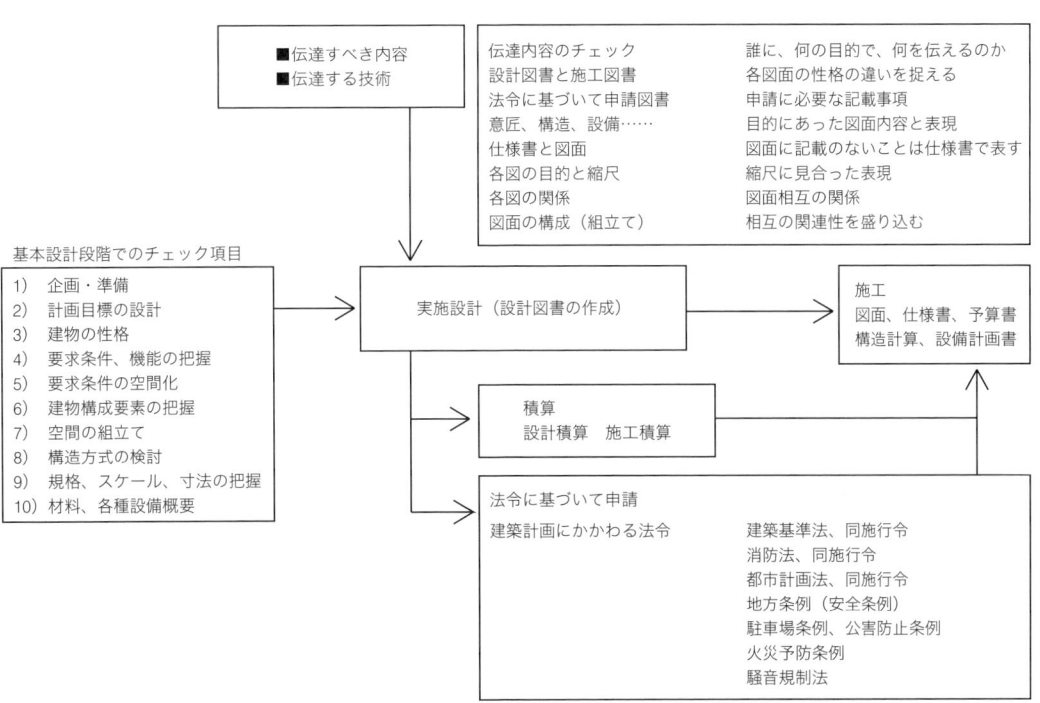

図1　実施設計から工事監理まで

表1　実施設計図作成の注意事項

1) 企画から基本設計・実施設計へと図面製図工程を計画的に進める。
2) 正統で正確な表現法の習慣を身につけるよう心がける。
3) 日頃から表現法の工夫・研究を積み、必要最小限の図面を描く。
4) チェックする必要を感じた項目はメモ、またはチェックリストに記録しておく。
5) 図面完成と修正、訂正、チェックなどの日時をそのつど記入欄に記入しておく。
6) 訂正事項に関連する事項をよく考慮し、探し出して同時に修正しておく。
7) 重複記載はなるべく避け、必要最小限の要素を記入する。
8) まぎらわしい表現、中途半端な製図をしない。
9) 図面のチェックは複数で行う。
10) 図面の扱い、保管は丁寧に行う。

図2　**工事監理**　木造住宅の上棟の様子

図3　現場での仕上げ材、色彩等の検討

第2章

各種建築を理解する

住宅、学校、オフィスビルなどの基本的な各種建築の計画、様々な建築物に関わる外部空間の計画について学ぶ

ルイジアナ美術館

ヴィトラ・デザイン・ミュージアム

2·1 住宅

▶1 「住宅」とその設計方法

「住宅」は「家庭生活」を入れる器である。「家庭生活」は、多種多様・千差万別。家庭の数だけ違った「住宅」のかたちがある。もちろん、時代や国・地域によってそのかたちは違う。器である「住宅」はそれぞれの時代や国・地域の「家庭生活」に合わせてその形態を変化させてきた（図1）。

従って、「住宅」を設計・計画するには、器に入る住み手が希望する「家庭生活」を事前に熟知しておく必要がある。その上でそれに合った「住宅」の形態を提示することになる。その合わせ方には、概ね次のような2つの方法がある。①一般解を求める。②特殊解を求める。ということに集約できるのだが、服飾デザインに譬えれば、さしづめ、①は「既製服のデザイン手法」。②は「オーダーメイド服のデザイン手法」ということになる。もう少し詳しく述べると以下のようになる。

◉1 一般解的デザイン

不特定の居住者が一定レベルの生活ができる住宅を目指す方法。

現在のプレハブメーカーやハウスメーカーが提示している住宅で、売れ筋をねらい、「作品」というよりは「商品」としての住宅を標榜しているが、アノニマス建築やバナキュラー建築への発展の可能性を多分に有している。事例は各種プレハブメーカーや不動産関係パンフレットで確かめてほしい。

「家庭生活」の最大公約数的傾向を把握することが大事で、「誰もが住める住宅」を目指すが、「誰もが住める」は「誰もが多少の不便を感じ、多少の我慢を必要とする」ということにもなる（図2）。

◉2 特殊解的デザイン

特定の居住者の家庭生活にフィットした住宅を目指す方法。現在では住宅設計の主流と思われているが、わが国では100年の歴史もない。

建築設計事務所の建築家たちが提示している住宅で、新たな家庭生活の提案と独自性を強調した「作品」としての住宅を標榜している。現在は特定の住み手のみに受け入れられる特殊解だが、将来は一般解となるような先見性を備えた作品が良いとされる。実験住宅・試作住宅的意味合いが強く、単なる奇抜さや、一過性の斬新さの提案にとどまる危険性は大きい。

特定居住者の生活を詳細に把握する必要があり、それにフィットさせていくことになるが、「特定居住者にとって満足な住宅」は、「他の人には住みにくい」ということにもなる（図3）。

▶2 敷地と環境

「住宅」の敷地は、自然災害を受けにくく、閑静で交通の便が良く、上下水道完備、商店街に近く生活必需品の入手が容易、学校など各種公共施設へのアクセスも容易な敷地が理想とされる。しかし、これらすべての条件を満たす土地の値段は高く、入手困難なのが実情である。通常わが国では、住宅を建てても良い土地は建築基準法の用途地域制の中に定められているので、住宅の建設許可が下りる敷地であれば、住宅の敷地としての条件は一応満たされていると考えてよい。しかし、難しい条件を建築的に解決することが課題になることが多い。

敷地面積については、戸建て住宅の場合、必要な敷地面積は30坪（約100m²）が最小とされ、それ以下のものは、宅地としての売買はできないことになっている。かつては80坪が標準と言われた時期もあったが、現在では地価の関係から都心部では30〜50坪程度、郊外では70坪程度が中心になっている。また、敷地は幅員4m以上の道路に2m以上接していなければならない。これは建築基準法で定められている。

▶3 外構・庭とアプローチ・駐車場

日本の戸建て住宅に必要なのは、駐車場、門と塀。庭は観賞用と物干し等に使う実用的なサービスヤードと言われている。駐車場については敷地周辺の公共交通機関の事情にもよるが、一家に一台の時代から複数台保有の時代になっており、住み手の要望に合わせる必要がある。門から玄関へのアプローチ、塀、庭と植栽については、日本固有の考え方が凝縮されるところだが、敷地面積が狭小な事例が増え、あまりこれらに面積を割くことができなくなっている。

図1 さまざまな国のさまざまな住宅 日本（左）、アイディル高原（中上）、カメルーン（中下）、ザンビア（右）

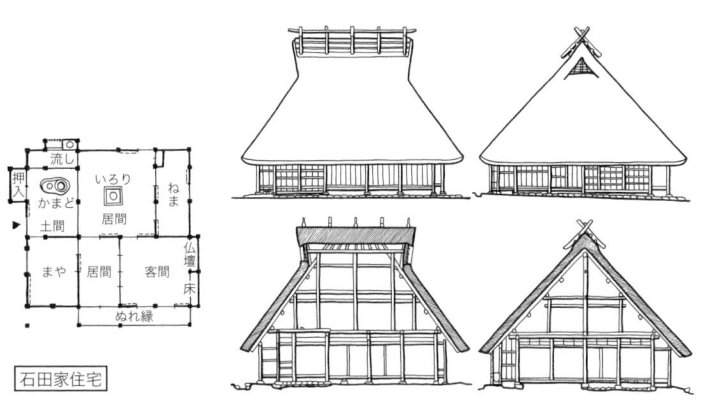
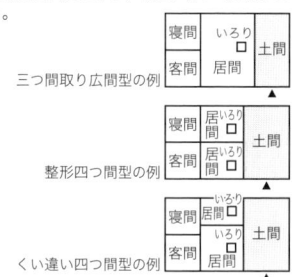

農家の間取り類型

日本の農家の間取りには、地域や時代によって類型がみられるが、そのなかで最も広く用いられるのは、三つ間取り広間型と、四つ間型（四つ間取りともいう）である。

図2 日本の民家 昔は人々の生活パターンが類似していたので定型になった。

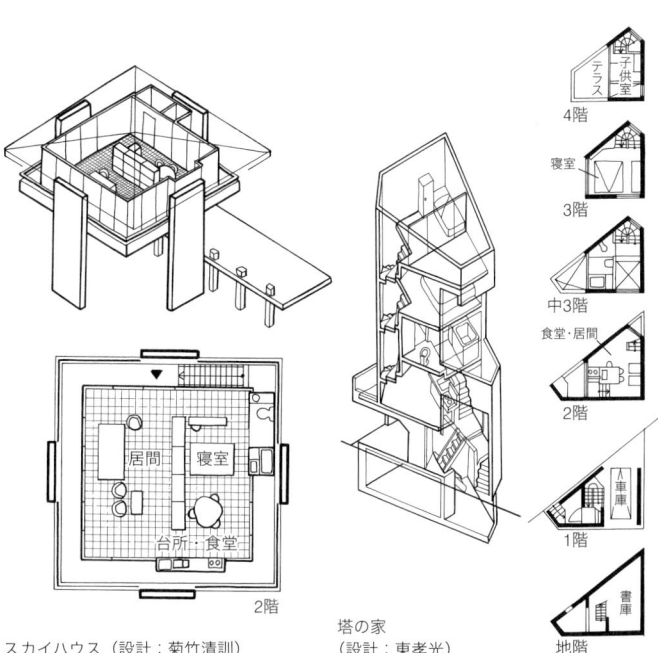
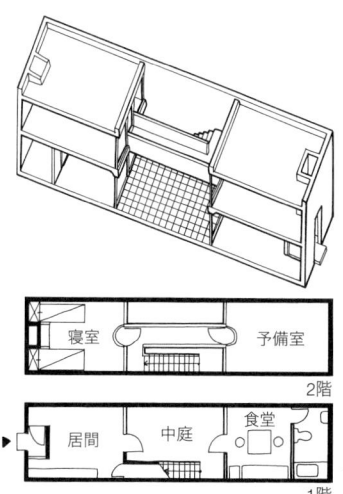

スカイハウス（設計：菊竹清訓）
塔の家（設計：東孝光）
住吉の長屋（設計：安藤忠雄）

図3 特殊解の住宅デザイン例 19世紀末ごろから人々の生活パターンが急速に変化した。他人と違った生活や将来のあるべき生活パターン・それに合った形態の提案がなされるようになった。これも建築家の仕事となった。現在の建築家たちはこのジャンルで活躍することを本流と考えがちである。しかし、住む人が生活しやすい住宅を設計するのが本来の仕事であって、奇抜な形態を提案することが主目的ではない。

第2章 各種建築を理解する 29

▶**4　必要諸室とその必要最小限の寸法**

住宅に必要な室名と説明、最小寸法等を列記すると以下のようになる。ただし寸法については、わが国では未だに910mmをモデュールとすることが多いのでそれに準拠する（図4）。

①**玄関**：わが国固有の所作である靴脱ぎと、来訪者との挨拶・取り次ぎのための空間。

備品：下駄箱。

1,820mm × 2,730mm（土間部分は1.8m）。

②**廊下**：各室を繋ぐ通路。専用室を好む傾向の強い日本では必需と考えられているが、他の国の住宅にはあまり見られない。

幅員910mm（人の肩幅は約600mm）。

ただし、車いす対応は無理（廊下で回転して部屋に入ることができない）。その場合は1,200〜1,365mm。

③**居間**：家族団らんのための空間。リビング、茶の間などとも呼ばれる。地方によっては「客間」とも言う。

備品：テレビ、テーブル、ソファー、（こたつ）

2,730mm × 3,640mm（6畳間）が最少と考えられるが、この2〜3倍の面積を割くのが一般になりつつある。

④**食堂**：食事をする部屋。ダイニングルームとも言う。居間や台所と一体化したLDK（リビング・ダイニング・キッチン）やDK（ダイニング・キッチン）が一般化しつつある。こうした一体化は諸外国では稀である。西山夘三氏の「食・寝分離論」から発したDKが定着・発展したもので、わが国固有の傾向と見てよい。

備品：食卓、イス、食器戸棚。

2,730mm × 2,730mm（4.5畳間）。

⑤**台所**：食事をつくる部屋。キッチンともいう。前記の居間、食堂と一体の空間にするのが一般になりつつある。日本人は各人専用の食器を持ち、各種料理専用の食器を多数用いる。各料理それぞれに専用調理道具もそろえる。その数・量は夥しく、食器と調理器具の収納スペースが足りず、オーバーフローしているのが実態である。諸外国ではダイニングとは一体化せず、独立させるのが一般であるが、近年、日本風が流行りつつある。

備品：キッチンセット（幅：2,730mm用、奥行き：700mm、高さ：800mm程度）、冷蔵庫、食器戸棚、食品庫、調理器具収納庫。

2,275mm × 2,730mm。

⑥**便所**：排泄のための部屋。トイレ、お手洗い、ご不浄ともいう。日本人は極端に個室化を望む。諸外国では、風呂・洗面所と一体化されたものが主流である。近年、諸外国並みのオープンなものが増えている。

備品：便器、手洗い。

910mm × 1,365mm。

⑦**風呂**：浴室、バスルームともいう。日本人にとっては湯船に浸ってリラックスするスペースでもある。諸外国では体を清潔にするためのサニタリーの部屋でバスタブに浸るよりは、シャワーが主に使われる。近年、諸外国並みにする例が増えているが、諸外国では日本風が見直されている。

備品：風呂桶（バスタブ）、シャワー。

1,365mm × 1,820mm。

⑧**洗面・脱衣**：日本では歯磨き、洗面のスペースとか、風呂に入るための脱衣スペースを独立させる事例が多い。場合によっては洗濯スペースも兼ねることがある。

備品：洗面器、洗濯機、脱衣棚。

1.365mm × 1,820mm。

⑨**個室**：老人室や子ども部屋のことであるが、日本では家族一人に一部屋が原則になりつつある。

備品：ベッド、机。

1,820mm × 2,730mm（3畳間）が最少面積。ただし、最近の子ども部屋は2,730mm × 3,640mm（6畳間）が標準になっている。

⑩**主寝室**：世帯主夫婦の寝室。

備品：ベッド（1人当たり1m × 2m）。

ベッド式：3,640mm × 3,640mm（8畳間）。

和式：2,740mm × 3,640mm（6畳間）。ただし、1,820mm × 910mmの押入れが必要。

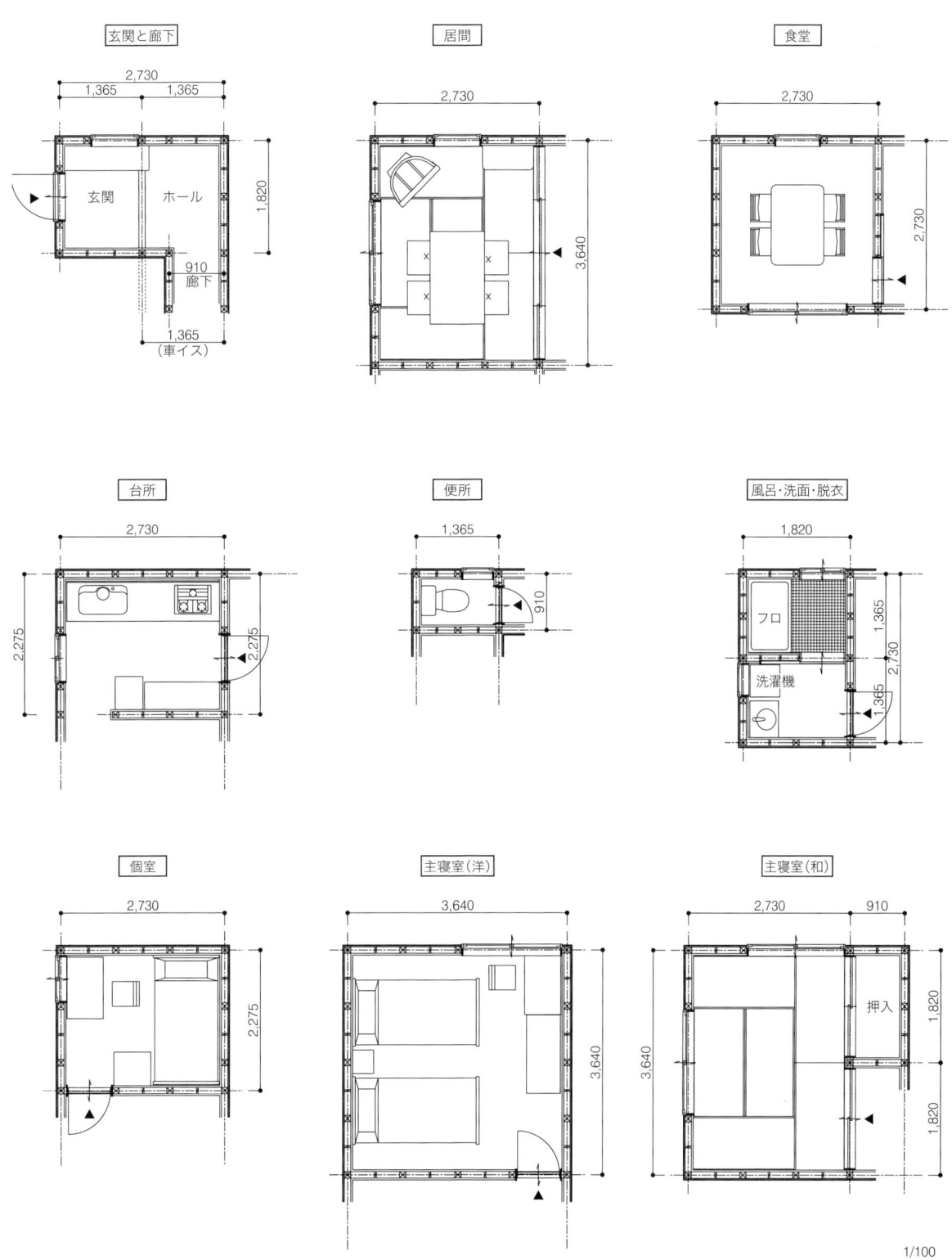

図4　ここに示した寸法は最小限である。これ以上小さくするとそれぞれの用途に使えなくなる。

⑪収納：押入れ、納戸、クローゼット、ウォーキングクローゼットともいう。各個室の収納スペースと掃除道具やこたつや扇風機など特定季節使用品などを収納する家族用の収納スペースが必要。和風住宅では、2,730mm × 3,640mm（6畳間）に対して910mm × 1,820mm（1畳間）程度が標準といわれていた。このスペースに対する要望は強いが、建設コストと必要諸室面積とのバランスを考慮し、必要最小限の面積を確保すべきである。あればあるだけ一杯になるのが収納スペースと言われている。

⑫その他：住み手の職業・趣味などから、上記以外の部屋が要求される場合がある。アトリエ、ピアノ室、ホームオフィス、園芸用温室、ペット用飼育室などさまざまで、そのつど誠意をもって対処する必要がある。

▶5　住宅の間取りと外形

　住宅の間取りは、敷地の有効利用から決まると言われている。特に駐車場と庭と各部屋の関連は十分検討しておく必要がある。

　欧米に比べ、日本の緯度はだいぶ南にある。しかし、赤道からは離れている。そのため、部屋の位置を東西南北のどこにするかで日照や通風などの条件がはっきりと異なる。日当たりが期待できる広さを持った敷地内であれば、各室の用途によって、それぞれ良いとされる位置があり、旧来より常識的な部屋の位置は決まっていた（図5）。

　しかし、最近は敷地が狭小になったことや冷暖房や照明や換気に関する技術革新によってあまり拘束されなくなってきている。ただし、地球環境問題や省エネ等の観点から旧来の考え方が見直されつつある。

　また、住宅の間取りは、以下の3つの空間を適切に配分することでもある。①居間や食堂などのパブリックな空間、②寝室や子ども部屋などのプライベートな空間、③キッチン、バス・トイレなどのサポート空間の3つである。

　ただし、空間の配分とは、単純に各部屋を壁で仕切ることではない。接する各室の関係を考えて一室にする場合もあれば、障子、ふすま、カーテン、家具などで仕切るなどの中間的区分の手法もある（図6）。

　次いで、日本人の典型的なプライバシーの段階構成について見てみたい。

　人間は動物だが、「住宅」は「巣」と異なり客を招き入れる。しかし、客との接し方にはプライバシーを守るためにいくつかのハードルを設けている。特に、日本人は以下のようなきめ細やかなプライバシーの段階構成を身に着け、使い分けており、空間もそれに準じ構成されている（図7）。

①門の前で話す：訪問販売の人等
②玄関先で話す
③勝手口で話す
④玄関内で話す：保険金の支払いや簡易契約書類の押印
⑤居間または応接室で話す：小学校の先生の家庭訪問
⑥居間または食堂で話す：極親しい人と飲食しながら歓談
⑦寝室、個室で話す：親戚関係のお泊り

　また、住宅の平面の形によって、間取りを決める作業の難易度がちがう。経験則によれば概して以下のような傾向が見られる。

　円形、正多角形、正方形、長方形、凸凹形の順に間取りが容易になる。特に初心者がこだわりがちな左右対称整形はかなり難しくなるので要注意。また、誰がやっても、廊下等の共有面積を最少にすると、台所に直接入るタイプとなり、次いで、玄関近くに風呂・洗面・トイレが付くタイプになりやすい（図8）。

　住宅の構造と「かたち」については、主要構造部に用いる材料の違いによって、木造、鉄筋コンクリート造、鉄骨造、ブロックやレンガ造（組積造）等に分類できる。木造には木造が持つ条件や制約等から木造らしい造形に帰結する。「それぞれの材料にはなりたがっている形がある。それを探しだすのがデザイナーの仕事」とも言われる。

　日本では、雨漏りは建築業者の恥と言われているほど、屋根の形状と素材についてはかなり慎重に検討される。屋根葺材によって雨漏りしない傾斜はきまっているので、屋根の形態は屋根素材できまるといっても過言ではない（図9）。

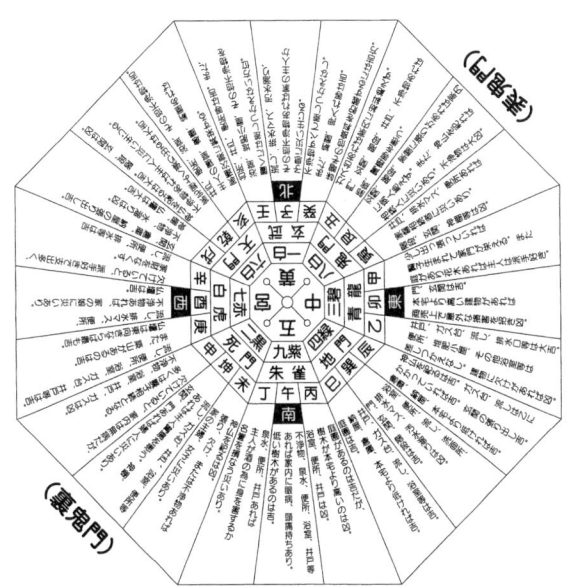

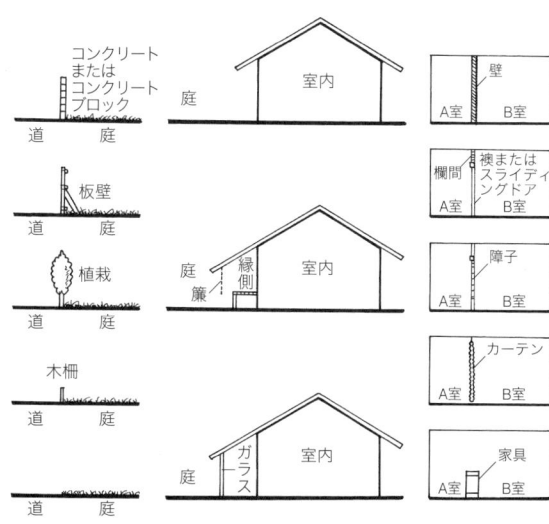

図6 空間区分の手法

図5 家相の図（家相八方位吉凶一覧） 日本には古くから家相を考える風習が伝わっている。一般庶民が家を建てる時に注意しなければならない要点がまとめられている。古い時代の間取りの作り方、マニュアル書である。あながち迷信とも言いがたい。日本の風土にマッチした内容も含まれており、省エネの観点からみると示唆に富んだ部分もある。迷信と決め付ける前に一度は目を通して置く必要がある。

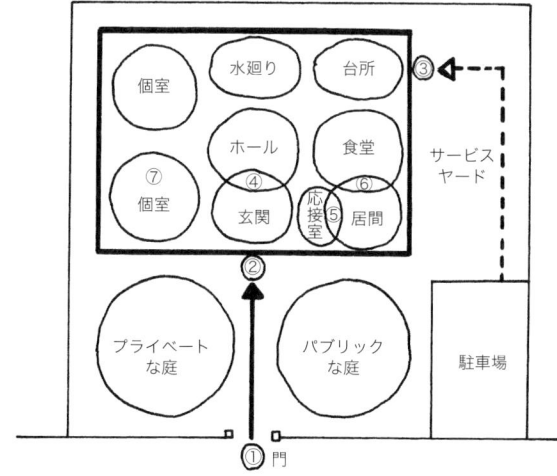

図7 日本人のプライバシーの段階構成

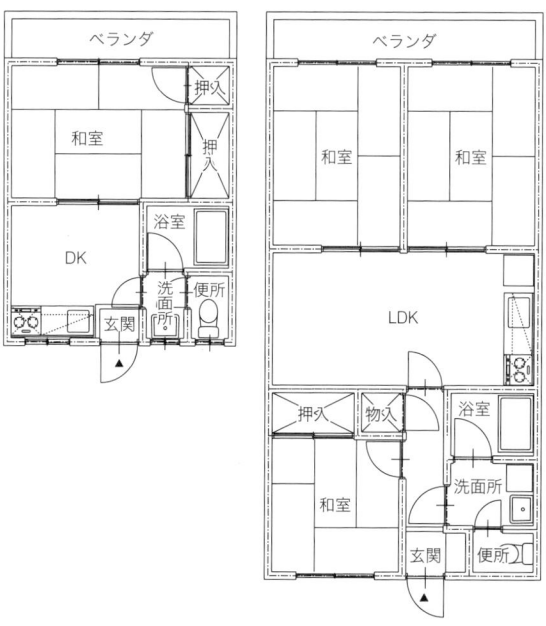

図8 玄関（入り口）を台所に設け、共有面積を最小限に抑えたプラン（左）、玄関近くに便所・風呂・洗面・脱衣を設け共有面積を少なくしたプラン（右）

壁については、欧米では結露は建設業者の恥といわれており、壁素材と断熱性能に対する関心が高い。日本ではさほどではないが最近、関心が高まりつつあり、「外断熱」などの言葉が流行りつつある。また、和風建築といえば「真壁」が基本とされてきたが、断熱性能に加え耐震性能をも確保するという理由で、柱の3つ割り材以上の筋交いと金物を使用しないと建築基準法では認められなくなり、姿を消しつつある。かわって「大壁」のデザインが主になっている。また、工期短縮のため、土壁のような湿式工法がきらわれ、サイディング等の乾式工法に替わりつつある。同時に腕の良い関連職人も駆逐されつつある。

窓サッシについては、かつては木製で、建具屋がつくっていたが、防風・雨性能が悪く「雨戸」が必需であった。性能がはるかに良いアルミサッシが出現し、それに凌駕されてしまった。障子やふすま等の建具は健在だが、ドアが増えている。また、わが国固有と言われてきた、和室・縁側・庇・床の間（図10）・神棚・仏壇といったものも、その存在感を失いつつある。

▶6　工業化・プレハブ化・住宅産業化と「かたち」

かつては、原材料を加工して丹念に組み立てて一つ一つの「住宅」をつくっていたが、いまでは、工場でつくられたパーツを集め、マニュアルにしたがってアッセンブリするつくり方に変わってきた（図11）。かつてのものに比べ欠陥は少なく、工期も短く、メンテナンスに労を割けない現代の家庭生活にマッチしたものになる方向性を強く示す傾向が見られる。同時に郷愁からか、極端なかつてのデザイン愛好者も増えつつある（図12）。

▶7　コストとデザイン

2010年現在、東京では30坪（約90m²）で億単位の値段、地方では80坪（約240m²）で数千万円と言われている。土地を担保にお金を借りたら、東京では30坪に億単位の住宅が建つ。地方では2.5倍の土地に1/5程度の値段の住宅が建つ。デザインは自ずと異なる。金はすべてではないが大半のことを可能にしてくれる。また、住宅の設計料は設計監理を含め10％程度が慣例とも言われている。

▶8　住宅の課題

文頭に「住宅」は家庭生活を入れる器と書いたが、家庭生活は変化してきている。現在の課題は以下に列記するとおりだが、「住宅」の「かたち」は今後も変わり続ける。

①高齢者対応型住宅：国民の4人に1人が65歳以上となる日が目前に迫っている。高齢者が安住できる住宅の提案が望まれている。バリアフリー、ユニバーサルデザイン化が緊急課題である。

②少子化への対応：子どもが少ないということは子ども部屋の数ばかりでなく、親子関係をどう調整するか子育てをどう考えるかの問題を孕んでいる。親子関係や子育てについては多様な考え方も蔓延している。きめ細やかなケース・バイ・ケースの対応が望まれる。

③単身世帯への対応：高齢者の単身者と若年層のそれが増えつつある。

ワンルーム化ばかりでなく、一人で住むことのメリットとデメリットをよく考え、安全性を重視した適切な判断が必要になる。

④夫婦のみの世帯への対応：意図的に子どもを持たない世帯が増えている。夫婦共稼ぎで、社会的に自立した者どうしが互いの生き方を尊重しつつ世帯を構えているケースが多い。家事は分担され、台所は夫婦どちらでも使えるような配慮がほしいし、仕事用の部屋やスペースの確保が求められるなど、かなり明確な要求事項が示されることが多く、新たな住居形態が生まれる可能性も感じられる。

⑤外国人への対応：国民の4分の1が高齢者である今、この人達を支える労働人口が減少し、女性も元気な高齢者・ハンディキャプトの人達も働かなければならなくなる。それでも足りなくなると外国人の力を借りる必要がでてくる。生活習慣の違う外国人のための住宅を検討する必要も出始めている。

⑥メンテナンスフリー化：夫婦共稼ぎでは従前のような家のメンテナンスはできない。この点を配慮した設計が望まれる。

⑦住宅の長寿命化：建築廃材からでるCO_2が多いことから、建築の長寿命化が検討されている。現在30年前後と言われている住宅の寿命を100年以上にしたいという試みが積極的に行われている。

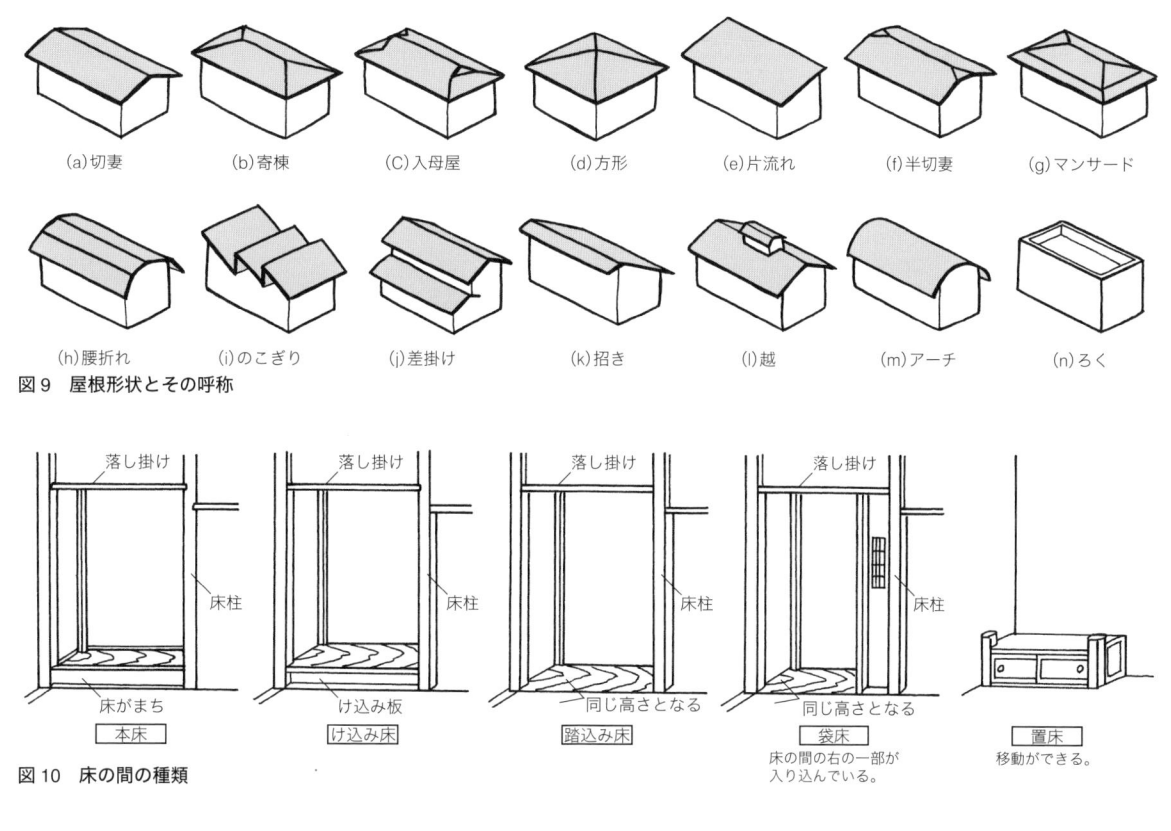

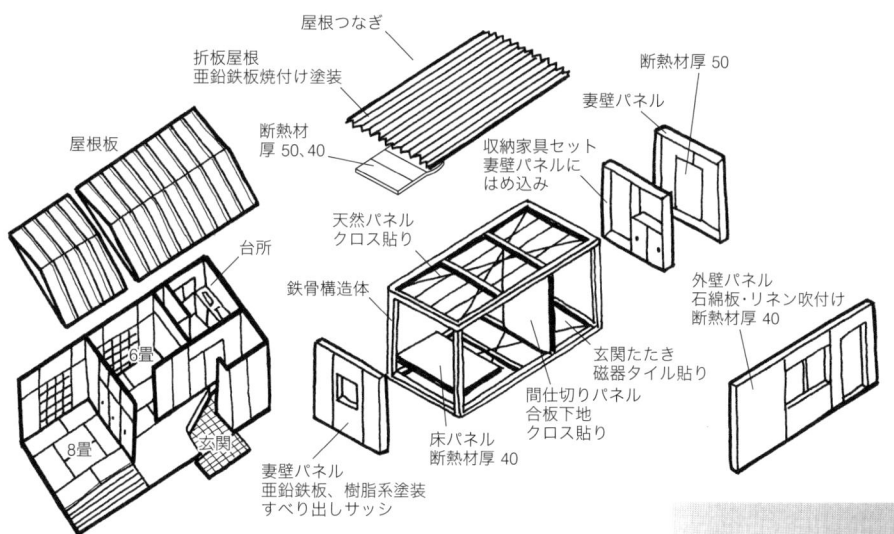

(a)切妻　(b)寄棟　(C)入母屋　(d)方形　(e)片流れ　(f)半切妻　(g)マンサード

(h)腰折れ　(i)のこぎり　(j)差掛け　(k)招き　(l)越　(m)アーチ　(n)ろく

図9　屋根形状とその呼称

図10　床の間の種類

本床／け込み床／踏込み床／袋床（床の間の右の一部が入り込んでいる。）／置床（移動ができる。）

図11　プレハブ・乾式のデザイン

図12　郷愁のデザイン（設計：内藤和彦）

第2章　各種建築を理解する　35

2・2 集合住宅

▶1 集合住宅という設い

　地球上の自然環境の中に、生物は、安心して過ごし、自らの資産・大切なものを保持するための場所である「巣」をつくる。「住宅」は、人間が地球上につくりだした構築物としての「巣」である。「集合住宅」という設え・型式は、複数の住戸が集合して一つの住棟を構成する「住宅」を指す。この住宅型式の発生や、計画上の型式の選択理由には三つの側面がある。第一には、産業革命以降の都市部への人口流入に代表される、一定地域への居住人口の集中により低層の独立住宅では居住面積を満たすだけの土地面積が不足し、より高密度な住戸配置が求められる状況が生じた社会的側面が挙げられる。第二は、共用施設、商業などの利便施設、まとまった空間としての安全確保、街区の構成などの面で、集住のメリットや規模の利益、空間計画上の合理性を享受しようとする環境的側面である。第三は、技術的側面である。大規模な集合住宅を短期間で施工するための計画技術・施工管理技術や施工関連機器・部品の発達、エレベータなどの生活補助機器の発明などが、集合住宅という型式の発展に寄与したのである。住宅という収益とは直接繋がらないビルディング・タイプを計画することからでき得る限りのコストダウンを図ることが必要とされること、居住環境の確保への支援を行うことから実務上では、この技術的側面の検討も重要である。

▶2 欧米での集合住宅の計画史

● 1 集合住宅地の計画史

　住宅を計画する上での住戸と人口の密度は、連続的に変化する。18世紀後半の産業革命以降のイギリスでは、ロンドンを始めとする都市への極端な人口集中が起きていた。E・ハワードは、1898年に「田園都市」というユートピア（理想都市）計画を提案した。1902年には、ロンドン郊外に、レッチワース（Letchworth）・ガーデンシティが建設され、現代の郊外住宅団地の端緒となった。同時期に、米国では、フランク・ロイド・ライトが、鉄道とハイウェイに沿って商業施設・住宅・農地を配置するというロード・エーカー・シティ構想を提案しているが実現には至らなかった。1930年代には、ニューヨーク郊外のニュージャージーで、車のアクセスを歩行者のアクセス方向と分離し、住戸配置をクル・ド・サックで構成するというラドバーン方式を取り入れた住宅地が建設され、世界中の多くの国々へと影響を与えた。ラドバーンは、アクセスの分離によって治安上・コミュニティ形成上の問題が生じるケースもあり、近年ではアクセス方式の変更などの街区再生が行われることもある。第2次世界大戦後のイギリスでは、ニュータウン政策と呼ばれる本格的な郊外新都市計画が行われた。1946年には「新都市法」が制定され、ロンドン周辺に衛星都市が次々と建設された。各都市は、各々が住・職・憩・商業などの自立した都市機能を有することが原則とされた。この郊外都市計画手法は、世界中に波及したが、日本では、自立した都市機能は十分ではなく、主として居住機能に特化した「郊外住宅団地」として普及した。一方で、都市中心部の集合住宅型式に目を転じると、20世紀初期の欧州では、人口集中による衛生上の居住環境問題が生じていた。特に通風確保の課題に対して、道路に面して壁面を有する中庭型集合住宅が多く計画された。

● 2 インターナショナルスタイルによる転換

　以上のような、集合住宅地や集合住宅の型式に画期的な影響を与えたのが、インターナショナルスタイルである。1930年前後の欧州は好景気下の住宅不足という状況を抱えていた。新たな技術開発の成果を基に、中流階級用戸建住宅、低所得者集合住宅の建設ラッシュの中、欧州各国で様々な実験がおこなわれた。テーマは、「機能に基づく住宅、都市計画」と、「住宅建設の標準化による合理的建設方法」であった。このテーマに対して、新しい様式による解決を与えたのが、インターナショナルスタイル・ハウジングであり、その推進主体であるCIAM（近代国際建築会議）であった。1928年に結成され、ミース・ファン・デル・ローエ、ル・コルビュジエ、W・グロピウスらが参加したCIAMは、その後1956年まで計10回を数える。第2次世界大戦が終わった1945年には、戦災による破壊、職を求める人々の大

図1 社会と共に変化した集合住宅

表1 集合住宅スケール別計画事項

	大スケール（1/10,000程度）	中スケール（1/2,000〜1/1,000程度）	小スケール（1/500〜1/100程度）
土地利用密度	密度設定／建築可能範囲／緑地保全範囲／開発手法	階数／ゾーン別密度構成／周囲との調和	
インフラ	配管引込み／共同溝設置場所／供給処理施設現況	整備系統・区分／配管敷・共同溝の位置／供給処理施設の位置・規模	住棟内設備／供給処理施設の平面計画
動線アプローチ	交通経路／発生交通量予測／道路設置／ブロック構成／駐車場規模	敷地内道路／歩者分離・融合／道路・住棟・駐車場の位置関係／緊急車両アクセス	動線からの景観／住棟と道路の断面構成／サービス動線の整理
住棟	配置の方針	集合形式／集合戸数／平面・断面構成／共用空間の種類・面積／住棟サイズ／日照・通風／住棟間距離／スカイライン／避難・防犯方針	住棟内アクセス経路と住戸の境界／アクセス経路の雰囲気／近隣交流／構造計画・耐震壁／ファサード／避難経路／視覚の除去
住戸	住戸数／住戸面積／タイプごとの混合比率	方位／住戸内からの展望／住棟内の位置特性	室構成／平面形状／断面形状／開口／住戸内外の境界／隣接住戸との関係／交流とプライバシーの両立／屋外空間／設備機器・物干
複合施設	周辺施設把握／各施設の配置方針	商業、行政、福祉、教育、管理などの各施設の位置・規模	施設・業種の種類／住居動線との関係
屋外・環境	地域特性・環境特性の把握と利用／オープンスペースの利用方針	オープンスペースの位置・規模／植栽／遊び場の位置・規模	住宅地全体の景観／住棟との境界／樹種選定／舗装・仕上げ

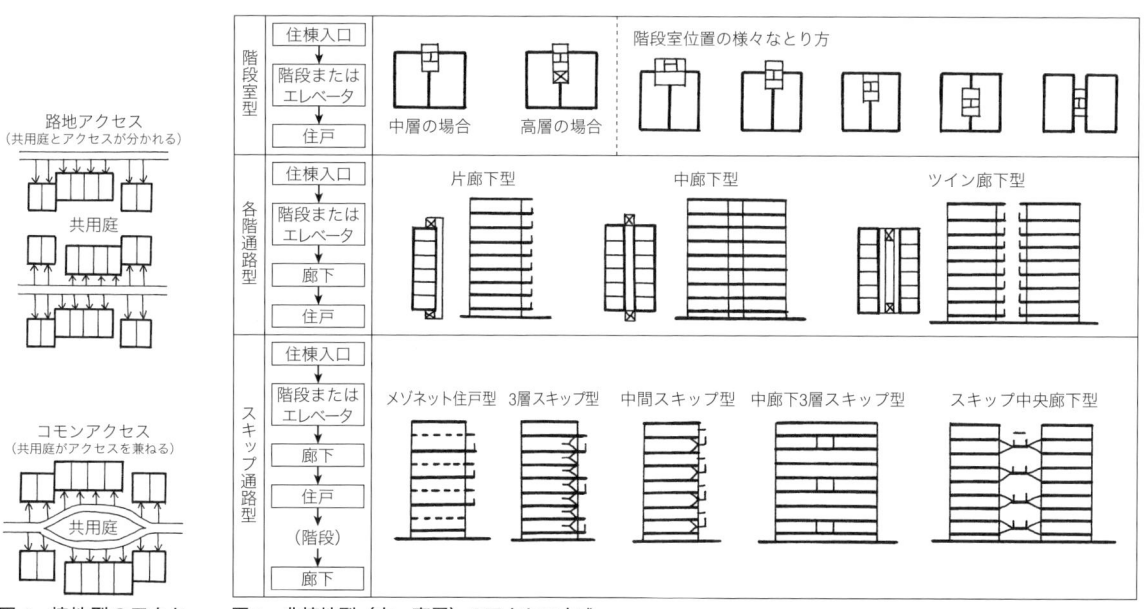

図2 接地型のアクセス方式

図3 非接地型（中・高層）のアクセス方式

第2章 各種建築を理解する

都市への流入、19世紀中頃から20世紀初頭に建築された粗悪な住宅群のスラム化の進行、などを背景として、欧州全域の都市部に深刻な住宅不足が訪れた。この状況に対応するために、欧州各国政府は、大規模な住宅供給プログラムを進めた。この時期に注目すべき変化は、戦争を経験して発展した工業的技術の裏付けによる構法としてのプレファブリケーション技術の普及である。結果、一般的な労働者層に、都市における現代的生活を保障することが可能となった。1952年に完成したル・コルビュジエによるユニテ・ダビタシオン（図13）は、彼の理論である平行配置された箱型高層集合住宅とオープン・スペースの実例として、再び、都市と住宅の在りように関する議論を、欧州中の建築家たちに始めさせるきっかけとなった。都市プランナーや建築家の提案をうけて、各国政府は、大都市近郊に高層集合住宅を含むニュータウンの建設を開始した。CIAMの影響が世界中に展開した中高層型マスハウジング期の始まりである。20世紀後半の集合住宅は、超高層集合住宅の出現を含め、この型式の踏襲と変形と発展の歴史であった。

● 3　量から質へ：さまざまな試み

1970年代後半の先進各国では、都市部では依然として住宅不足ではあったが、国全体として住宅数が充足される状況となったことから、住政策目標が、量の達成から質の確保へと転換された。その中で、再び街区型の計画を行うなど、インターナショナルスタイルからの脱却、それ以前のスタイルへの回帰などの事例がみられる。21世紀初頭の現在、環境への配慮などの新しい価値観や、ITなどの新技術を背景とした、インターナショナルスタイル後の集合住宅型式が模索されている。

▶3　日本の集合住宅の計画史

● 1　鉄筋コンクリート造集合住宅の誕生

わが国最初の鉄筋コンクリート造集合住宅は、長崎の通称・軍艦島（端島）アパート群（1910年、図4）である。海底炭鉱採掘のために建設された「まち」は、島という地理的な統制から、職・住・娯楽・商業などの都市機能を包含していた。1923年、関東大震災の義捐金を基に設立された同潤会は、日本初の公的住宅組織であった。江戸川アパート（図5）などの、当時としては最高居住水準の鉄筋コンクリート集合住宅を、震災による大量焼死を繰り返さないための不燃化を理念として東京圏へ供給した。1942年には、日本初の全国的住宅供給組織である住宅営団が設立され、近隣住区論に基づく集合住宅地供給を試みたが、第2次世界大戦後に解散した。

● 2　設計の標準化

戦後の深刻な住宅不足に対応するため住宅の量産が必要とされ、集合住宅が大量に供給された。計画技術として設計の標準化が図られた。1951年には、公営住宅標準設計「51C型」、1963～72年には、全国統一型標準設計「63型」などが供給された。これら同潤会以降の集合住宅型式は、伝統的な住戸プランへ「DK」という「食寝分離」概念を定着させ、今日まで続く「nLDK型」というわが国の「標準的」住戸プランの基となった。標準設計は、「質の時代」に入って画一的であるという欠点が指摘されたものの、設計の手間を省く、家族タイプごとの最適な間取りと仕様を提案するといった、量を供給しながら一定の質を確保するための効用を有していた。

● 3　ニュータウンとマンションの普及

マスハウジング期には、わが国においても、千里・高蔵寺・多摩を始めとする大規模郊外ニュータウンが開発され、平行配置の箱型中高層集合住宅が建設された。都市部に民間分譲集合住宅（マンション）の大量供給も始まった。欧米と同様に、1970年代後半からの量から質への目標転換を経て、2000年頃からは集合住宅再生が大きなテーマとなっている。

▶4　計画の条件（インプット）

集合住宅を計画・設計する上で与条件となる項目には、地理的条件、自然・環境的条件、社会的条件、制度的条件、技術的条件、経済的条件などがある（表1）。これらの条件を総合的に考慮して最適な解（アウトプット）を提示することになる。しかしながら、設計者・計画者の有する価値観・哲学によって、また時代によって、各項目への重視度合いが異なることから、最適解はただ一つに定まるということはない。時には、計画プロセスにおいて、住み手の価値観を導入する試みが行われる。コーポラティブと呼

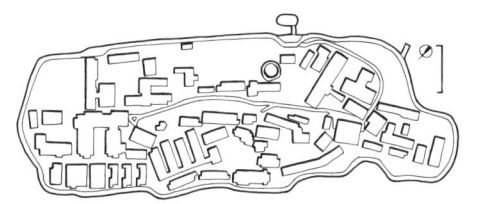

図4　軍艦島（長崎、1916、開発戸数：140戸）

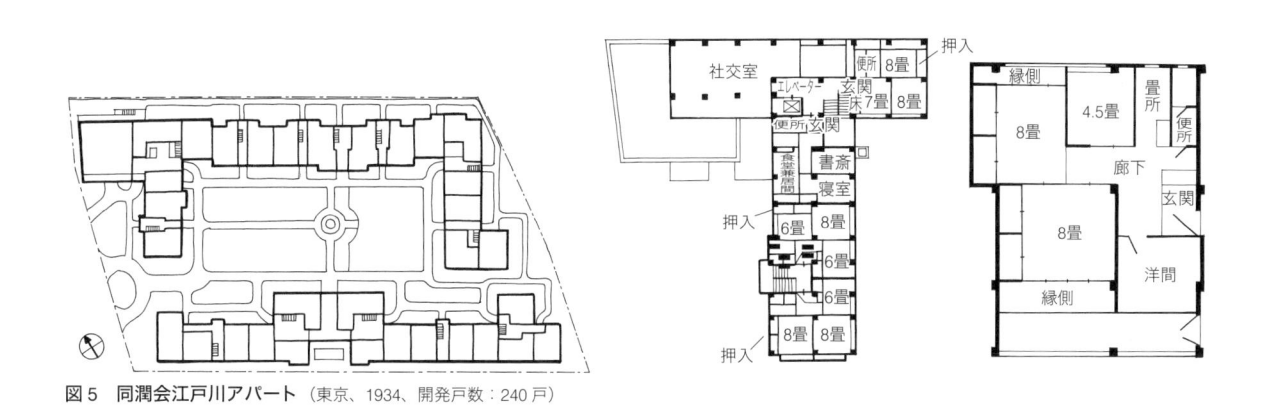

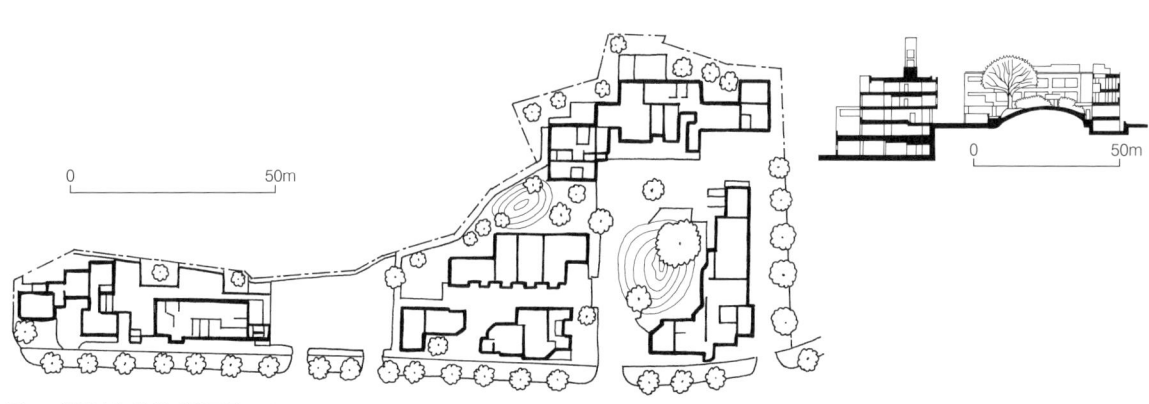

図5　同潤会江戸川アパート（東京、1934、開発戸数：240戸）

図6　代官山ヒルサイドテラス（東京、1967～1992、設計：槇文彦、開発戸数：15戸）

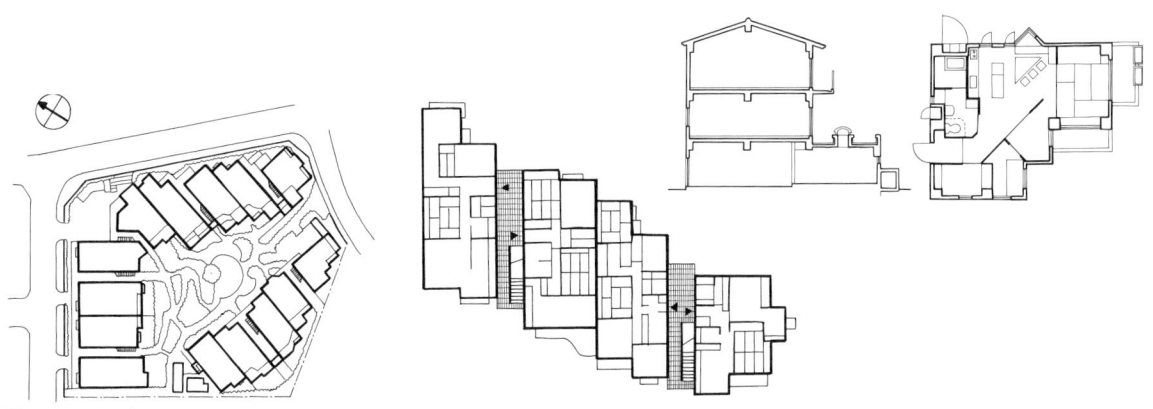

図7　ユーコート（京都、1991、設計：京の家創り会設計集団洛西コーポプロジェクトチーム、開発戸数：48戸）

第2章　各種建築を理解する　39

ばれる計画プロセスへの住民参加などである。コレクティブと呼ばれる運営への住民参加や、建設プロセスへの住民参加であるセルフビルド方式も、住民による積極的な建築行為への参加方式である。与条件で、高齢者への対応が主眼とされる場合に、特殊な集合住宅型式が採用されることがある。イギリスのシェルタード・ハウジング、スウェーデンのサービス・ハウスや、グループ・ホームなどである。

▶5　計画の解（アウトプット）

与条件に対する解を、実際の空間として実現するために、集合住宅の計画対象項目、決定すべき項目は、団地レベル（住棟配置、外構計画など）、住棟レベル（住棟形式、住棟高さ、設備計画など）、住戸レベル（平面計画、仕上げなど）に分類できる（表1参照）。

▶6　維持管理・再生

建築行為は、新築時の企画・計画・設計・施工で終わるものではない。建築物は、建設後何十年、何百年と存在し続ける。この間の維持管理・再生は、生活環境を維持・向上する上で不可欠である。特に、経済的論理で比較的容易に建て替えや大規模再生が行われるオフィスなどの業務施設に比して、集合住宅は、年齢、収入、ライフスタイルなどが様々な家族が共に生活していることから、再生を行う際の合意形成が難しい。新築計画時に、十分な長期修繕計画を行っておくこと、将来の再生計画手順・手続きを事前に計画しておくことが望ましい。再生計画には、専門家の役割分担が求められる。欧米では、団地毎にタウン・アーキテクトが常時、調査・診断・計画に参加する仕組みがみられる。

▶7　集合住宅計画の要点

●1　住棟形式

集合住宅の形式は、低層（5階建以下）の接地型と、中高層の非接地型に大別できる。住戸のつながりの形式から分類すると、2つの住戸が1つの低層住棟を形成するセミ・ディタッチド、3つ以上の住戸が1つの低層住棟を連続して構成するテラス・ハウス（長屋建）、住戸が縦横につながっている共同住宅に分類できる。現状の日本では、5階建を超える中高層集合住宅にはエレベータが付属する場合がほとんどである。

●2　共用部分

集合住宅の空間は、一つの住戸の住民のみが使用する「専用部分（住戸の内部、住戸に付属するバルコニーなど）」と、複数の住戸の住民が使用する「共用部分（住棟玄関、廊下、階段、エレベータなど）」に分類できる。階段は、通常エレベータ付近に1つを配置し、別の階段を2方向避難が可能となるよう配置する。

●3　アクセス方式

接地型集合住宅のアクセス方式は、共用庭とアクセスが分かれる「路地アクセス」と、共用庭がアクセスを兼ねる「コモン・アクセス」などがある（図2）。前者は、庭の独立性は保てるもののアクセス側の行動・交流のみが活発になる傾向があるなどの欠点もあり、共用庭へ生活を向ける工夫が必要である。後者は、共用庭の利用が促され、グループ形成がされやすい。非接地型のアクセス方式は、一般的に「階段室型」「各階通路型」「スキップ通路型」に分類できる（図3）。「階段室型」は、共用部分の面積比率が少なく、各住戸の独立性が高い。「各階通路型」はさらに「片廊下型」「中廊下型」「ツイン廊下型」に分類できる。共通して、廊下に面する部分のプライバシーの確保や採光・通風面で不利である。「片廊下型」は、各住戸の居住性が比較的均等であるのに対し、「中廊下型」は、住戸密度は高くなるものの、通風・日照の確保、住戸の独立性に欠ける。「ツイン廊下型」は、「中廊下型」の欠点を補うために、廊下を中庭を挟んで対向に配したものである。「スキップ通路型」は、共用部分の面積率が低く、住戸への採光・通風・プライバシーの確保などに有利である。

●4　住戸形式

住戸形式は、「フラット型」と「メゾネット型」に分類できる。前者は1住戸が1層で、後者は1住戸が2層以上で構成される形式である。「メゾネット型」は、共用廊下がない層では、通風・日照・採光・プライバシーの確保に有利であるが、住戸面積が大きくなることから小規模の住戸には適さない。

●5　設備配管・配線

住戸内の排水・汚水横配管は、排水上のつまりを防ぐための傾斜を確保できるように、縦管と設備機器の距離に留意する。縦配管・配線は、上下に連な

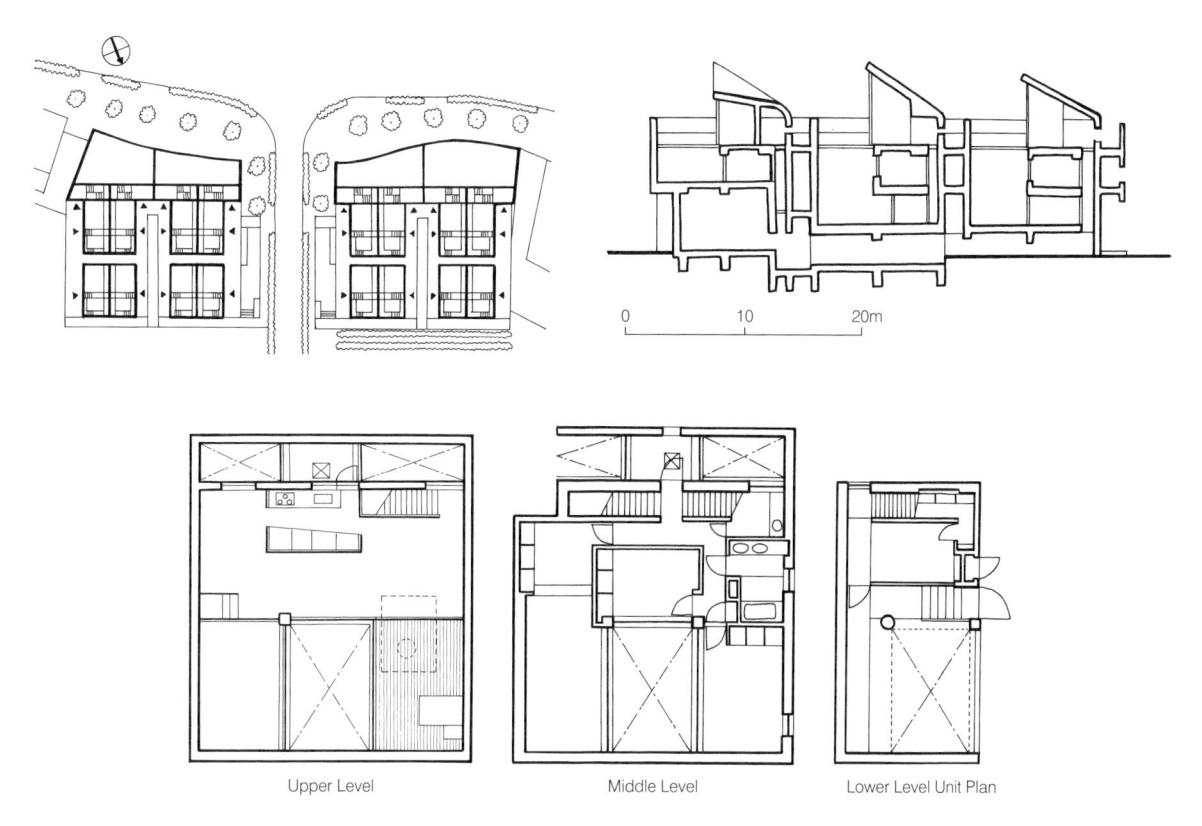

図8　ネクサスワールド/レム棟・コールハース棟（福岡、1991、設計：レム・コールハース、開発戸数：24戸）

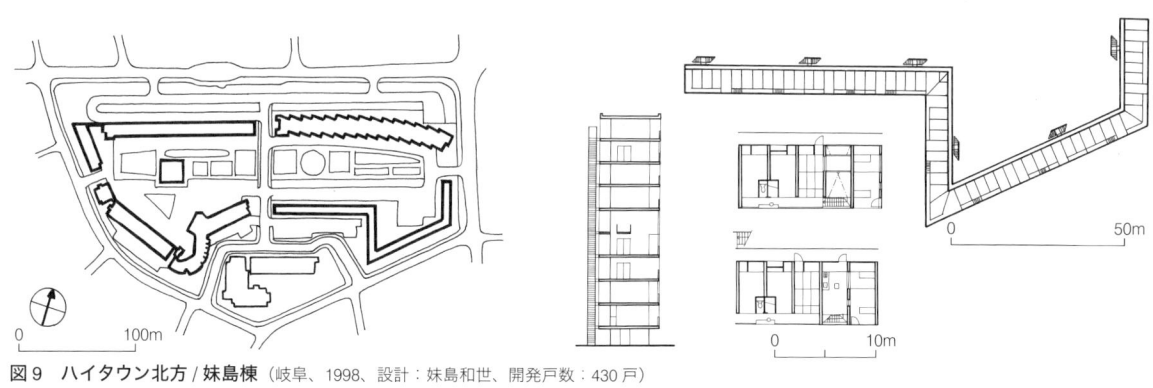

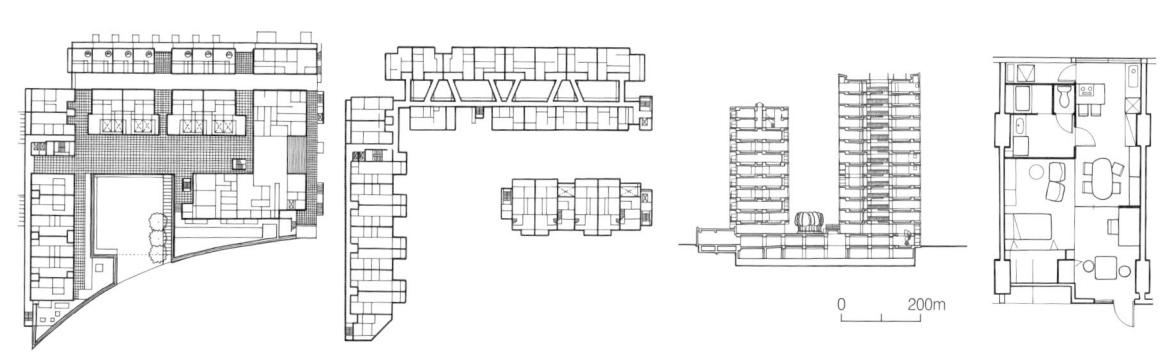

Upper Level　　　Middle Level　　　Lower Level Unit Plan

図9　ハイタウン北方/妹島棟（岐阜、1998、設計：妹島和世、開発戸数：430戸）

図10　東雲キャナルコート CODAN/6街区（東京、2004、設計：元倉眞琴・山本圭介・堀啓二、開発戸数：325戸）

第2章　各種建築を理解する　41

る住戸の共用とすることが効率上よいことから、住棟・住戸プランの検討時に注意が必要である。

● 6　隣棟間隔

複数の住棟を計画する場合、隣棟間隔の決定には、冬至の可照時間を基準とすることが多い。他に、採光、通風、防災、プライバシーの確保、眺望などに配慮する必要がある。

● 7　超高層集合住宅

超高層集合住宅の計画にあたっては、日照の阻害、電波障害、風害などの周辺への影響を考慮する必要がある。また、高層階に居住する子どもの、遊びなどの生活形態への悪影響の可能性も指摘されていることから計画上の配慮が必要である。

▶ 8　今後の集合住宅像

今後の集合住宅の計画にあたって、SI（スケルトン・インフィル）計画技術などを用いた100〜200年の長寿命を前提とした時代変化への対応、エネルギー消費や建設資源の消費を最小にすること、まちなみ・景観への配慮、コミュニティ形成のための計画などが求められる。SI（サポート〈スケルトン〉・インフィル）の事例としては、実験住宅として計画されたNEXT21があり、再生実験やエネルギー・緑化・廃棄物処理システムなどが試行されている。

◉事例

主要事例について、計画上の特徴を述べる（図6〜16）。

- ○代官山ヒルサイドテラス：都市中心部の低層集合住宅。店舗などの公共機能を地上階に配し、アクセス動線を敷地内へ引き込むことにより、都市の喧騒と隔絶した生活領域を形成する。
- ○ユーコート：48家族の居住予定者が計画に参加し、各々の要望を集約させたコーポラティブハウスである。中庭を囲って住戸が配置されている形からユーコートの名称となった。庭が各住戸へのアクセス・コミュニティの場となっている。
- ○ネクサスワールド／レム棟・コールハース棟：ネクサスワールドは、磯崎新がプロデュースし、6名の国内・国外の建築家が設計を担当した。レム棟・コールハース棟の黒色の石調パネルで構成される曲面の外壁は、独特の外観を形成し、外部公共空間と内部空間を明確に区切っている。
- ○ハイタウン北方／妹島棟：ハイタウン北方は、磯崎新が5名の女性建築家に設計を依頼した公営住宅である。コストや住戸面積などの制約の中、住棟・住戸の計画に各々新しい試みがなされた。妹島棟は、計107戸の内34戸をメゾネットとしている。フラットと共に、広縁で住戸内空間を連続させているのが特徴である。
- ○東雲キャナルコートCODAN／6街区：都市再生機構の賃貸集合住宅。日本の建築家数名により各街区が分担計画された。6街区は、立体都市の形成を目指し、立体街路や空中広場を配し、廊下・階段に回遊性を持たせている。住戸と共用部の境界には、ブリッジやテラスを置き中間領域を介してアクセスさせている。
- ○ダコタ・アパート／マジェスティック：インターナショナルスタイル以前の初期の高層集合住宅。現在も高級アパートとして使われている。
- ○ユニテ・ダビダシオン：ピロティ・屋上の利用などのル・コルビュジエの計画原則を実現している。メゾネット住戸の組み合わせにより住戸が外気に接する部分を多くしている。
- ○バービカン：第2次世界大戦時の爆撃で廃墟になった地域を再開発したマスハウジング期後期の都心部大規模複合開発。敷地の立地を考慮し、音楽ホール、劇場、アートギャラリー、映画館などを有する。集合住宅領域は居住者が静かに安心して暮らせるよう配慮されている。
- ○ターニング・トルソー・タワー：現代の超高層集合住宅の典型例である。景観上のランドマークとなるべく、5階建のキューブが、1階分の隙間を空けて、捩れながら積層される。
- ○マウンテン：斜行エレベータの採用により大規模駐車場を住戸の下に配置した。すべての住戸は、セットバックしながら最上階へ計画され、プライバシーの確保と大きなテラス、十分な日射・緑化を実現している。同階の住戸は、隔壁がないテラス側通路によってつながっており、コミュニティの形成を促している。

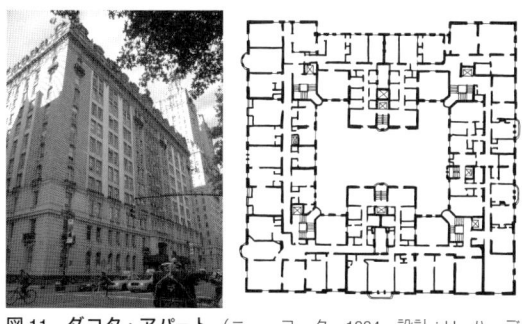

図11 ダコタ・アパート（ニューヨーク、1884、設計：H・ハーデンバーグ、開発戸数：103戸）

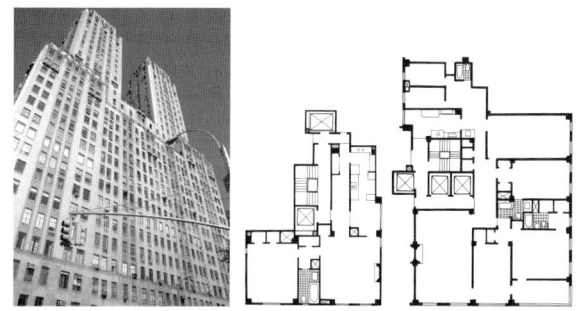

図12 マジェスティック（ニューヨーク、1930、設計：E・S・シャニン、J・デラマン、開発戸数：238戸）

図13 マルセイユのユニテ・ダビタシオン（マルセイユ、1946、設計：ル・コルビュジエ、開発戸数：337戸）

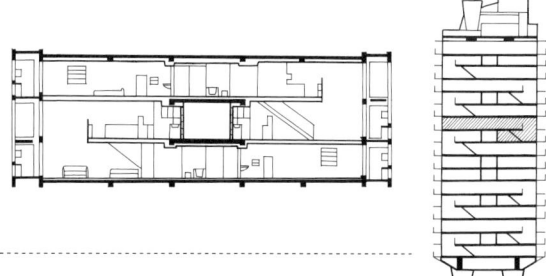

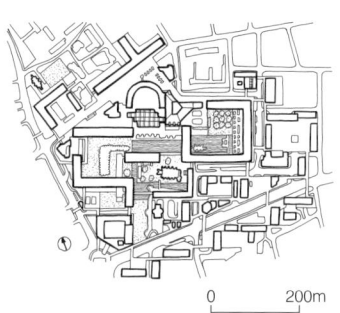

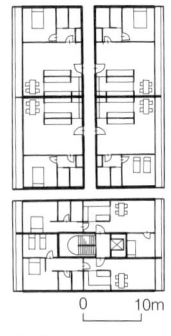

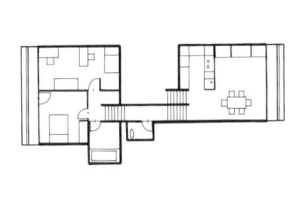

図14 バービカン（シティ・オブ・ロンドン、1973、設計：チェインベリン・パウエル・ボン社）

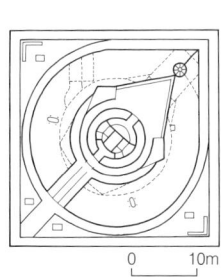

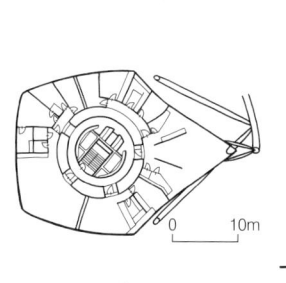

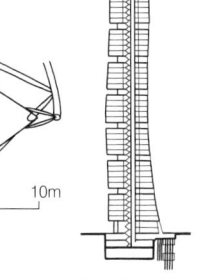

図15 ターニング・トルソー・タワー（マルメ、2005、設計：サンチャゴ・カラトラバ、開発戸数：152戸）

図16 マウンテン（コペンハーゲン、2005、設計：BIG、開発戸数：80戸）

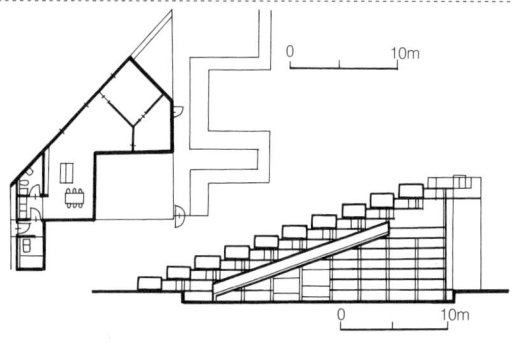

第2章 各種建築を理解する 43

2・3 福祉施設

明治維新以降、子ども、障碍者、高齢者のためというようにケアを専門分化するなかで福祉施設は発展してきた。現在では、利用者の障碍や社会的状況にきめ細かく対応しながら、自立を支援するために、福祉施設の多様化が進んでいる。

障碍をもつ人でも、健常者と同じようにふつうの生活を送ることができる社会の実現を目指すことを「ノーマライゼーション」という。この考え方は福祉施設にも浸透しており、様々な生活スタイルを尊重し、その人らしく過ごせるような環境が生まれている。ここで生活行動をみると、図1のように、移動、入浴、食事などのADL（Activities of Daily Living：日常生活動作）、買い物、調理、掃除などのIADL（Instrumental ADL：手段的日常生活動作）、そして祭事や町内会、習い事やボランティアなどのQOL（Quality of Life：生活の質）の3つに大きく分類される[文1]。現在の福祉施設ではADLやIADLばかりでなく、生活の質まで含めた維持・向上を目指す方向にあり、建築計画においても、個人に寄り添うケアが実践できる空間の提供や地域との連携強化などに関連した、様々な工夫が試みられている。

▶1 高齢者と福祉施設

65歳以上の高齢者人口が全人口に占める割合が7～14%である社会を高齢化社会と呼び、14%を超えると高齢社会と呼ぶ。日本は1970年に高齢化社会、95年に高齢社会となった。2025年には3人に1人が高齢者という時代を迎えるとの推測がある（図2）。65～74歳が前期高齢者、75歳以上が後期高齢者と定義されるが、介護の必要性の高い後期高齢者の占める割合は今後も増加し、それを支える高齢者施設の役割も重要となる。

図3はM・P・ロートンによる高齢者の能力と環境圧力の関係を表した生態学的モデルである[文2]。これは、環境に適応できるかどうかは個人の能力によるもので、老化や病気・障碍で能力が低下した場合、環境圧力が高い状態のままであると、ハンディキャップ状況が生まれやすいことを示している。したがって、老化による能力変化にあわせて、環境圧力を調整する必要があると言える。

現在の日本には、個人の身体的、精神的な能力や経済状況に対応した高齢者施設の体系が用意されている。図4は入居や入所が前提となる居住施設を心身および経済の自立度から整理したものである[文3]。ケアハウスなどの住宅に近い施設では、自立して生活できる高齢者が必要最低限のサポートを受けながら住む仕組みが提供される。一方で、グループホームや特別養護老人ホームでは、在宅での生活が困難になった高齢者の介護を行う。また入院生活から在宅ケアへの移行や社会復帰を促すような中間的役割をもつ老人保健施設もある。

居住施設以外にも、通所施設であるデイサービスセンターやデイケアセンター、数日間のみ入所するショートステイがある。これらは自宅で過ごす在宅高齢者を支援するとともに、在宅ケアを行う家族の負担を軽減することも目的としている。

高齢者施設の整備状況は、1990年から99年までのゴールドプラン、95年からの新ゴールドプラン、2000年からのゴールドプラン21、介護保険の制定などの福祉政策とも深く関わっており、施設計画を行う場合、その動向にも目を向ける必要がある。

▶2 特別養護老人ホーム

身体上または精神上、著しい障碍があるために常時介護を必要とする高齢者が入所する施設である。

従来の特別養護老人ホームでは、廊下に沿って4～6床の多人数居室が並び、突きあたりに大食堂があるというフロア構成であった。そこでは、50～60人ほどの入所者が集団でケアされ、食事や入浴などは決められた時刻に一斉に行われていた。これはケアをする側の効率性を優先しすぎた結果であり、このような流れ作業的ケアが行われる場合、入所者の生活からは個性が失われ、施設は収容的な雰囲気をもつ環境になりやすかった。

これに対する反省から、1990年代に入ると入所者を一人の生活者としてとらえ、その個性を重視するようになった。ケアの考え方は集団処遇から個別ケアへと変わり、それにあわせて空間のとらえ方も「収容の場」から「生活の場」へと変化した[文4]。2002年度には、全室個室とし、ユニットケアを実践する

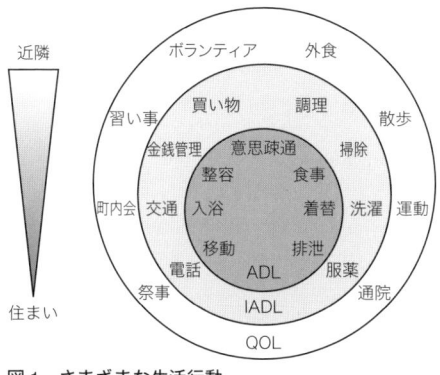

図1　さまざまな生活行動

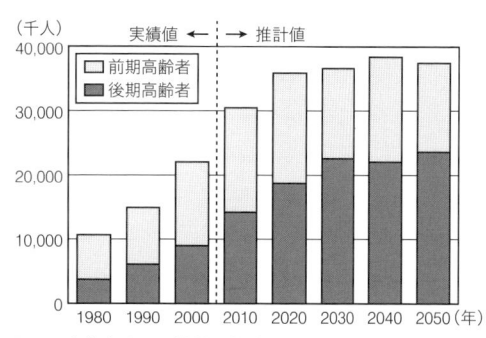

図2　高齢者人口の推移と推計

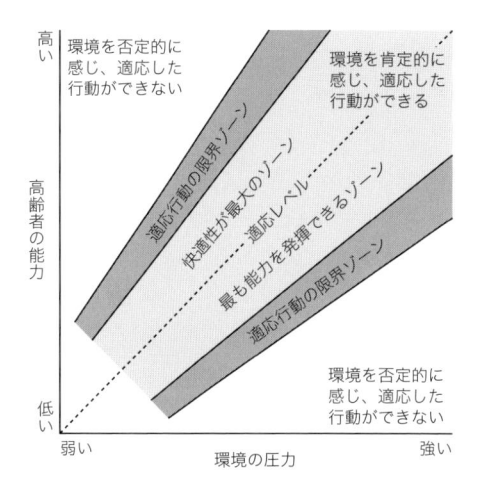

図3　高齢者の能力と環境圧力

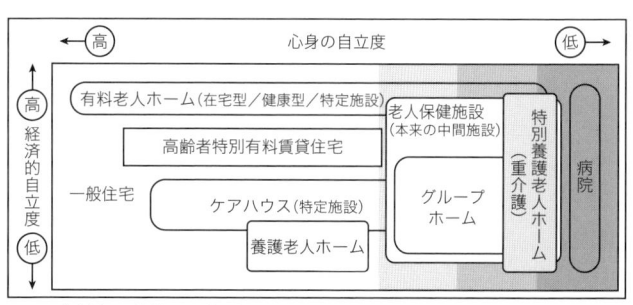

図4　高齢者居住施設の体系

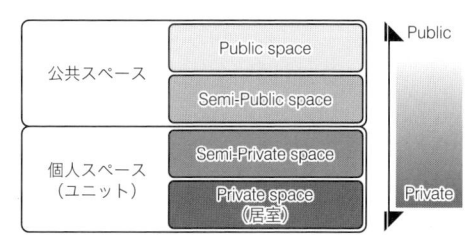

図5　個室ユニットケアの空間構成

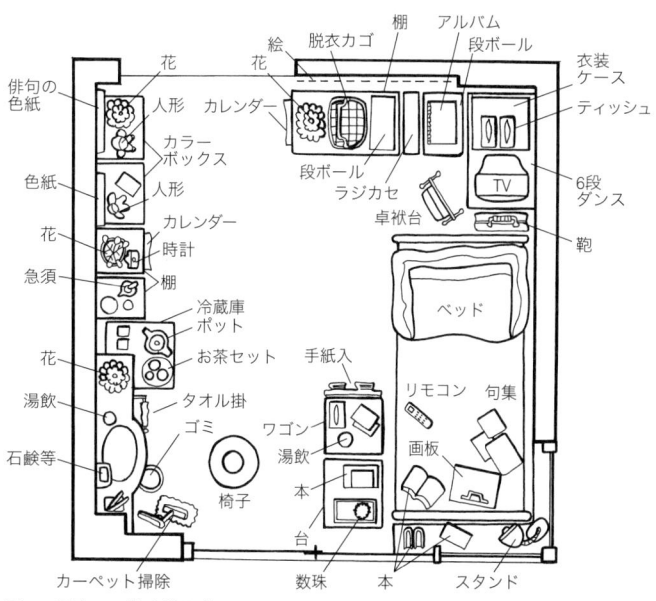

Semi-Private space：居室と一体的に配置された食堂やリビングを中心とする空間。
Semi-Public space：クラブ活動やおしゃべりなどで、他のユニットの入所者と関わることのできる空間。
Public space：地域に暮らしていることを実感できる空間。

図6　居室への持ち込み物

第2章　各種建築を理解する　45

特別養護老人ホームが制度化された。ユニットケアとは、入所者の生活を8～10人の小規模単位（ユニット）とし、ユニットごとにサービスを提供する仕組みのことを指す。

個室ユニットケアを行う施設の共用空間は、図5のような段階的な空間構成を基本とする。また、居室では入所者の安定的な身の置き処が形成されることが重要で、そのためには図6のように、各自が私物を含めて生活に必要な家具を持ち込める工夫が必要である。プライベートからパブリックまでの空間が充実することで、入所者は個別の生活リズムにあわせて居場所を選択でき、そこでは、ユニット内外の入所者やスタッフとの交流を通じて、なじみの関係を築くことができる。愛知せんねん村（図7）では、ユニットごとに家庭サイズのLDKや浴室、内玄関が設けられ、ユニットの独立性と入所者の帰属感が高まるよう工夫されている。また共用空間は死角が多く計画され、入所者にとって行きたくなる場所、隠れられる場所などが配置されている。

特別養護老人ホームは障碍や認知症の重い高齢者が多く住むため、終の住処（ついすみか）としての役割がある。最期まで個人の生活を尊重するような配慮が建築計画にも求められる。

▶3　グループホーム

認知症高齢者数が急速に増える中、認知症ケアの切り札としてグループホームが登場した。5～9人の認知症高齢者が専属のスタッフとともに日常生活を大切にしながら、認知症の症状の緩和やQOLの向上を図ることを目的とした施設である。

暮らしなれた環境を離れ、新しい環境へ移り生活を再構築することを環境移行と言う。高齢期には環境移行しないことが望ましいが、現実には受けられるケアの専門性などにより自宅から施設へ移らなければならないケースも多い。とくに、認知症高齢者にとっての環境移行は、これまでの生活の記憶や手がかりが分断されやすく、心理的に大きな負担となる。そのためグループホームでは家庭での生活が継続できるような建築的工夫が必要となる[5]。

例えば、家庭的スケールの親しみやすい生活空間とすることで、入居者に落ち着きを与えることができる。また、さまざまな生活行動を自然にうながすような、「きっかけ」を多く備えた空間であることも重要である。これまで過ごしてきた生活環境につながる仕掛けがあることで、認知症高齢者にとってわかりやすい環境となる。廊下のソファに座っていると食事をつくる音や匂いを自然と感じられ、食事時刻がわかるといった五感を刺激する工夫もそのひとつだろう。さらに、グループホームに移るとこれまでの役割を喪失し、場合によっては生きがいまで失うこともある[6]。キッチンは入居者の役割や残存能力を引き出しやすい場所であり、高齢者が食事づくりや片付けに参加しやすい計画が必要である。こもれびの家（図8）は、四季の変化を感じさせる中庭の周囲に廊下を介して居室を並べた口の字型プランをもつ。親しみやすいスケールであるとともに、土間の玄関、囲炉裏のある座敷、食事づくりに誘うオープンキッチンなど入居者の家庭生活の継続性を支援する仕掛けが数多く施されている。

▶4　デイサービスセンター

認知症や障碍をもちながらも、在宅生活を送る高齢者を支援する通所施設である。送迎サービス、レクリエーションのようなプログラムの提供、入浴サービス、給食サービスなどを行う。

デイサービスセンターではデイルームと呼ばれる大きな空間が中心にあり、そこで食事や各種レクリエーションを行うことが一般的である。しかし、レクリエーションには、習字や工作などの静かな活動と、体操や運動など活発に動くものがあり、必要な家具やしつらえも異なる。そこで、衛生面への配慮や家具の移動にともなうスタッフの負担を軽減する意味から、動的活動のスペースは食事や静的活動のスペースから独立して設けるのが望ましい[7]。

現在、配偶者の死去などから一人暮らしとなり、自宅へ引きこもる高齢者が問題となっており、高齢者に社会との交流の場を与えることもデイサービスセンターに求められている。末広保育園＋デイサービスセンターふくじゅ（図9）は、デイサービスの食堂と保育園の遊戯室がつながっており、高齢者が園児たちと自然に交流がもてるよう計画されている。

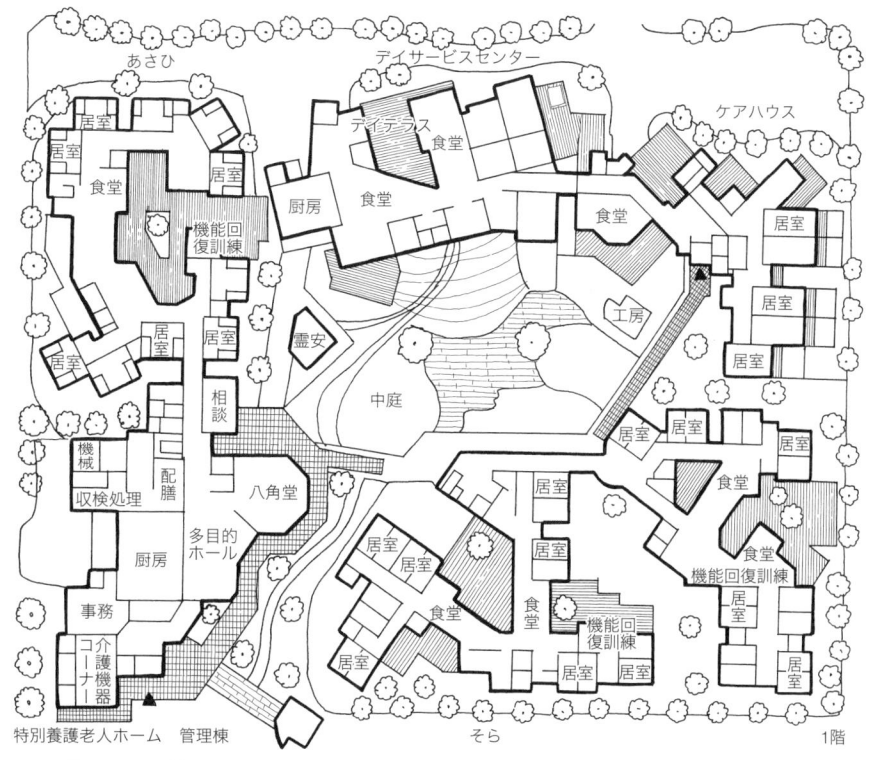

図7 **愛知せんねん村** 特別養護老人ホームには、ユニット毎に家庭サイズのLDKや浴室、内玄関が設けられている。共用空間は廊下を入り組ませることで死角を多くし、さまざまな場所が生まれるように計画されている。

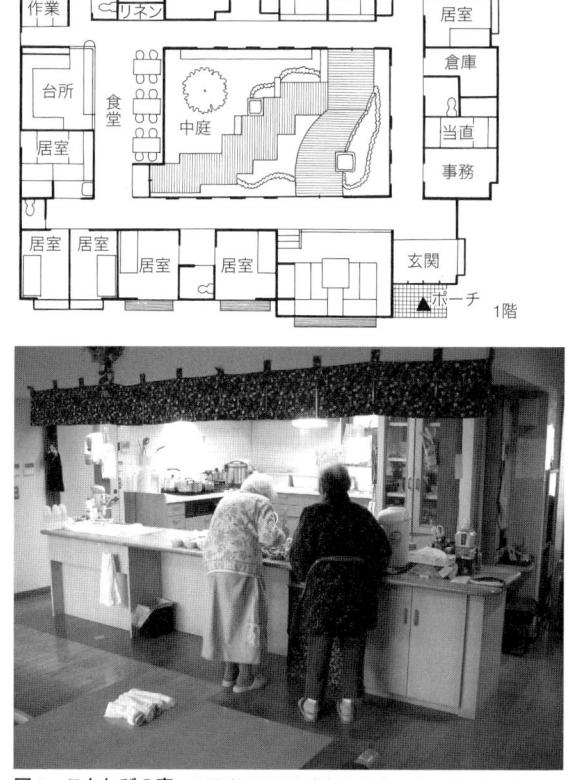

図8 **こもれびの家** 入居者が調理に参加しやすいオープンキッチン。

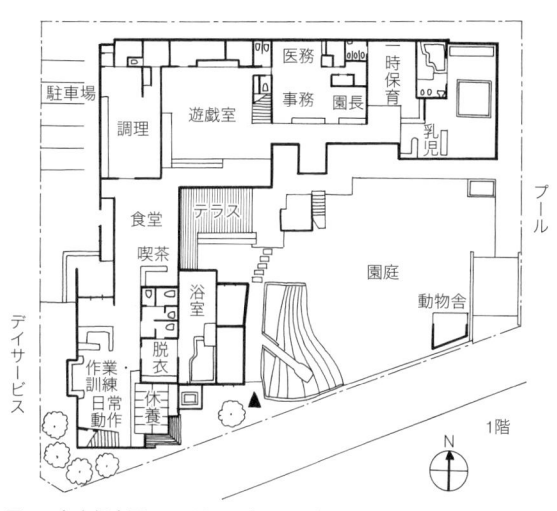

図9 **末広保育園＋デイサービスセンターふくじゅ** デイサービスの食堂と保育園の遊戯室がつながっており、高齢者が自然に社会と交流できるよう工夫されている。

第2章　各種建築を理解する　47

▶5　小規模多機能ホーム

　高齢者は要介護や認知症の重度化にともない、利用施設を頻繁に変えることが多い。しかし、QOLの維持・向上の観点から、老い衰えても住み慣れた地域で暮らしていくことが重要視されはじめている。小規模多機能ホームは、地域密着型サービスを提供する仕組みづくりのひとつとして2006年4月に制度化された。これは、介護に関連する制度に頼らず、自発的に地域の空き家などを借りて小規模ケアを実践してきた「宅老所」がモデルとなっている（図10）。

　小規模多機能ホームのサービスは、地域において継続したサポートが必要な高齢者に対し、「通い」「泊まり」「訪問」などを総合的に提供する。空間としては、「通い」サービスで使用する居間および食堂（同一の場所でも可）や、「泊まり」で夜間ケアを行うための個室を設ける必要がある。

　高齢者は「通い」を中心に利用するが、デイサービスセンターと比較すると、空間や定員が小さく抑えられているため落ち着いて過ごせ、スタッフとの心理的距離も近く関係を築きやすい。また、「泊まり」の場合でも「通い」と同じ環境で、顔なじみのスタッフからケアを受けられる。さらに、入居が前提のグループホームとは異なり、多様なサービスを提供しているため、「通い」「泊まり」「訪問」を組み合わせることにより、調子がよければ一時的に自宅へ戻ることも支援するなど、地域で住むための選択肢が多く用意されている（図11）[文8]。

　また、地域とのつながりを重視しているため、都市やニュータウン、農村といった地域の特性やニーズを理解することも小規模多機能ホームの計画には求められる。

▶6　児童養護施設

　社会状況の変化は、高齢者だけでなく児童ケアを巡っても深刻な問題を生じさせている。例えば、児童相談所に寄せられる虐待相談対応件数は年々増え続けている[文9]。児童養護施設は、虐待や保護者がいないなどの理由で養護が必要な児童を入所させ、自立を支援することを目的としている。

　施設での生活には、児童に基本的な生活習慣を身につけさせるため、起床、洗面、朝食、登校などの日課がある。また入所児童の年齢層は幼児、小・中学生、高校生までと幅広く、年齢や性別により生活スタイルが大きく異なることから、居住グループの属性に配慮した施設計画が求められる。

　児童養護施設は、大舎制と小舎制に大きく分けられる。一つの大きな建物において、すべての児童が共通のプログラムのもとで生活する施設形態を大舎制と呼ぶ。管理がしやすい反面、児童のプライバシーの欠如など多くの問題点が指摘されている。一方、小規模の住戸ユニットを施設の構成単位として、そのいくつかを敷地に配置する施設形態を小舎制と呼ぶ[文10]。埼玉育児院の居住棟（図12）は、児童7人と職員1人が暮らす住戸を4つ配置し、それらをデッキでつないだ計画としている。生活はそれぞれの住戸で完結しており、家庭的雰囲気の中で、児童と親代わりのスタッフとが共同生活を通して一体感を高めやすくなっている。

▶7　福祉施設の今後

　社会の変化とともに、福祉施設における空間の質は大きく変わった。大規模で収容的な空間から小規模で親しみやすい空間への流れは、福祉施設の住まい化としてみることができる。しかし、施設計画にあたっては、住宅と施設の違いを十分に理解する必要がある。例えば、住宅は家族の器であるが、施設は生まれや育ち、経験した職業などが異なる人々の共同生活を包み込む器であることが重要である。

　ぼちぼち長屋（図13）は、高齢者だけでなく、若い一人暮らし世帯や家族世帯が同じ建物に住み、食堂や居間を共有して、お互いが助け合いながら生活している[文11]。多様な関係性の中で自分らしい役割や生活の軸を見つけられるこの事例は、今後の福祉施設を考える上で参考となるだろう。

図10 宅老所はじめのいっぽ（名古屋市）

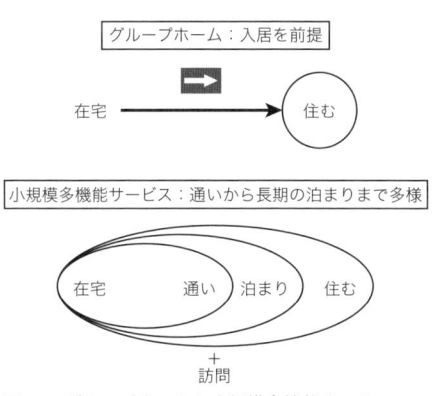

図11 グループホームと小規模多機能ホーム

グループホーム：入居を前提
在宅 → 住む

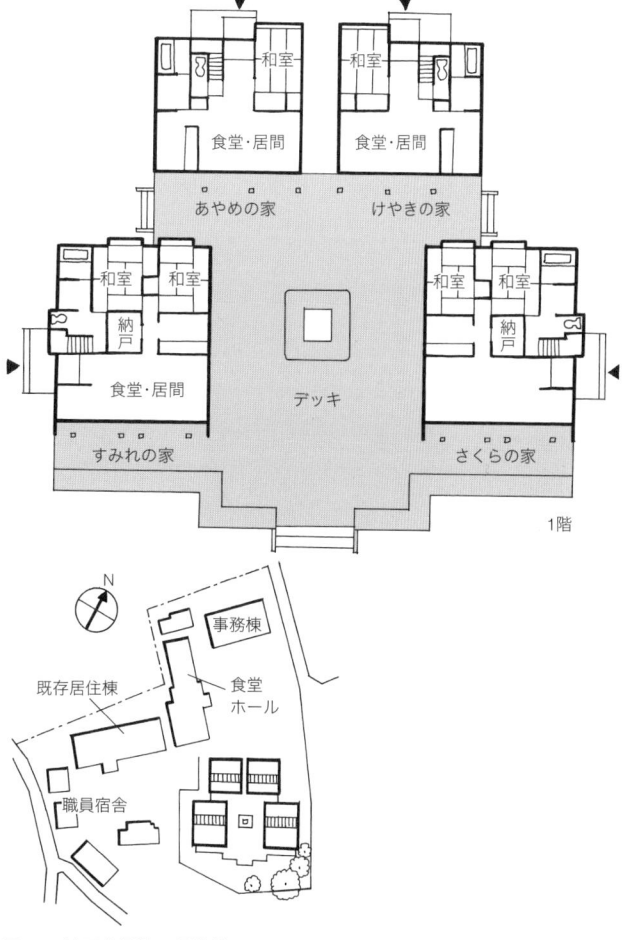

小規模多機能サービス：通いから長期の泊まりまで多様
在宅　通い　泊まり　住む
＋
訪問

図12 埼玉育児院　居住棟　各住戸の個室は個室か2人部屋で2階にあり、浴室、台所、食堂兼居間は1階につくられており、子どもたちの生活は個々の家で完結している。学校の友だちや近所の人にも来てもらえる普通の家となっている。

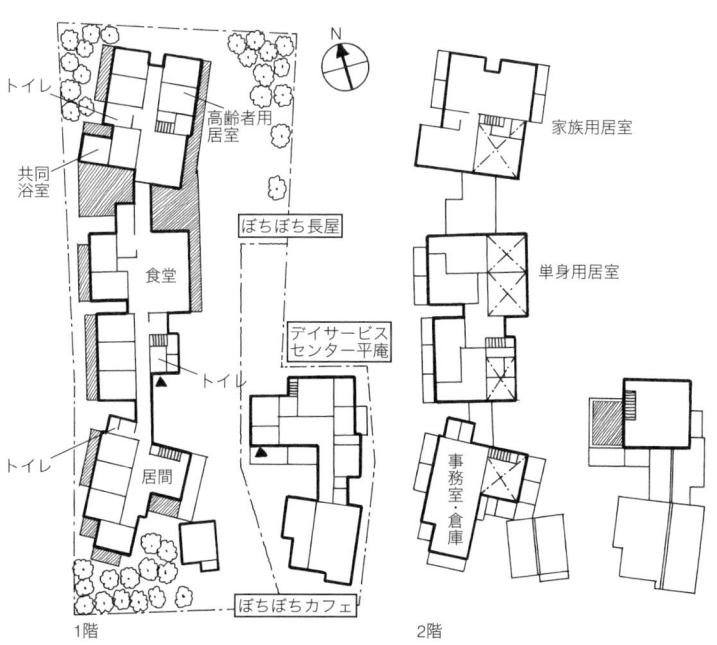

ひとつ屋根の下で、高齢者と若い単身世帯、家族世帯が暮らし、お互いが助け合って生活する。

図13 ぽちぽち長屋

第2章　各種建築を理解する　49

2・4 病院

▶1 療養環境の歴史

療養環境の変遷を見ていく。古代、ギリシャ・ローマ時代、療養の場は空気が澄んだ景勝の地に建設された。アスクピレオス神殿がそれである。良好な食事・睡眠・栄養・運動が治療の基本とされ、観劇やスポーツ施設までがそこに設けられた。

中世になると、修道院が貧困者を対象に住む場や薬を提供し、宗教的に手厚くもてなす修道院に付属した療養環境が生まれた。

ルネサンス期になると、疫病患者の隔離のために宮殿や監獄を転用して、壁で隔絶した収容施設がつくられるようになる。それらは劣悪な環境であった。

19世紀になるとナイチンゲールが登場する。ナイチンゲールはクリミア戦争で活躍、帰国後、療養環境の向上のために新しい病院を提案した。「新鮮な空気、陽光、適切な室温」を重視し、隣棟間隔を十分にとり、廊下でつなぐパビリオン型の病院が考案された（図1）。この形態は世界中に普及した。

その後20世紀に抗生物質が発明されるまでは、多くの療養の場が空気のきれいな場所にサナトリウムとして建設された。A・アアルトのパイミオのサナトリウムなどがそれである。

20世紀には、医療技術の進展にともない手術室・検査室・X線室といった診療部門が確立し、診療諸室が中央に集約される「中央化」が進んだ。病院は高機能化と巨大化が進み、メガホスピタルへと変貌していった。

▶2 病院の構成

病院を計画するにあたり、まず部門構成を理解する必要がある。病院は、日本では「病棟・外来・診療・供給・管理」の5部門に分けて考えられる（表1）。それらは、入院患者が過ごす部門（病棟）、外来患者が診察を受ける部門（外来）、手術や検査を行う部門（診療）、病院で使用する看護用品・薬品などを供給する部門（供給）、病院の管理・運営を行うのための事務部門（管理）である。そして入院患者が過ごす病棟部門が居住空間的である一方、手術を行う診療部門は特殊空間的であるなど、5部門の空間の特質は大きく異なる。

▶3 人・物・情報の流れの計画

上記の異なる5部門は相互に密接に関係している。まず人の流れを考えてみよう。例えば外来から診療部門までが遠く曲がりくねった廊下で繋がれているとしよう。患者は検査を受けるために、体調が悪いにも関わらず長距離を移動することになる。外来と診療部門が隣接し、できるだけ短くわかりやすい経路で繋がれているほうが好ましい。また入院患者も手術を受けるために診療部門を利用する。すなわち外来〜診療、診療〜病棟の双方の連携がとりやすいように計画しなければならない。次に物の流れを考える。外来・診療・病棟の各部門では、常に滅菌された医療機器や薬が使用されている。これらの物が供給部門から必要に応じて滞りなく供給されるよう、物がどのように運ばれるのかの計画が求められる。情報の流れはIT技術の活用により、大きく変化している。これまで放射線画像や検査結果が、人手搬送・自動搬送装置などで搬送されてきたが、NTT東日本関東病院の総合情報システムのように電子媒体で情報が運ばれる形態にシフトしている。

図2は病院の人・物・情報が各部門間をどのように動くかをモデル的に示したものである。このような流れに留意し、異なる空間特質の各部門をいかに機能的に繋げていくかが病院計画の鍵である。

▶4 成長と変化

医療技術は、日々進化している。そして医療技術が変わることによって、求められる空間も変化していく。病院が病院であり続けるためには、これらの変化に対応しやすい建築の計画が必要である。初期計画時に建築・設備の成長と変化を見込んで、増築・改装・更新を行う余地を用意しておくことが重要である。平面上で、よく示されるモデルは多翼型と呼ばれ、鳥が羽を広げたような動線計画である（図3）。病院のメイン通路（ホスピタルストリート）が背骨のように走り、その両脇に各室が翼のように接続する。敷地の余裕に応じて、両脇の各室（翼）は拡張していくことが可能である。拡張によってメイン通路を中心とする大骨格が変わることはない。

また変化しやすい診療部門などにあらかじめ余剰

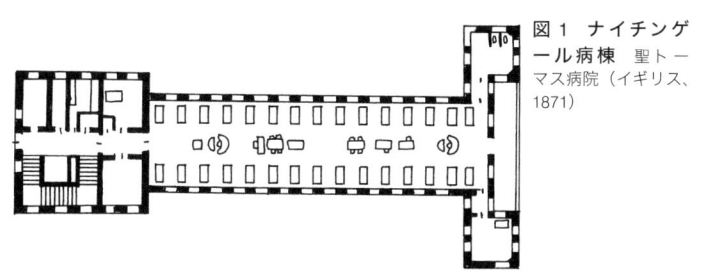

図1 ナイチンゲール病棟　聖トーマス病院（イギリス、1871）

表1　病院の部門構成と面積割合

部門 （面積構成割合）	概要	環境特性
病棟 （35〜40%）	入院患者に対して診療や看護を行う場である。同時に、患者にとっては生活の場ともなる。病院の中心となる部門である。	居住空間的
外来 （10〜15%）	通院患者への診療が行われる部門である。リハビリテーションやガンの化学療法などの通院治療や、日帰り手術の出現などにより、外来部門の重要性が増してきている。	公共空間的
診療 （15〜20%）	検査部・放射線部・手術部など、医師の診療行為を支援する部門である。病院管理の考え方から中央化が進められてきた。診療技術の進歩により面積割合が増加しつつある。	特殊空間的
供給 （15〜20%）	滅菌材料・看護用品・薬品・食事・リネン・事務用品など院内の各部門に必要な物品を供給する部門である。エネルギーや医療廃棄物も扱う。	生産空間
管理 （10〜15%）	院長・看護部長・事務長室や医局、庶務・医療事務室などで構成され、病院全体の管理・運営を行う部門である。カルテ（診療録）の管理や職員食堂、更衣室などの福利厚生なども司る。	執務空間的

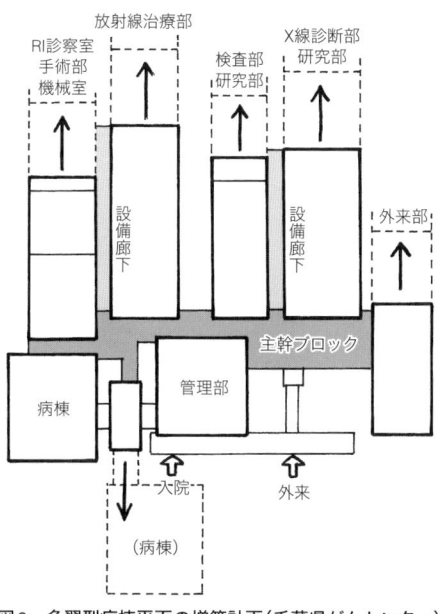

図3　多翼型病棟平面の増築計画（千葉県がんセンター）

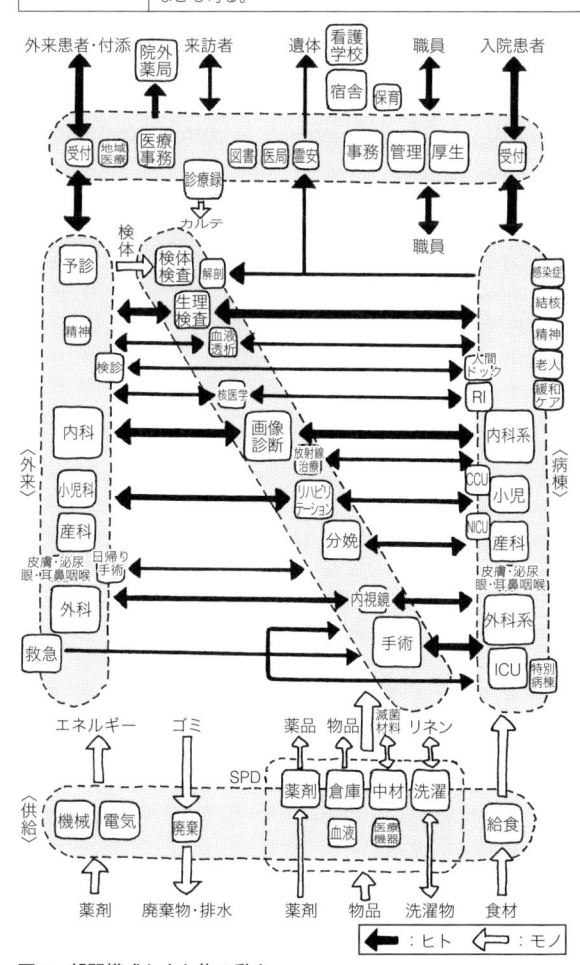

図2　部門構成と人と物の動き

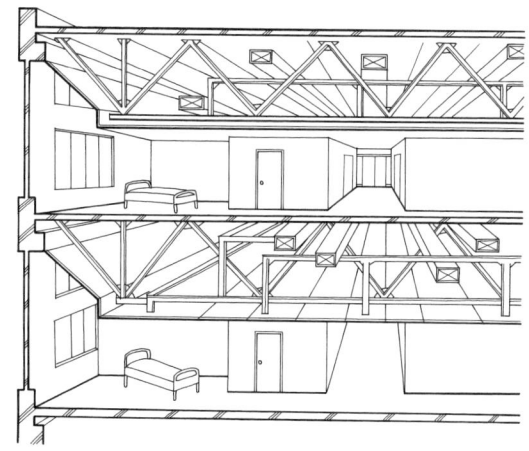

図4　設備階（ISS）

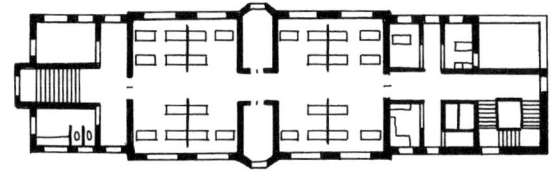

図5　総室（ベイ）型病棟　リス病院（デンマーク、1910）

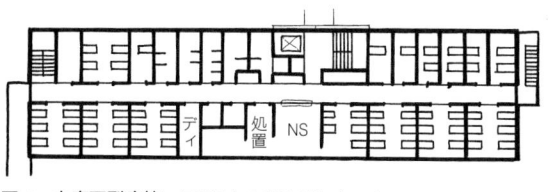

図6　中廊下型病棟　旧横浜市立港湾病院（1972）

スペースを用意しておくこと、加えて階高に余裕があることも重要である。設備機器の変更が頻繁な診療部門では、設備階（ISS：インースティシャルスペース）を設ける場合もある（図4）。病院には常に多くの入院患者が滞在するため、業務を止めずに、空調・搬送機器の更新が可能な計画が求められる。

▶5　病棟の計画

ナイチンゲール病棟以降、病棟がどのように変遷したかを見る。ナイチンゲール病棟では、東西面の窓から陽光が差し込み、その窓下にベッドが置かれた（図1）。看護師がその部屋の中央に滞在し、常に患者の病状を確認することができた。さらに1910年、デンマークのリス病院で総室型（ベイ）病棟が出現した（図5）。窓と並行にベッドをおき、窓の外を見やすくした構成の病棟である。この形は日本の木造総合病院試案にも採用された。その後、各室を壁で区切った中央廊下型病棟が出現する（図6）。ここでそれまでは看護師が大部屋に滞在していたものが、ナースステーションに滞在する形式へと変化したのである。以来、看護師が各室の患者を見守るための動線（看護動線）が短くなるよう、ナースステーションの配置が重視され（図7）、複廊下型・回廊型・三角形型病棟などが考案されてきた。

▶6　病棟とナースステーション

何人かの患者のまとまりを、何人かの看護師がチームで看護を行う。この単位を看護単位（NU：ナーシングユニット）と呼ぶ。看護単位が大きすぎると看護動線が長くなり、目も届きにくくなる。日本ではNU50〜60床前後の事例が多いが、大きな看護単位では重症の患者の看護が行き届かないため、実質は25床程度×2チームで看護を行っている。さらに、ナースコーナー（NC）を設ける事例も多い。ナースステーションよりも病室に近い場所に看護師の滞在スペースを設ける。例えば榊原記念病院では、病室の前に看護師のデスクが設けられ、重症患者を常時見守るよう計画された（図8）。

▶7　さまざまな病室

現在日本では、個室と4床室が主流である。4床室の場合、2人は窓際だが2人が廊下側で環境的に不利になる。それを解消すべく考案されたものに個室的多床室がある（図9）。一方、病院の全室個室化も進んでいる。聖路加国際病院ではいち早く全室個室を採用し、個室幅のために、廊下=看護動線が長くならないよう、最小限の個室幅で必要な空間をそなえたシングルケアユニット（図10）が考案された。

▶8　病院のこれから

病院は重厚長大化しているが、今後は、日帰り手術に代表されるように入院日数が短縮されるであろう。従来の病院は高度診療技術や救命救急センターなどの機能へと特化されていく。同時に、回復期リハビリテーション病院といった回復期を見守る病院、あるいは各種福祉施設への早期転院が促進される。それらでは、暮らしに近い良好な療養環境について今一度検討することが求められている。

▶9　クリニック時代

総合病院が転換期にさしかかり、診療所（クリニック）にも変化が起きている。専門クリニックと生活に密着した地域クリニックの2種の出現である。専門クリニックでは、ある分野に特化した高度医療が提供される。例えば少数の医師が手術室を共有し、特定の病気のみを専門とした私費医療を提供するドイツの国際的クリニックなどがあげられる。またホテルのような高い快適性を最高水準の医療と同時に提供するクリニックも出現している。一方で地域クリニックでは、高齢者や癌患者の在宅生活を365日支えていく地域に根ざした医療が提供されている。

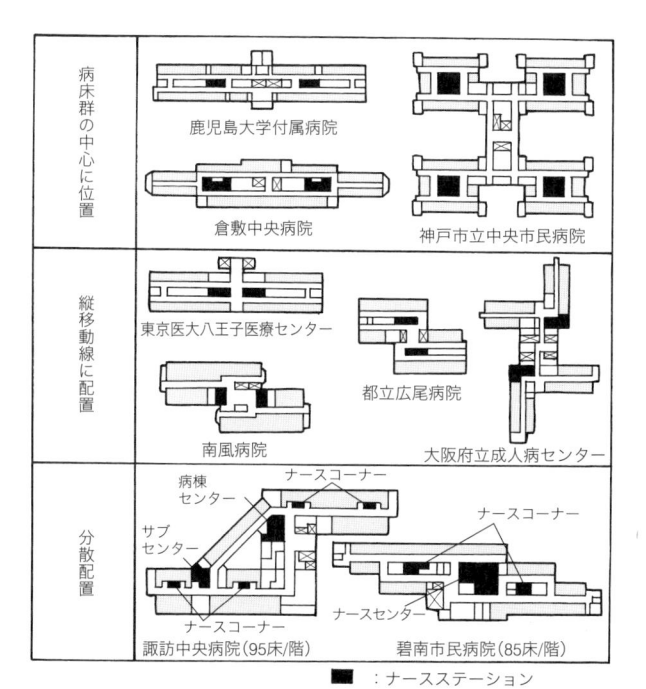

病床群の中心に位置	鹿児島大学付属病院 / 倉敷中央病院	神戸市立中央市民病院
縦移動線に配置	東京医大八王子医療センター / 南風病院	都立広尾病院 / 大阪府立成人病センター
分散配置	諏訪中央病院（95床/階）	碧南市民病院（85床/階）

■：ナースステーション

図7　ナースステーションの配置

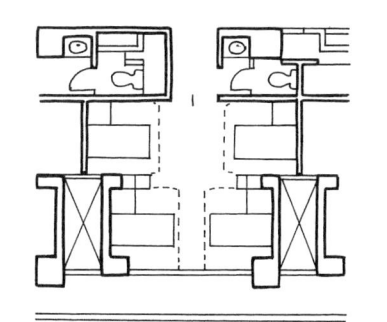

図9　個室的多床室　西神戸医療センター（1994）

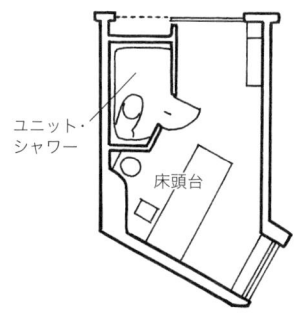

図10　シングルケアユニット　聖路加国際病院（1992年）

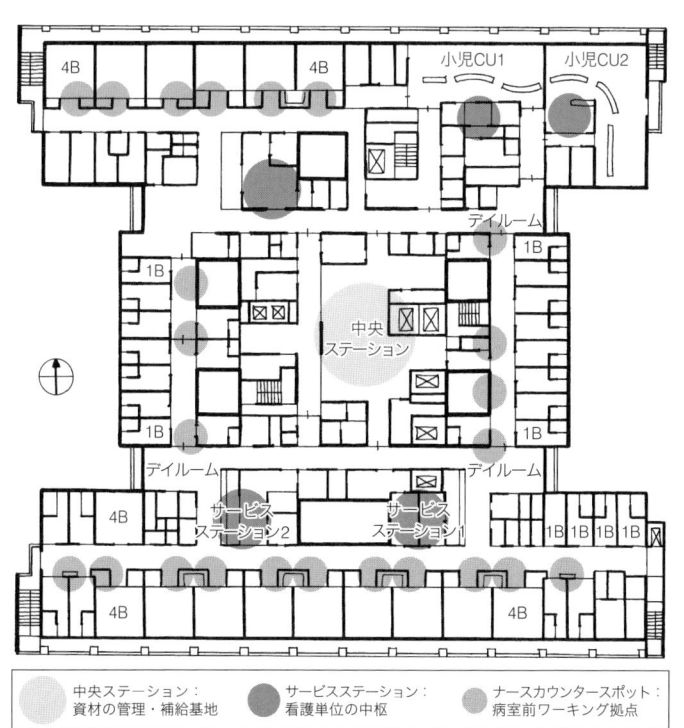

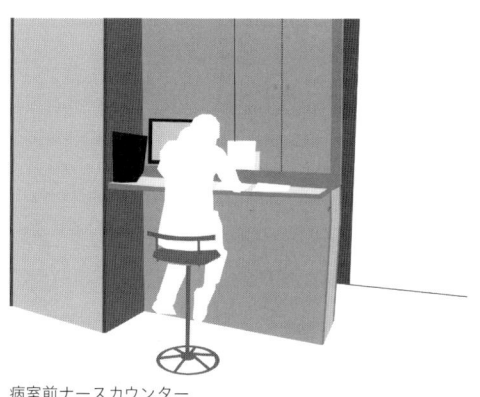

病室前ナースカウンター

● 中央ステーション：資材の管理・補給基地
● サービスステーション：看護単位の中枢
● ナースカウンタースポット：病室前ワーキング拠点

図8　榊原記念病院

第2章　各種建築を理解する　53

2・5 コミュニティ施設・公共サービス

▶1 「コミュニティ」の語意

「コミュニティ」と「コミュニケーション」の語意は違う。「コミュニケーション」は人と人が意思疎通をはかることだが。「コミュニティ」は地縁的な人間関係、あるいはそのかたまりを意味する。マッキーバーという人が言い出したのだが、実はその後、様々な人が、様々なところで使うようになり、いろいろな概念で使われるようになってしまった。300を超える概念で使われているという結論を導き出したことで有名になった研究者もいる。ここでは一応、前記した意味で使うことにする。

▶2 わが国のコミュニティ施設

現在、わが国で設置されている主要なコミュニティ関連施設は右ページの表1に示すとおりである。実におびただしい数になる。公民館の設置は昭和24年だが、それ以外は、昭和40年頃から設置されている。これには訳がある。昭和30年代ごろから、わが国は高度成長経済期に突入し、都市への過度な人口集中と農村からの急激な人口流出がおこり、都市の過密化と農村の過疎化が大きな社会問題に発展した。当時の識者やマスコミは、都市には巨大な組織管理下にある者の孤独感や人間疎外感が、そして農村には崩壊の危機感や虚脱感が蔓延しつつあることを盛んに喧伝している。こうした社会情勢の中で、高度成長経済に対する盲目的追随から「真の豊かさ」「人間らしい生活」の追求へと関心が向けられ、そのための具体的な手立てが真剣に模索されるようになった。昭和43年1月、内閣総理大臣（池田勇人）は国民生活審議会に対し、「経済社会の成長発展に伴い変化しつつある諸条件に対応して、健全な国民生活を確保するための方策いかん」という諮問をしている。これを受け、同審議会調査部会は昭和44年9月にその意見報告を行っている。その趣旨を集約すると、コミュニティの育成、醸成を推進することであった。以後、都市・農村の別なくコミュニティづくりの論議が活発化する。こうした中で各省庁が各種公的集会施設設置の事業化を推進し種々雑多なコミュニティ施設が誕生したのである。

しかし、それまでは、戦前の地域的な人間関係、すなわちコミュニティが戦争への道を強力に後押ししたということで、GHQの指導もあってその解体作業を進めてきていたのである。300を超える概念を持ったとらえどころのない「コミュニティ」の育成なら従前の方針と矛盾しているように見えないということでスタートしている。そのため、単なる「公的集会施設」となっているのが現状である。

なお、この種の施設は一般に「コミュニティ・センター」と呼ばれているが、これは昭和46年、当時の国土庁のお役人がつくった和製英語で、狭義には、国土庁の設置するこの施設だけの呼び名である。

▶3 事前調査

公的な建物なので、主管省庁や行政機関を確認し、補助根拠や内容を精査することから始まる。次いで、現地調査が不可欠となる。主な調査項目を列記すると以下のようになる。

● 1 対象地域の概況
①位置（位置図）、面積、地勢、気象（月別平均気温、降水量表）
②人口・世帯数（人口世帯数推移図）、就業者（産業別就業者推移）
③生活圏の構成（地区区分、学校区区分）
④地域社会と生活の特性

● 2 生活環境施設の概況
①道路網と生活環境施設（分布図）
②水道・衛生施設（現況一覧表）
③医療・保健施設（現況一覧表）
④学校教育施設（学校別・学級別・児童数等現況一覧表）
⑤社会教育施設（公民館等利用状況表）
⑥社会福祉施設（保育所・老人憩いの家等現況一覧表）

● 3 地域諸団体の活動状況
①諸団体の組織（組織一覧表）
②諸団体の活動状況および施設に対する希望
③施設利用の問題点

▶4 生活圏の構成

コミュニティの最小単位は、戸あるいは世帯である。また、コミュニティとは一定の地理的範囲内の居住者たちの人間関係であり、その圏域を生活圏と

表1　主要コミュニティ関連施設一覧

「コミュニティセンター」は国土庁管轄の施設であり、当時の英語辞典には載っていなかった。和製英語である。

主管省庁	施設名	開始年度	補助根拠	設置主体	規模基準	内容	補助基準額[*1]
文部省	公民館	昭24	・社会教育法（35条） ・社会教育施設整備費補助金交付要綱 ・公民館の設置および運営に関する基準（文部省告示）	市町村	F330m² 以上	講堂または会議室、図書室、児童室または展示室、講義または実験実習室体育およびレクリエーションに必要な広場	定額 1,600万円
厚生省	児童館	昭39	・児童福祉法（40条） ・児童館の設置運営について ・社会福祉施設等整備費の国庫負担（補助）について	指定都市 市町村	F185.12m²以上広場を有すること	集会室、遊戯室、図書室、必要に応じて映写室、静養室	補助対象基準額 9,360千円の1/3以内
厚生省	老人福祉センター	昭40	・老人福祉法（14条、26条） ・老人福祉センター設置運営要綱 ・社会福祉施設等整備費の国庫負担（補助）について	都道府県 指定都市 市町村 社会福祉法人	F495.5m²以上簡易耐火または耐火	面接室、健康相談室、機能回復訓練室、集会室、娯楽室、図書室、浴場	基準額 25,140千円の1/3以内
労働省	働く婦人の家	昭40	・勤労婦人青少年福祉施設整備費補助金交付要綱 ・働く婦人の家勤労婦人センター｜設置 　勤労青少年ホーム｜運営基準 （中小企業に働く婦人青少年を主対象）	地方公共団体	F600m²以上耐火	相談室、談話室、図書室、託児室、講習室、かっぽう室、宿泊室	定額 1,000万円
労働省	勤労婦人センター				F1,200m²以上耐火	（上記に加えて）学童学習室、軽運動室	定額 1,750万円
労働省	勤労青少年ホーム				F600m²以上耐火	ホール、講習室、図書室、音楽室、集会室、浴室、娯楽談話室、相談室、軽運動設備	定額 1,000万円
国土省	コミュニティセンター（基幹集落につくる複合施設）	昭46	・過疎地域集落整備事業費補助金交付要綱	市町村	F1,000～1,500m²鉄筋2階以上	行政センター、ホール、集会施設、図書施設、実習施設、住民相談施設、宿泊施設、婦人児童老人福祉施設など	対象限度額 9,000万円の1/3以内
国土省	特別豪雪地帯克雪管理センター	昭46	・特別豪雪地帯克雪管理センター建設費補助金交付要綱	市町村	F350m²以上鉄筋2階以上	雪害情報管理室、雪上車等管理施設、集会室（保育室を含む）、生鮮食料品冷凍貯蔵室	1/2以内限度額 1,500万円
国土省	離島開発総合センター	昭48	・離島開発総合センター建設事業費補助金交付要綱	市町村	F900m²以上鉄筋2階以上	産業・社会教育的施設生活改善施設、保健・福祉施設、レクリエーション施設、情報連絡施設	1/2以内の定額
農林省	山村開発センター	昭45	・山村地域農林漁業特別対策事業実施要領	市町村	標準 1,200m²	集会室、図書室、農林漁業経営研修室、農林漁業指導センター、視聴覚教育室、生活改善実習室、保健相談室、保育室、娯楽室	1/2以内（補助対象事業費）標準 6,000万円
農林省	基幹集落センター				標準 1,200m²		1/2以内
農林省	農村環境改善センター	昭48	・農村総合整備モデル事業実施要綱 ・同事業の補助金交付要綱	市町村その他の団体（農協、土地改良区等）		農事研究室、生活実習室、相談室、保育室、食堂、室内体育室、バレーコート、プール	1/2以内（平均事業費157,000千円／1か所）
農林省	就業改善センター	昭48	・農林地域工業導入特別対策事業実施要綱 ・同事業実施基準	市町村		産業就業研修室、農業経営技術研修室、就業改善相談室、託児室、保健相談室など	1/2以内（補助対象事業費標準 60,000千円）

[*1]：昭和50年度予算。

表2　生活圏の構成

近隣一住区論に基づいた施設配置の考え方が主流をしめている。現在は生活圏そのものが変わりつつあり、それに合わせて対応させている。

		集落	基礎集落圏 （または集落生活圏）	第一次生活圏 （農村コミュニティー）	第二次生活圏	第三次生活圏 （地方都市圏）
圏域の空間的限界		自然集落——地図上で一団と認められる程度	max 半径 1km opt 半径 500m	max 半径 4km opt 半径 2km	max 半径 6km opt 半径 4km	15～30km圏
時間・距離の限界とその決定の根拠			●幼児・老人の徒歩限界 ●徒歩15～30分	●小学生の徒歩限界（文部省基準等）1時間	●中学生以上徒歩1時間、自転車20～30分 ●バス等によっても経済的10kmくらい ●積雪・山間地では6kmでも中学生には困難	●バス1時間程度 ●バスの運行回数が問題
人口・戸数			●100～300人 ●500～1,500人	●800～1,000人　→人口密度 ●4,000～5,000人	●2,000戸以上 ●10,000人以上	●100,000人程度が通常の規模 ●中心DID30,000人以上
地域施設系統の配置	社会福祉		●児童遊び場 ●保育所	●児童遊び場 ●託児所		●児童福祉センター ●養護老人ホーム・老人福祉センター ●養護学園
地域施設系統の配置	学校教育	施設複合化	●幼稚園 ●（小学校低学年校）	●幼稚園 ●小学校 ●（中学校）	●特殊学校 ●中学校	●小・中学校理科教育センター ●高等学校（短期大学）
地域施設系統の配置	社会教育		●集会所 ●配本所 ●小集会 ●老人よりあい	●公民館 ●図書館 ●集会室	●中央公民館 ●図書館分館 ●郷土館	●市民会館または県民会館分館 ●図書館（ブックモービル） ●美術館・博物館 ●児童会館・青少年の家
地域施設系統の配置	医療・保健			●健康センター	●出張診療所 　集検の場所 　保健婦常駐	●診療所（医師常駐）	●総合病院　成人病センター 　デイホスピタル 　感染病隔離病舎 ●保健所 ●医療施設
地域施設系統の配置	レクリエーション		●児童遊園	●児童公園 ●近隣公園	●少年公園 ●普通公園 ●運動場 ●プール	●自然公園 ●中央公園 ●スポーツセンター ●墓地公園
地域施設系統の配置	購買		●日常品店	●地区ショッピング （日常品店・サービス店舗・飲食店）	●ショッピングセンター	●デパート ●専門店街
地域施設系統の配置	供給処理			●コミュニティープラント ●ごみコンテナー ●（簡易水道）	●簡易水道	●上水道	●下水道終末処理場 　（し尿処理・汚泥処理） ●ごみ焼却場 ●火葬場 ●広域水道
地域施設系統の配置	保安	●小型動力ポンプ	●小型消防自動車	●消防出張所 ●警察官派出所（常駐）	●消防分署	●消防（本）署 ●警察署
地域施設系統の配置	行政	●（ポスト）	●切手売りさばき所（販売機）	●特定局	●集配郵便局 ●町村役場 ●市役所出張所	●郵便局 ●市役所（事務組合事務所） ↑ ●県・国の出先機関
地域施設系統の配置			●農業機械倉庫	●農業生産施設（機械処理、選果場、ライスセンター、ほか）	●農協事務所	｛●農業改良普及所 　●（農協連合会事業所）｝

も呼ばれ、近隣住区論に準拠し、第一次生活圏、第二次生活圏などと設定される場合もある（表2）。

●生活圏説明図

具体的事例としては、わが国では一般に以下に示す圏域の段階構成が基本になっている。すなわち当該地域の市町村合併の経緯に準じてコミュニティが形成されている（図1）。

①幕末期の農村域等
②大区小区制下の農村域等（明治4～11年）
③郡区町村編成法下の地域（明治11～21年）
④市制および町村制公布後の市町村域（明治21～昭和28年）
⑤町村合併促進法公布後の合併市町村域（昭和28年～）

ただし、①と③はほぼ同じ圏域であり、②は短命であったことから、ほとんど定着していない。

現在、新たな市町村合併等の動きが活発で、⑤の上の段階のコミュニティが発生しつつあると同時に、少子化にともなう小中学校の統廃合による学区域が変更され、旧来からのコミュニティの圏域もくずれはじめている。コミュニティの現状と将来予測に関する調査は不可欠である。

▶5　コミュニティ活動の概要

コミュニティ活動の具体的内容を示すと図2のようになる。これからもわかるようにその内容は多岐に渡っており、これらの活動を支える組織・団体の数も多く、村域で500弱をカウントした事例もある。また、村域での総活動回数については、年間約7,000回程度で、1世帯当たりの参加回数は年間70回程度、すなわち週に1～2回、家の誰かが活動に参加しているとの試算事例が報告されている。

活動形態については、施設利用形態別に区分するとおよそ以下の11種に整理できる（図3）。また、それぞれの集会人数規模の目安も示す。

①協議内容が多岐にわたり、集会の雰囲気は話し合いに近く、集会自体が主に参加者どうしの親睦や交流に役立っているもの。
　例：懇談会、慰労会、寄り合い、茶話会など。
　集会人数規模の目安：10～20名。
②協議の目的・内容はある程度限定されており、その範囲内で自由な話し合いがもたれるもの。
　例：検討会、研究会（ブレーン・ストーミング的内容のもの）など。
　集会人数規模の目安：20～25名。
③協議の目的・内容はいくつかに限定され、議事の進行・記録等について一定の形式があるもの（この種の集会形態が最も多く全体の1/4～1/3を占める）。
　例：会議、協議会、打合せ会など。
　集会人数規模の目安：10～15名。
④講義的な教授形式のもの。
　例：研修、学級講座など。
　集会人数規模の目安：50名程度。地域によってばらつきがある。10名程度から成立。
⑤特定の事柄を説明・指導するためのもの。
　例：説明会、指導会など。
　集会人数規模の目安：地域によってばらつきがある。
⑥スポーツ以外の実技の修得を目的としたもの。
　例：講習会など。
　集会人数規模の目安：10名程度が中心。
⑦スポーツの練習・試合。
　集会人数規模の目安：20名程度。ただし個人プレーのスポーツはチームプレーのそれより多人数になる場合が多い。
⑧主として活動母体の組織加入者全員の合意・了承を得るために行うもの。
　例：総会など。
　集会人数規模の目安：最大数百名に及ぶ場合がある。会場の広さで参加者数が暗に決まってしまうこともある。
⑨多人数を対象とした催し物。
　例：展示会、講演会、パーティ、各種大会、年中行事、冠婚葬祭など。
　集会人数規模の目安：集会の内容、地域によってばらつきがある。
⑩専門家、専門技術者、担当者などの居所を定め、希望者、該当者を募るもの。
　例：検診、検査、審査、相談、予防接種、献血、受付事務など。

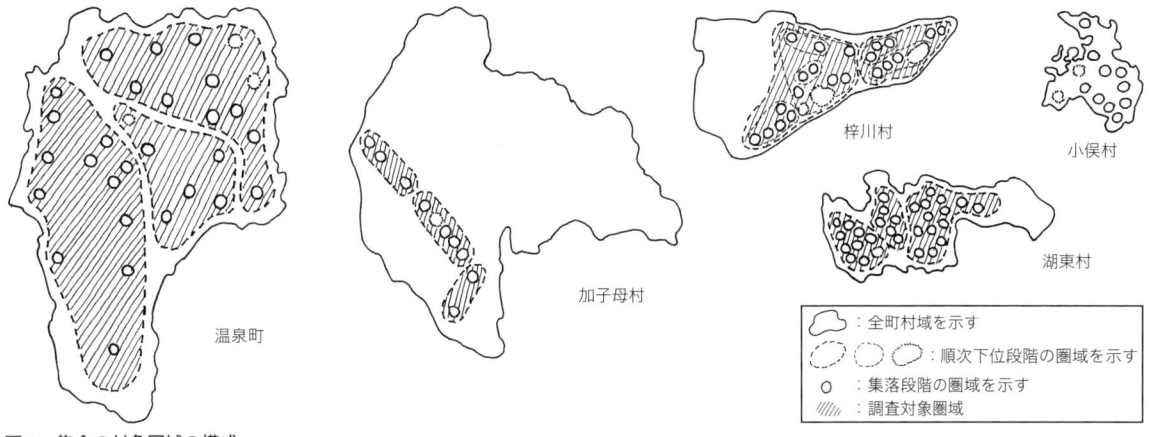

図1 集会の対象圏域の構成

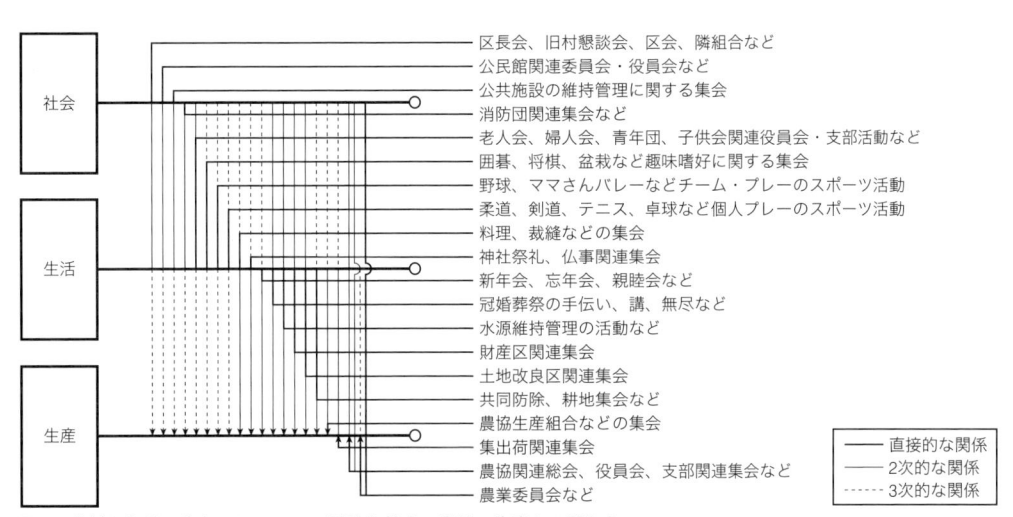

温泉町　加子母村　梓川村　小俣村　湖東村

凡例：
- ：全町村域を示す
- ：順次下位段階の圏域を示す
- ○：集落段階の圏域を示す
- ／／／：調査対象圏域

図2 農村における主なコミュニティ活動と社会・生活・生産との関わり

社会／生活／生産

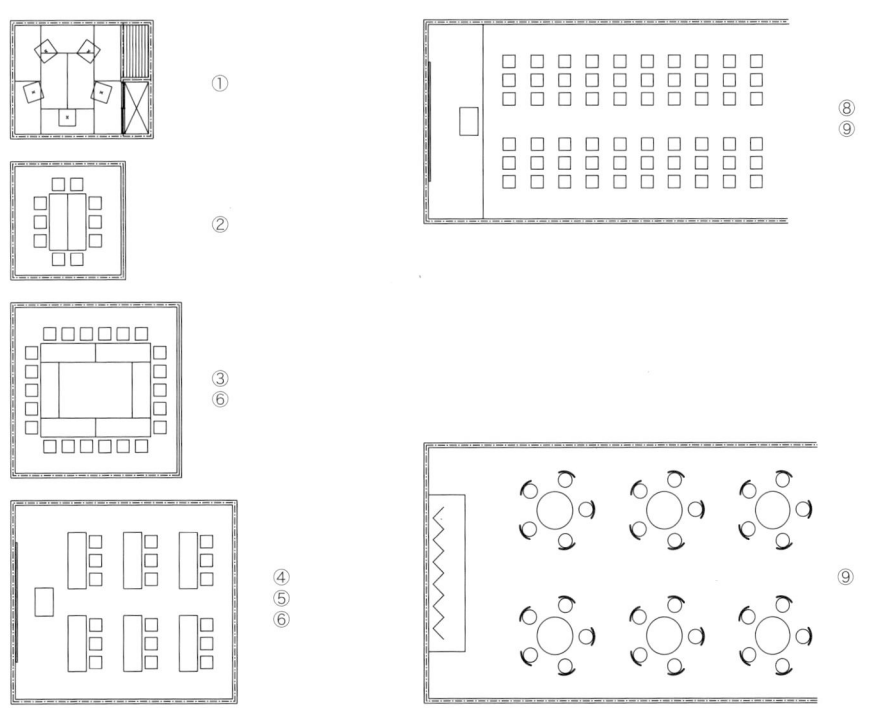

- 区長会、旧村懇談会、区会、隣組合など
- 公民館関連委員会・役員会など
- 公共施設の維持管理に関する集会
- 消防団関連集会など
- 老人会、婦人会、青年団、子供会関連役員会・支部活動など
- 囲碁、将棋、盆栽など趣味嗜好に関する集会
- 野球、ママさんバレーなどチーム・プレーのスポーツ活動
- 柔道、剣道、テニス、卓球など個人プレーのスポーツ活動
- 料理、裁縫などの集会
- 神社祭礼、仏事関連集会
- 新年会、忘年会、親睦会など
- 冠婚葬祭の手伝い、講、無尽など
- 水源維持管理の活動など
- 財産区関連集会
- 土地改良区関連集会
- 共同防除、耕地集会など
- 農協生産組合などの集会
- 集出荷関連集会
- 農協関連総会、役員会、支部関連集会など
- 農業委員会など

―― 直接的な関係
―― 2次的な関係
‐‐‐ 3次的な関係

図3 各種集会の会合形態

①②③⑥④⑤⑥⑧⑨⑨

第2章　各種建築を理解する

集会人数規模の目安：専門家、担当者は10名程度、参加者は地域によってばらつきがある。

⑪共同作業を中心としたもの。

例：清掃、催物等の準備・後片付けなど

集会人数規模の目安：地域によってばらつきがあるが、概して15名程度の少人数のものが多い。また、集会の行われる時間帯は、職員の勤務体制から夜間の使用不可の施設が多いものの、夜間が圧倒的に多い（表3）。

月別では、年度初めの前後と中間期（10月）に多く、通常の約2倍近い。1月が最も少なく、通常の約半数となる地域が多い（表4）。

▶6　立地条件等

コミュニティ構成メンバーの集まりやすい場所が原則である。また、この種の施設は災害時に避難所となる場合が多く、自然災害を受けにくい場所が望ましい。しかし、公共施設の用地入手は年々難しくなってきている。そのため、交通網等の整備や耐震等の技術的補完などの検討を要するケースが増えている。

▶7　必要諸室と機能図

対象コミュニティ内で行われている諸活動を調査し、前記した各種活動に対応した諸室や外部空間の利用頻度や活動形態あるいは事業予算をもとに、集会室あるいは実習室の必要最小限の数・広さや付帯設備・備品等を決定することになる。施設の維持管理に必要な事務室や機械室等に対する配慮も必要なことは当然だが、特に、廊下・ロビー・ホワイエ・エントランスホールが円滑なコミュニティ活動を促す役割を担う場合が多く、これらの面積配分とデザインがこの種の施設設計の要となるので注意しておく必要があるし、慎重に判断する必要がある。これらの空間を機能図にまとめつつ設計を進めることになる。事例をしめすと図4のようになる。

▶8　外部空間・駐車場

外部空間はできるだけ広くほしい。造園活動、運動活動、コンサート活動等、健康的な外でのコミュニティ活動の場としての活用が期待できる。駐車場については参加者1〜2名に1台分のスペースが確保できれば良いが、ほとんど不可能な場合が多いので、限られたスペースを有効に活用する必要がある。

▶9　バリアフリー、ユニバーサルデザインの配慮

さまざまな人が利用する施設である。バリアフリーやユニバーサルデザインといった配慮が必要不可欠である。建設にあたっては、配慮が十分かどうかのチェックを受けなければならない。これを通過しないと、建設許可がおりない。

▶10　法的配慮

この種の施設は不特定多数の人が使用することから、かなり厳しい法的規制がある。特に、避難や内装制限など消防に関わる規制は、使用者の生命と財産を守るという見地からきちんと準拠しなければ、建設が許可されない。

▶11　補助金とメンテナンスへの配慮

この種の施設のほとんどが公的施設である。従って、公的資金が投入される場合が大半である。わが国のこの種の施設に対する事業費の補助は概ね事業費の2分の1が国、残りの50％すなわち、4分の1が県、残り4分の1が地元負担となるのが通例と言われている。地元負担はわずかだが、国や県の基準等に合致しないと実現不能となるので、事前にこれらの基準を熟知しておく必要がある。また、施設建設後のメンテナンスについては、補助金はつかないのが普通で、メンテナンスを容易にすることや省エネに対する配慮も必要になる。竣工当初は良いがしばらくすると地元予算がないために無残な結果になる施設が多い。また、建設費の大半が当該地域近隣のDID地区（人口集中地区）業者を経て東京・大阪等に流れ地元には施設だけが残り、地元経済を潤すことは稀有である（図5）。

▶12　その他の公共サービス施設

以上コミュニティ施設について述べたが、現在はこの種の狭義のコミュニティ施設の設置は少なくなってきている。代わって各行政単位で行っている公共サービスを円滑に行うための施設づくりに移行してきている。「道の駅」のような地域住民を巻き込んだ地場産業育成施設などに見られるような様々なアイデアを盛り込んだ企画が実現しつつある。今後、社会的意義のある面白いテーマに発展する可能性の高いジャンルである。

図4 コミュニティ施設の機能図例

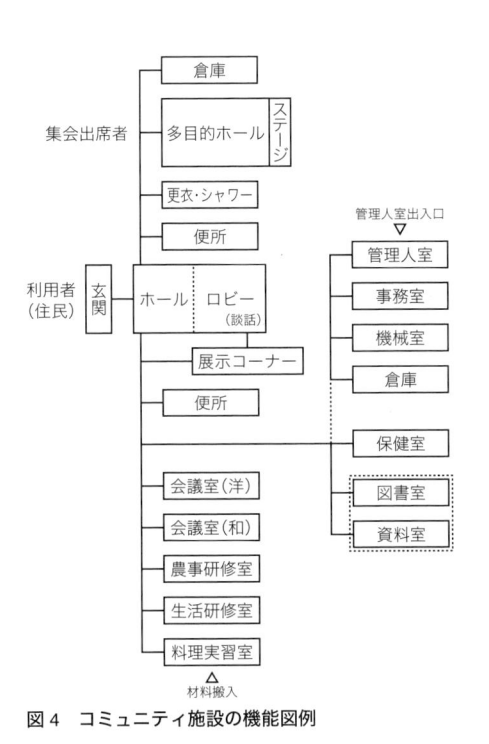

表3　集会の時間別割合　夜間の使用が多い。日中は生業が一般。その他は施設の開館時間時間に制約されるか、行政の都合によるものが過半を占める。　（単位：％）

地域名	午　前	午　後	午前〜午後	夜　間	午後〜夜間	不　明
梓川村	4.4	37.9	9.5	47.9	—	0.3
入善町	0.0	39.9	0.0	49.9	9.9	0.3
加茂川町	—	—	—	—	—	—
国府町	17.1	19.3	6.4	57.2	—	0.0
小俣町	11.7	30.2	11.1	46.5	—	0.5
神山町	10.7	19.4	18.5	51.4	—	0.0
真正町	10.5	23.7	4.7	18.8	—	42.3
鈴鹿市	12.3	22.8	23.2	41.7	—	0.0
湖東町	6.2	11.5	14.2	65.7	—	2.4
出石町	9.9	33.8	13.4	35.2	—	7.7
大栄町	18.6	52.2	9.8	18.2	—	1.2
旭町	17.9	12.5	7.7	47.5	—	14.0
加子母村	0.3	61.4	2.6	35.7	—	0.0
松本市	1.3	32.8	1.1	64.8	—	0.0
福野町	5.9	17.8	2.2	73.6	—	0.5
温泉町	3.4	21.5	9.7	34.1	—	31.3
春日町	1.7	33.8	11.6	51.0	—	1.9
瀬戸町	3.4	32.1	2.0	56.8	—	5.7
弥富町	11.7	27.6	16.9	31.6	—	12.2
八百津町	0.0	9.1	2.3	50.6	—	38.0
亀土町	8.4	15.3	13.1	62.8	—	0.4
加賀市	8.2	20.5	7.0	47.5	—	16.8
作東町	19.6	16.0	11.8	52.6	—	0.0

表4　月別集会数　年度初め（4月）、中間期（10月）、年度末（3月）に集中する傾向がある。

地域名	集会回数／年	利用者数／年	月別利用者数（　）内%											
			1月	2月	3月	4月	5月	6月	7月	8月	9月	10月	11月	12月
岐阜県加子母村	728	22,139	1,007 (4.5)	1,927 (8.7)	2,185 (9.9)	2,449 (11.1)	2,160 (9.8)	2,367 (10.8)	1,357 (6.1)	1,525 (6.9)	1,631 (7.4)	2,322 (10.5)	1,630 (7.4)	1,539 (6.9)
富山県福野町	939	29,320	1,668 (5.7)	2,409 (8.3)	3,500 (12.1)	2,692 (9.2)	2,980 (10.2)	2,462 (8.4)	2,207 (7.5)	2,124 (7.2)	2,560 (8.5)	3,177 (10.8)	1,540 (5.3)	2,007 (6.9)
岡山県瀬戸町	987	39,815	1,610 (4.0)	2,630 (6.6)	5,525 (13.9)	4,500 (11.3)	5,160 (13.0)	3,820 (9.6)	2,850 (7.2)	2,470 (6.2)	2,760 (6.9)	4,060 (10.2)	1,920 (4.6)	2,500 (6.3)

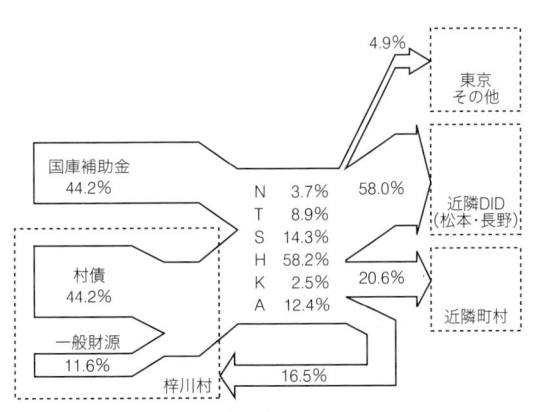

図5　コミュニティ施設建設費の流れ　国からの建設補助金は50％程度が普通。この図からも明らかなように投入された建設費の大半は近くの大都市に吸収される。地元には借金（この場合は村債）の返済と施設運用費用の捻出が課せられる。

2·6　学校・乳幼児施設

▶1　学校

戦後には学校数の充足に重点が置かれた小学校建築であるが、1960年ごろから空間の質的向上がテーマとなり、さらには画一的な一斉授業から個性と創造性を重視する教育へのシフトが目標となった。また乳幼児施設は社会構造の変化や価値観の多様化により、求められる姿が変化している。

● 1　教室のオープン化

4間×5間の画一的な教室で行われていた一斉教育は、戦後の人材育成と日本の近代化に貢献したと評価されているが、無個性な人を生み出すとの批判も出た。そこで、一斉授業から脱却し学習集団、担当教員、授業内容を弾力的に編成できるオープンシステムが試みられるようになった。教室の代わりに16m×16mの学習スペースが設けられた加藤学園暁秀初等学校（1972年）、各学年のオープンスペースとそれに面する多目的ホールを持つ緒川小学校（1978年）（図1）などである。ただし、近年では本来の主旨が理解されぬままオープンシステムをとり入れる事例も見られ、新たな画一化という指摘もある。一方、オープンスペースを設けず教室の面積を大きくした笠原小学校、戸建て住宅のように分棟形式の教室を持つサレジオ小学校（図2）などの事例も見られる。

● 2　学校の運営方式

運営方式とは、カリキュラムに基づき教科目ごとに教室や学習スペースを使い分けるシステムを指す。この運営方式によって各室・空間の配置は異なるため、学校種別、教育方針、規模を考慮した運営方式の選択が求められる。教室は、①普通教室、②実験・実習授業に応じた設備を持つ特別教室、③国語、算数、社会、英語などの授業特性に合わせた教科教室などに分けられる。運営方式は大きく総合教室型、特別教室型、教科教室型に分けられ、さらに系列教科教室型、学年内教科教室型などの形態も見られる（表1）。低学年では総合教室型、高学年は特別教室型が選択されることが多い。なお、教科目の専門性が高まる中学校・高校では、教科教室型が採用される学校も見られる。

● 3　学校の閉鎖性

学校における児童殺傷事件などの影響から、近年では、防犯を重視した計画づくりが基本的課題である。しかしながら、学校は地域の公共施設でもあるため、必要以上の部外者排除は可能な限り避けるべきである。防犯には人の目が行き届くことが有効であるため、職員室の配置は侵入者への目が届きやすいこと、グラウンドへのアクセスがしやすいことが条件となる。また、地域住民に協力を仰ぎ、地域全体で防犯計画を推進するような努力も必要である。杉並第十小学校（図3）は敷地境界に塀がなく、公園と一体化したプランニングになっている。

● 4　ブロックプラン・アプローチ

南面採光・通風などを考慮し、敷地南側にグラウンド、北側に校舎の配置が典型的である。その土地固有の学校を目指すには、学年のまとまり、各教室の接地性、動植物の位置、敷地周辺の環境との調和、運営方式の違いなどに配慮した柔軟なプランニングを心がけたい。門の位置は、近隣の交通事情、校舎、グラウンド、職員室との関係を考慮して決定し、門から昇降口まではグラウンド、広場などのスペースを児童が横切らないよう注意する。また、上下足を履き替える場合、昇降口とグラウンドの行き来がしやすいよう留意したい。なお、学校は地域の防災拠点にもなるため、避難場所となる体育館に近接してランチルーム、給食室、授業と関わりの低い室を配置したい。

● 5　上下足の履き替え

小学校では、多くの学校が上下足を履き替えている。履き替えのシステムには、①上下足の履き替え線が定まっている「線」の履き替え、②上下足の混在ゾーンを設け、その範囲内で履き替える「面」の履き替えがある（図4）。①の方が下足の汚れを持ち込むことが少ないが、②では多くの児童が同時に履き替えることができる。また、①の方式をとる場合は、上足入れと下足入れの位置に注意する。

● 6　学年のまとまり

児童にとって集団への帰属意識が心の安定を促し、積極的な活動の基盤となる。そのため、教室を学年

図1 緒川小学校　平面図

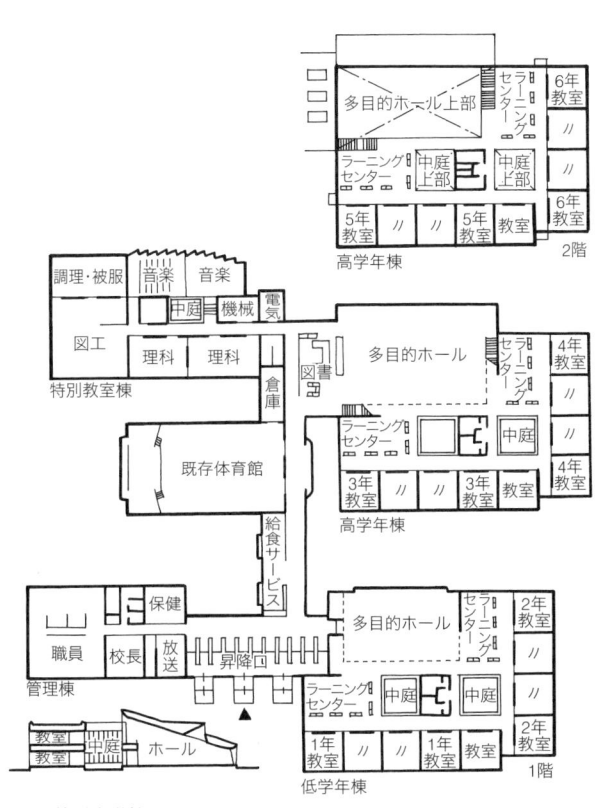

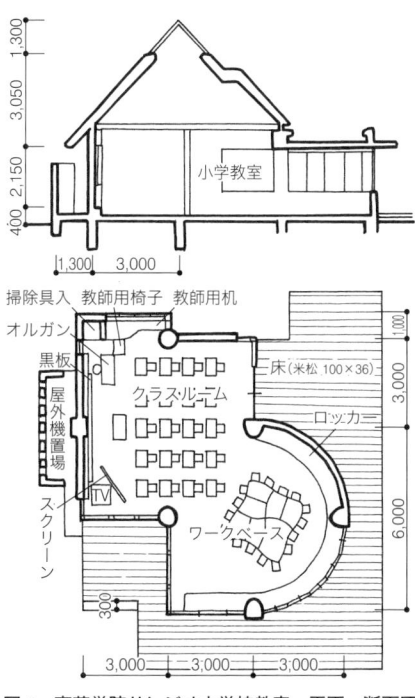

図2 育英学院サレジオ小学校教室　平面・断面図

表1　学校の運営方式

方式	内容	計画上の留意点
総合教室方式（A型）	クラスルームまたはクラスルームまわりで大部分の学習・生活を行う方式	・学校生活が安定し、児童の状態や学習内容に応じて弾力的な時間配分により活動を進行できる ・クラスルームまわりの面積に余裕を持たせ、作業・図書のコーナーやロッカー・便所・流し等の生活施設を付属させる ・小学校の低学年に適する
特別教室方式（U+V型）	国語・社会・数学・英語等、普通教科や講義的な授業はクラスルーム・普通教室で行い、理科・図工・美術・家庭・技術・音楽等の実験・実習的授業は特別な設備・機器・什器等を備えた特別教室で行う方式	・クラス専用の教室が確保されており安心感がある ・教科担任制の学校ではチームティーチングや主体的学習のための学習メディアの配置など教室内外の学習環境が整いにくい ・特別教室が充足するほど全体の教室利用率が下がるので、特別教室を充実させるには不利 ・小学校高学年に適する
教科教室型（V型）	各教科が専用の教室を持ち、生徒が時間割に従って教室を移動して授業を受ける方式	・各教科の要求に応じた空間・設備・家具・メディアを備えた教室設計が可能。教科センター方式ともいう ・教科ごとに必要教室とオープンスペースを組み合わせて配置する ・ロッカースペースを設ける必要がある ・中・高等学校に適する
ホームルーム教室確保型	教科教室をホームルーム教室として各クラスに割り当てる方式	・クラス数に相当する数だけホームルームとなる教科教室を確保 ・ホームルーム教室は学年のまとまりを持たせて配置することが望ましい
ホームベース併設型	各クラスにホームルーム教室を割り当て、それにホームベースを付属させる方式	・ホームベースはクラス専用の場となり、ロッカーや掲示板を用意 ・ホームベースは全員同時に着席できる必要はない
ホームベース独立型	クラスの生活拠点としてホームベースを設ける方式	・ホームベースにはクラス全員が席につける広さと、机・いすを用意する考え方もある
系列教科教室型	複数の教科を関連付けて（人文・理数・芸術等）教科教室を配置する方式	・教室の利用率が高まる ・教科独自の性格は弱まるが、教科の枠を越えた弾力的な学習展開に有効
学年内教科教室型	国・社・数・英の教室を学年ごとのまとまりをつくって配置し、その中で教科教室型運営を行う方式	・移動が学年フロアで完結するので安定する ・学年クラス数が4クラス以上の場合有効

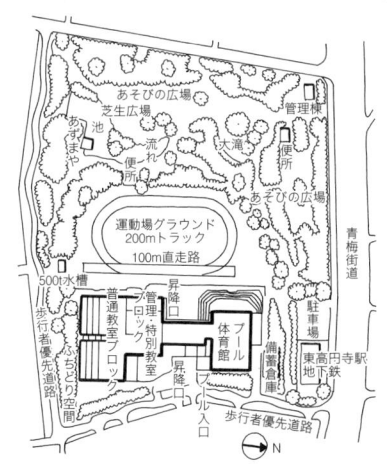

図3 塀がなく公園と一体的な計画（杉並第十小学校）

第2章　各種建築を理解する　61

毎、もしくは2学年毎にまとめてゾーニングし、拠り所となる機能を教室の近くに配置することが有効となろう。必要な機能は、低学年専用の屋外遊び場、各学年の授業内容に対応した図書・メディアスペース、生活設備などが挙げられる。下山田小学校（図5）は2クラスを1ユニットとし、様々なコーナーと一体化した利用が可能となっている。

● 7　教室・教室まわり

教室は生活の拠点であり、多くの役割・機能が求められる（図6）。ただし、これらの機能の一部は必ずしも教室内に設置する必要はない。隣接する多目的スペースや学年スペースに設置するなど弾力的な計画を心がけたい。

①**授業・一般学習**：全員が同時に席について実施される「一斉授業」、様々な集団・形態で行われる「グループ学習」ができるように、校具の配置を検討する。

②**生活の場**：手洗い、トイレなどの「水回り」、特定の作業ができる「作業活動コーナー」、図書・パソコン利用の「メディアコーナー」、ベランダやテラスなどの「半屋外空間」、静かな環境や周りを気にせず音を出せる「クワイエットスペース」を設け、児童が過ごしやすい雰囲気をつくりたい。また、棚、個人ロッカー、掃除道具入れの設置スペースを確保したい。

③**活動の拠点**：掲示物、飼育などのクラス固有の設えがクラスに対する帰属意識を高める。また、ベンチ、隠れ家のような小さなスペース、寝転がることができる畳のスペースを設けることで、休み時間の児童の拠り所となる。また、教師の机や教材を保管するための場所が必要となる。

④**低学年**：大半の学習活動を教室で行う総合教室が望ましい。作業用のテーブル、教材庫、流しなども必要である。授業で屋内外を行き来する場合もあり、屋外空間との接地性を確保する。

⑤**中・高学年**：特別教室型の小学校では、低学年に比べて普通教室まわりの役割が減少してくる。また、授業内容が高度になるにつれ、習熟度に応じた個別学習を行うことも考えられ、情報化の推進、チームティーチングの導入、多目的スペースの隣接なども有効と思われる。打瀬小学校では、低学年ほど接地性、ワークスペースとの連携を重視したプランとなっている。イギリスのギルモント小学校は、児童が自ら定めた学習内容を自らのペースで進め、学習内容に適した場所に移動しながら生活している。そのため、リソースセンターを中心に特徴的なコーナー、室、中庭がちりばめられている（図7）。

● 8　多目的スペース

教室の隣に配置するなど、教室で行われる活動を補完・促進するように配慮したい。また、複数クラスが同時に利用できるように配置することで、教師間の連携や他クラス児童との交流が期待できる。低学年は教室のまわりで作業することもあるため、流しの設置、床仕上げの吟味などが必要となる。高学年が授業の中で調べ学習をする場合、個別学習の場となるテーブル、図書・メディアスペースを中心に整備したい。また、家具、デン（穴ぐら）・アルコーブ（凹み）・ロフトなどのこもれる空間を設置し、児童が生活の場所、拠り所として感じるように計画したい。

● 9　特別教室

授業内容が高度になるに従い、特定の教科で必要となる。ただし、一般的に特別教室の利用率は低く、特別教室に求められる機能を整理し、共有される仕掛けも必要となる。また、校舎内では普通教室棟の端に配置されることが多いが、各学年からの移動動線の長さに配慮する必要がある。吉備高原小学校（図8）は特別教室が分散配置されており、老川小学校（図9）は、普通教室棟と特別教室棟が明確に分けられた事例である。理科の実験では、流し、ガス栓、電気、4～6人用の耐薬品テーブルなどを使用する。理科準備室を隣接させると共に、観察用の庭園、百葉箱などの機能も必要となる。家庭科では調理、被服、住居などの設備が必要である。図画工作では木工・金工の機械設備、作業台が必要となり、材料の搬入しやすさを考慮したい。合唱や楽器演奏では室に遮音機能が必要で、吸音材、反射性仕上げ材の設置、室の位置に留意する。小規模学校では、多目的利用を想定し計画したい。

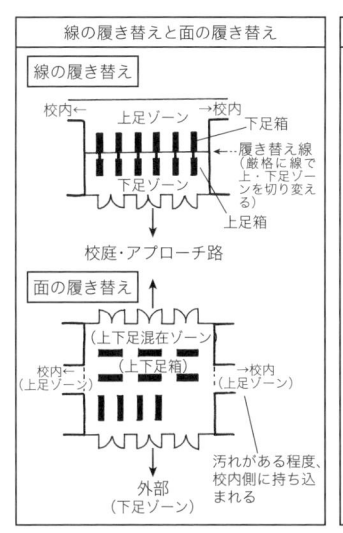

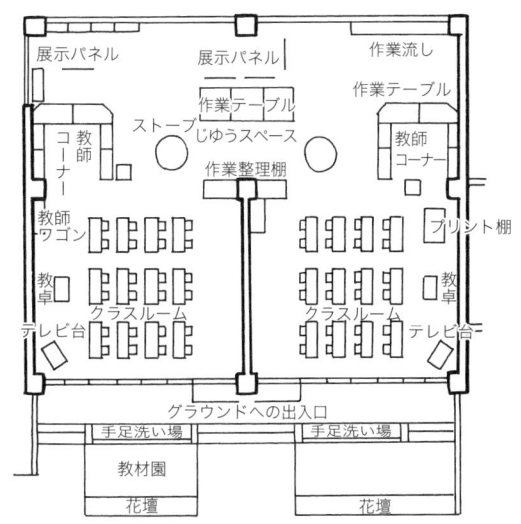

図4 上下足履き替えのシステム

図5 下山田小学校の教室ユニット

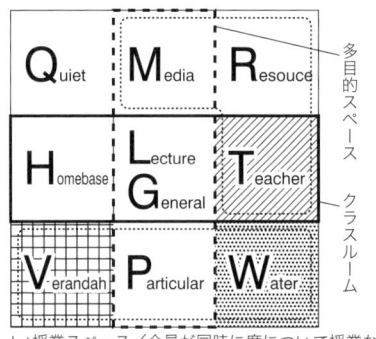

L：授業スペース／全員が同時に席について授業などが行えるスペース
G：一般学習スペース／さまざまな集団や形態で学習活動が行えるスペース
H：ホームベース／クラス・個人の生活拠点
W：水まわりスペース／手洗い、水飲み、トイレなど
P：作業活動コーナー／作業活動に応じた家具・設備・仕上げのコーナー
T：教師コーナー／教室まわりにおける教師の活動拠点
R：教材スペース／クラス、学年、教科など教材・教具収納スペース
M：メディアスペース／図書・教材・PC・視聴覚・作品掲示・展示スペース
V：半屋外空間／ベランダ・テラス・バルコニーなど半屋外活動スペース
Q：クワイエットルーム／音が漏れる閉じたスペース、デン・アルコーブ

図6 教室とその周辺に必要な機能

図7 ギルモント小学校 平面図

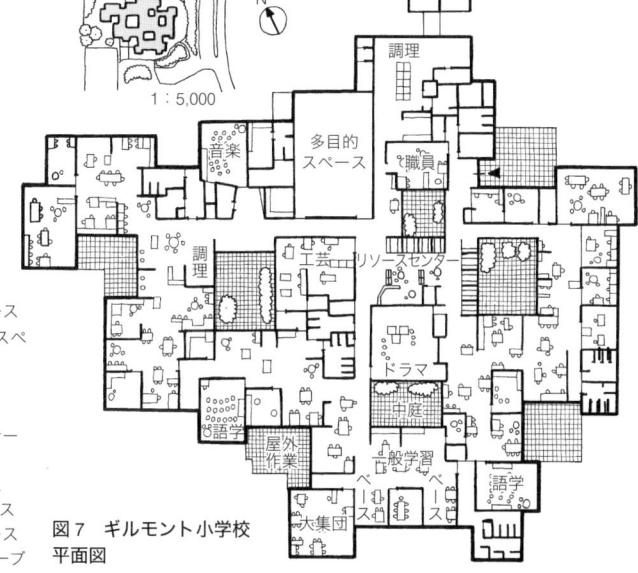

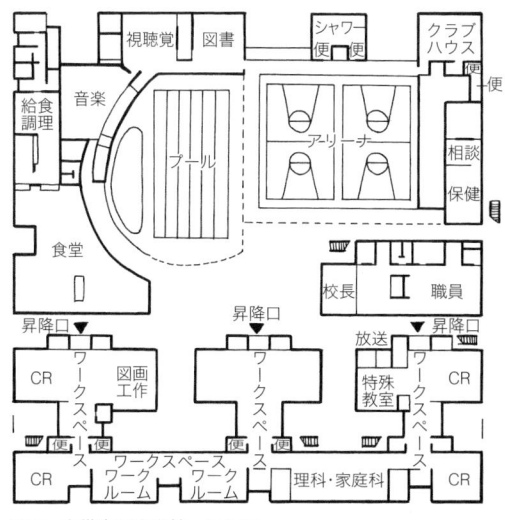

図8 吉備高原小学校 平面図

図9 老川小学校 平面図

第2章 各種建築を理解する　63

◉ 10　図書・メディアスペース

児童が日常的に目にする位置に図書室を設け、活字離れの改善に貢献するよう意識したい。また、各学年向けの図書を教室まわりに分散配置し、手に取りやすいような工夫も良い。一方、パソコンの普及、情報化社会の進展を受け、コンピュータ・インターネットを活用できる力が求められるようになった。これらを育むには、パソコンの利用が前提となるが、一室でパソコンを管理していると、授業時間以外に児童を閉め出してしまうことにつながる。多目的スペースの一角にパソコンを分散配置するなど、日常的に児童が利用できるよう計画したい。

◉ 11　ランチルーム

食事の場を豊かにするには、各教室で昼食を取るスタイルから、食事専用の場を設けることを考えたい。必ずしも全校児童が同時に集まる面積は必要なく、多目的スペースやテラス、中庭など児童が思い思いの場所で食事ができるように計画したい。桜ヶ丘小学校（図10）のようにランチルームの一角に調理スペースを設けると、家庭科の授業や保護者のサークル活動を実施することが可能となる。

◉ 12　体育館

大半の小学校では全校児童が集まることのできる唯一の屋内スペースで、式典、文化祭などにも使用されている。そのため、体育用具は必要に応じて出し入れする形となっており、体育の授業や運動会で使用する道具類を想定した倉庫面積が求められる。また、地域住民がサークル活動などで利用する場合、アプローチや管理方法などの検討が必要である。

◉ 13　管理諸室

防犯上、職員室からグラウンド・校舎へのアプローチが見えることが求められ、さらに不審者が侵入した場合に教職員がすぐに対応できるよう1階に配置したい。職員室には、事務的作業、会議や教材研究などの共同作業、教材・資料・物品の保管など多様な機能が集積しており、効率的な校具配置が求められる。なお、教員の精神的ストレスを緩和するため、ソファ、パントリー、畳スペースなどの気分転換のスペースを設けたい。

◉ 14　屋外空間

グラウンドの広さは、リレー・短距離走に必要な長さ、全児童が同時に体操を行えるスペースなど、活動状況に応じて定める。運動会がグラウンドで行われる場合は、父兄の観覧スペースも踏まえて計画する必要がある。グラウンドは土が望ましいが、近隣への土ぼこり被害、雨天後の水はけなどのデメリットも考慮したい。また、児童は、グラウンドよりも固定遊具、築山、中庭、テラス、バルコニーなどに滞在している。屋内外の連続性、接地性を考慮して有機的に活動がつながるように配置したい。また、壁、段差、隙間、ペーブメントなど児童の遊びや滞留を促す仕掛け、花壇、畑、飼育小屋、ビオトープ、理科庭園などの多様な自然も配置したい。

▶ 2　幼稚園・保育所・認定こども園

近年における女性の社会進出増加は保育所への需要を増大させ、その結果保育所に入れない待機児童が発生している。また、保育所では、これまでの生活を重視する方針に加えて、幼稚園と同等の教育を施そうとする立場もある。一方、幼稚園では保育所の需要増加と少子化の影響から、定員割れしている園も見られ、就園時間を過ぎても延長して保育する「預かり保育」に力を入れる園が増えている。このように幼稚園と保育所の保育内容が歩み寄りを見せている動きを受けて、親の就労の有無で子どもの就園先が異なることは好ましくないといった議論から、文部科学省と厚生労働省が合同で所管する「認定こども園」の制度が2006年からスタートした。ただし、過渡期である現在は、保育料、教職員の勤務時間・待遇の差などの課題がみられる。

◉ 1　屋内外の連続性

園児一人ひとりの興味関心に応じられる空間構成が遊びの幅を広げるため、様々な場所で屋内外の連続性について考慮することが重要である。園児は、屋内外の境界やテラスなどの半屋外空間に居場所を求め、保育室にある遊び道具を屋外に持ち運んでいる。その点では、屋内外の出入りは昇降口一カ所に固めるのではなく、各保育室からテラスを経由して直接屋外に出入りできる方式が好ましい。また、保育室に縁側のようなウッドデッキを設けることも有効である。草の実保育園では、保育室の床と同じ高

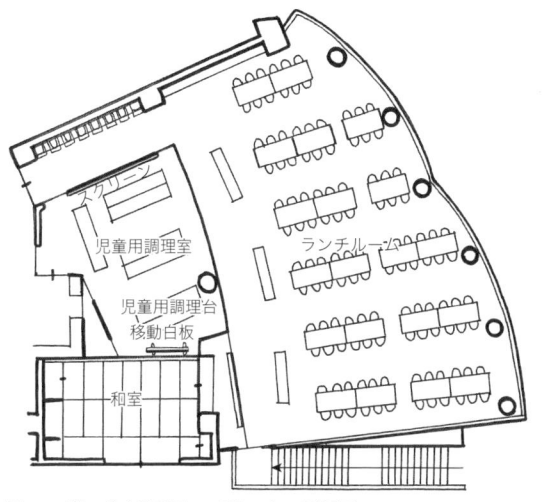

図10 桜ヶ丘小学校ランチルーム 平面図

図11 縁側のようなテラス（草の実保育園）

図12 認定こども園こどものもり 平面図

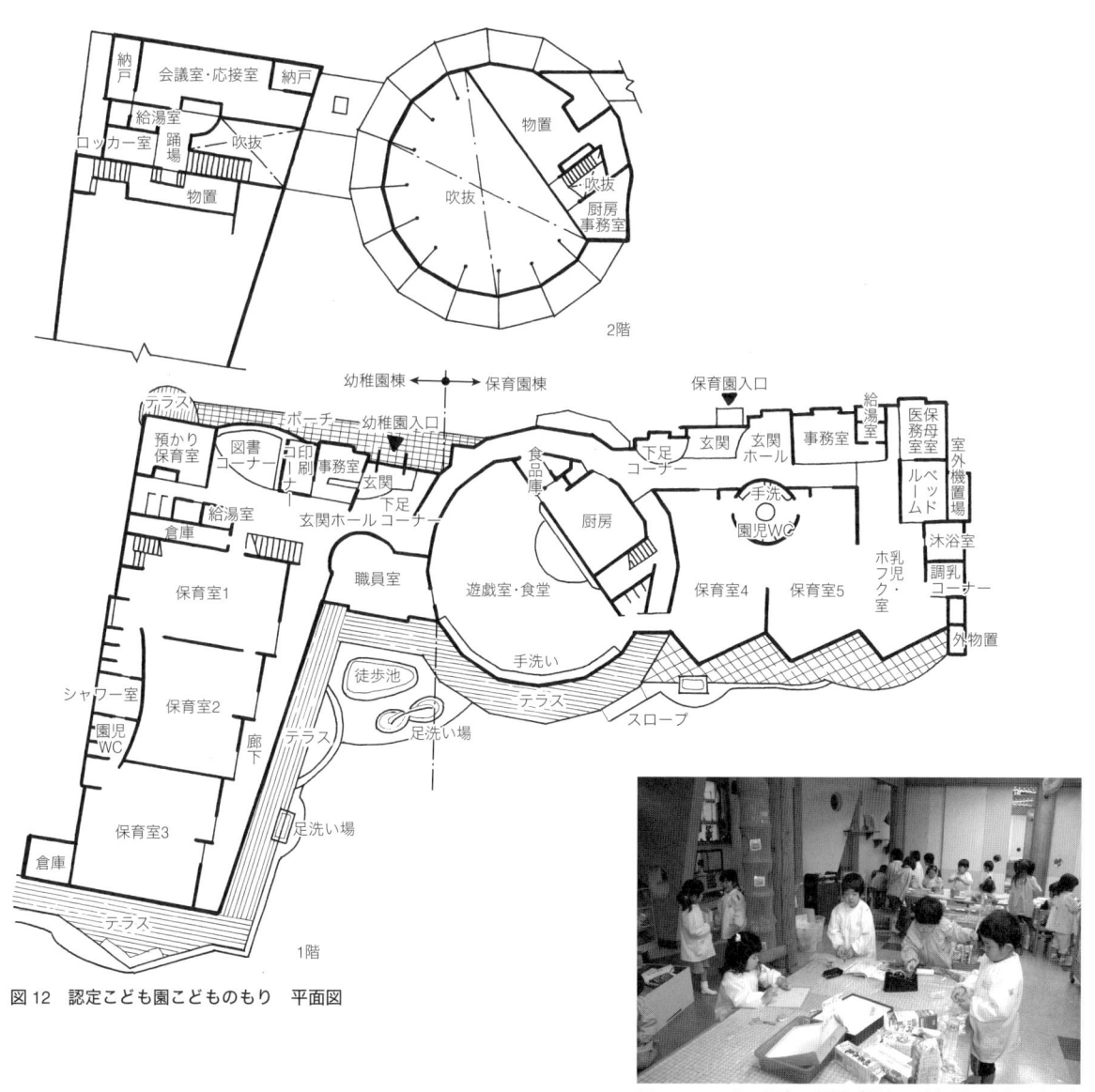

図13 コーナー保育の風景（認定こども園こどものもり）

第2章 各種建築を理解する　65

さのデッキが設けられており、園児たちが屋内とデッキを連携して遊ぶ姿が見られる（図11）。

● 2　保育室

園児の活動の拠点であり、家庭のような雰囲気が求められる。読みきかせなどで集まるスペース、各種遊びコーナーを設定したい。ただし、戸外で遊ぶ時間が少なくなったと言われる昨今では、保育室で遊びが完結するような設えは避けるべきである。認定こども園こどものもり（図12、13）では、様々な遊びが可能となるコーナーを設定し、園児が興味関心に応じてアクセスするコーナー保育を展開している。一方、板橋さざなみ幼稚園（図14）では、園庭よりも保育室の位置を低くし、落ち着きのある保育空間を演出している。保育室にロフトを設けることで、園庭へのアクセスしやすさを保っている。

● 3　遊戯室

大集団が同時に使うことが想定されており、広い面積が必要である。しかしながら、ガランとした「ただ単に広い場所」になりがちであり、園児が遊びにくい傾向が見られる。テラスや保育室と空間的につながっていると、遊びの広がりに応じて使用される空間となろう。そのためには、床面・壁面の素材選択や、魅力的な遊び道具や遊びコーナーのセッティングが必要である。札幌トモエ幼稚園（図15）の遊戯室は、観客席にもなる階段や、マットなどの体育用具、ピアノ、遊び道具が常にセッティングされており、魅力的な遊び環境となっている。

● 4　便所・沐浴スペース

昼食前にクラス全員で便所に行く場合、待ち行列ができるため、その待機場所が計画のポイントとなる。事前に衣服を脱がせる場合は、便所と保育室間に前室を設置することも有効であろう。また、トイレトレーニングが済んでいない幼児のために、便所を可能な限り保育室に近い位置に配置すると良い。乳児においては、保育室と沐浴スペースを空間的に連続させることや、衣服が汚れてしまったときにすぐに洗濯ができるよう洗濯機・物干しの設置スペースも必要である。

● 5　管理諸室

保護者との連絡や防犯上の観点から、園舎へのアプローチから見える場所に事務室を設けたい。教員・保育士は日常的には各保育室で作業をしているが、会議や保育の準備などは複数の教員が集まることができるスペースが必要である。また、具合が悪くなった子どもに対応する簡易ベッド、乳児保育室と隣接した調乳スペースなども必要となる。

● 6　廊下・テラス

屋内外の遊び道具を持ち運んで滞在する場所になるよう計画する。狭い幅員では園児が通過する毎に遊びが邪魔されるため3m程度の幅員を設けたい。ゆりかご幼稚園（図16）は、各保育室が分棟で建てられ、幅員の広いウッドデッキテラスが保育室の周囲を取り巻いている。

● 7　屋外空間

屋外で体験できる要素をバランスよく配置するよう努めたい。園の周辺環境や園児が通う地域の特徴を踏まえて、配置すべき要素を検討する。屋外オープンスペース、林・森、砂場、固定遊具、動植物などについて、次の工夫も考えられる。①遊びの幅を広げるために異なる特性を持った遊び領域を重複させる、②遊びの選択肢を広げるために屋内の遊び要素を屋外に配置する、③遊び道具を隠すことができる場所（下駄箱や植え込みなど）を配置する、④砂場やグラウンドなどの長時間連続して遊ぶ場所の周辺に、短時間滞在できる場所を設ける、⑤園児の目にとまりやすいように、自然環境を分散して配置する、⑥遊びのルートを想定し、遊びがつながるように遊具などの配置計画を行う。川和保育園では、屋外デッキに絵本やブロックなどを配置し、屋外にいながら静かな遊びができるように配慮している（図17）。また、複合遊具が様々な箇所で接続されており、回遊できるような遊び環境を実現している（図18）。

▶ 3　今後の学校建築

同時期に建てられた学校建築が老朽化しており、建て替えや耐震改修、もしくは建築の転用再生を視野に入れた対応が求められる。また、公共建築全般に求められる地球環境への配慮、小中一貫教育への空間的対応など社会が変化している中で様々な課題が学校にも求められている。教育方針や園児・児童の生活をイメージし適切な空間化が必要である。

図14 高低差のある保育室（板橋さざなみ幼稚園）

図15 さまざまな遊びが見られる遊戯室（札幌トモエ幼稚園）

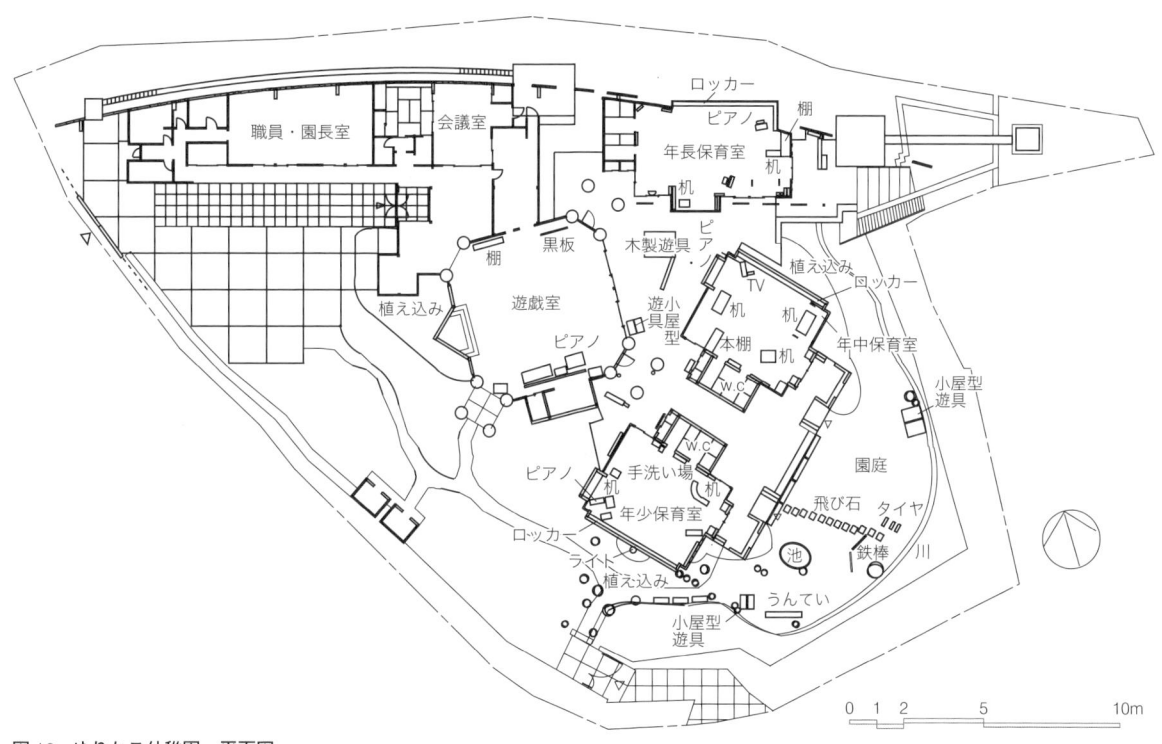

図16 ゆりかご幼稚園　平面図

図17 屋外のデッキに絵本を配置（川和保育園）

図18 回遊できる複合的な遊具（川和保育園）

第2章　各種建築を理解する　67

2・7 図書館

▶1 記憶の倉庫

図書館を米国の天文学者であるカール・セーガンは著書『COSMOS』の中で、「…私たちは、ものすごい量の情報を、遺伝子でも脳でもないところに貯えることを学んだ。このように、からだの外に、社会的な"記憶"を貯える方法を発明したのは、この地上では私の知る限り人間だけである。そのような"記憶"の倉庫は、図書館と呼ばれている。…」と説明した。

図書館は古代から知の集積場所として存在し、アレクサンダー大王によって建設されたアレクサンドリア図書館は有名である。その後、知の集積場所は中世の修道院の図書館に移り、近世になると欧州の大学図書館に引き継がれる。15世紀に発明された活版印刷技術により、書籍が広く普及するようになり、無料で利用できる公立図書館ができあがった。

▶2 日本の図書館の変遷

戦前の図書館では、館外貸出（帯出）のために身分証明書の提示や保証金が必要であった。ユネスコ公共図書館宣言（1949）を受けて、無料を原則とした図書館法が1950年に制定されるが、当時は閉鎖的な図書館運営がまだ多かった。

1960年に日本図書館協会から「中小都市における公共図書館の運営」（通称：中小レポート）が報告され、知る権利を保障し、図書館の基本的な機能を「資料提供」と位置づけ、資料の収集・整理・保存を通して地域住民に奉仕することが図書館の理念であると唱えられた。この中小レポートを受けて、「貸出重視、全域奉仕、資料第一」を掲げた東京都日野市の移動図書館（1965）、日野市立中央図書館（1973）での徹底した貸出重視の活動が全国へ広がり、図書館建設が市や区を中心に進められた。

1990年代になると貸出型を中心としながらも、図1に示す屋外の読書テラスも持つ苅田町立図書館（1990）など多様な利用者ニーズに応える館内滞在型の図書館が現れ始めた。また、従来から貸出活動が活発であった浦安市立中央図書館（1982）では、1989年に「書庫の森」と呼ばれる開架書庫（公開書庫）が増築され、ビジネス支援など成人への課題解決型のサービスにシフトして全国トップレベルの実績を挙げている。こうした各年代で話題になった図書館を参考にしながら、各地で図書館が建設されてきたといえる（図1）。

▶3 地域計画と図書館ネットワーク

図書館は概ね利用対象によって、公共図書館、大学図書館、学校図書館、専門図書館、国立国会図書館に分けられる。各図書館の施設内容は、サービス対象の利用特性や立地、規模などにより、収集・保存される資料も異なる。以下では、公共図書館について詳述していく。

公共図書館は、「だれでも、どこでも、いつでも」を基本に、無料で、時間制限や入館制限もなく利用できる。こうしたサービスを1館で行うのではなく、地域に対して従来は、身近な地域図書館（分館）や移動図書館（ブックモビル：以下BM）、次いで地域中心館（中央館）、県立などの広域参考図書館などを段階的にかつ階層的に整備してきた（p.71、表1）。

ここ数年、平成の大合併や駆け込み建設の影響で未設置地域が解消され、自治体の設置率も上がってきた。また、市区立の既存施設の建替えも多く、開架冊数が20万冊を超える地域中心館も増えてきた。しかし、全国平均で見ると人口一人当たりの貸出冊数は6冊程度であり、北欧の約20冊には遠く及んでおらず、まだまだ発展段階であるといえる。

▶4 図書館の利用圏域と地域計画

地域に対しどの規模の図書館をどこに配置すればよいのかを検討するために、利用圏域をモデル化して計画する手法がある。東京都日野市、名古屋市などの分館で調査を行い、同心円状に広がるのではなく、図書館を挟んで都心に近い側と逆側では図書館までの距離に対する抵抗感が異なるため、都心方向とは逆側に広がる「卵形利用圏域」が有名である（図2）。このモデルを用いた分館網計画やBMによる図書館ネットワークシステムが提案されてきたが、設定される利用圏域は1.5～2kmであった（図3）。

一方、地方都市では、日常的な生活圏もマイカーを利用しているため広域化している。地方都市の図書館利用圏域を調べると、近くにあることで誘引さ

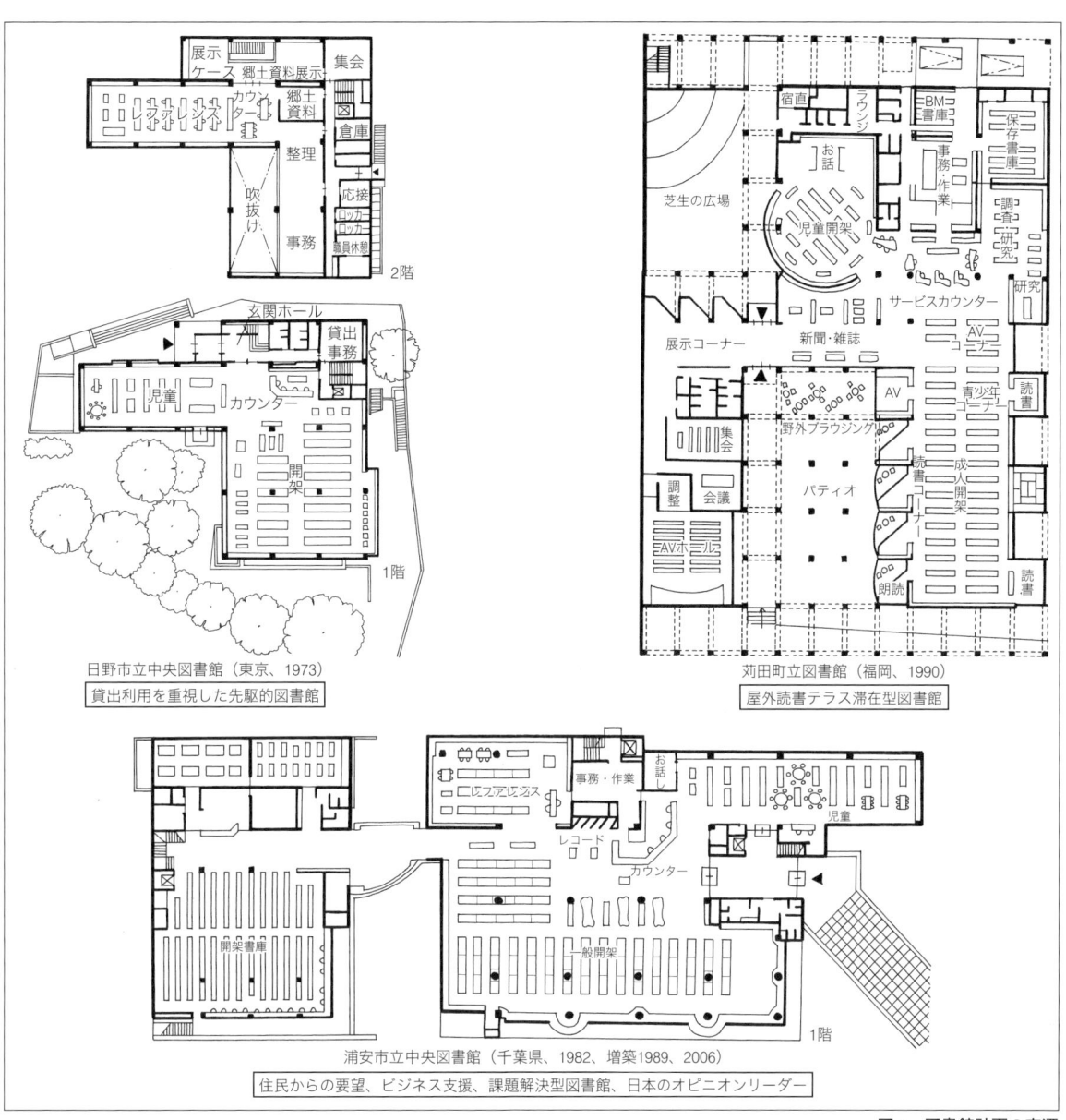

図1　図書館計画の変遷

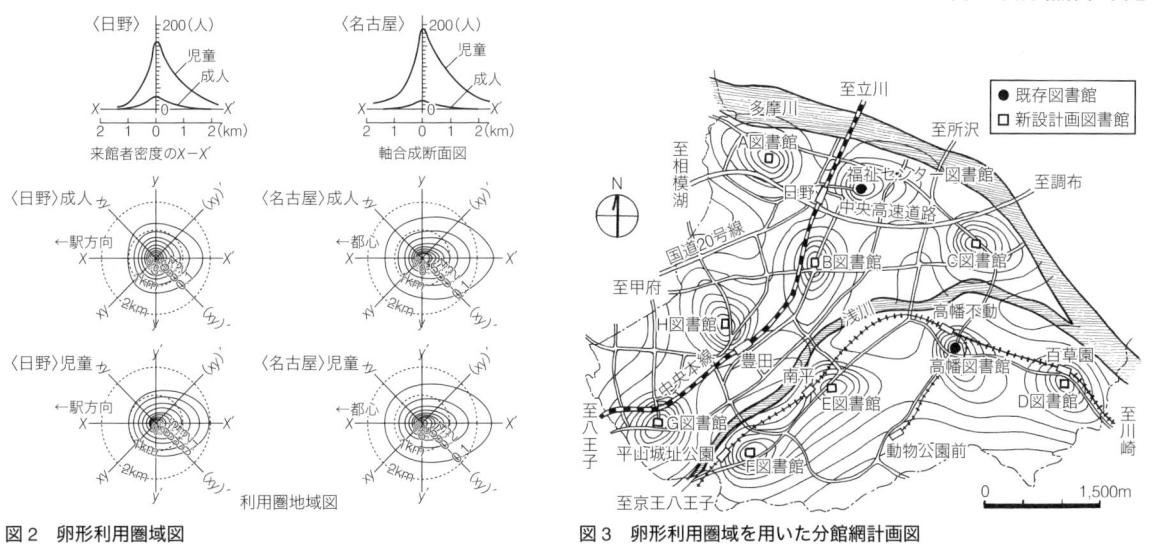

日野市立中央図書館（東京、1973）
貸出利用を重視した先駆的図書館

苅田町立図書館（福岡、1990）
屋外読書テラス滞在型図書館

浦安市立中央図書館（千葉県、1982、増築1989、2006）
住民からの要望、ビジネス支援、課題解決型図書館、日本のオピニオンリーダー

図2　卵形利用圏域図

図3　卵形利用圏域を用いた分館網計画図

れる「距離の影響を強く受ける利用」と、車利用による距離に対する抵抗感が低減されて遠方から来館する「距離の影響をあまり受けない図書館に対する基礎的な需要による利用」の大きく二つの利用者層に分けられる（図4）。

また、利用者は周辺地域にある複数の図書館を使い分けており、利用圏域は複雑に重なり合っている（図5）。生活圏がモータリゼーションの発達で拡大化していることを前提にすれば、平均的な図書館をばらまくより、多少疎らでも各館で独自の高度な施設サービスを提供し、生活圏内に利用の選択肢を数多く用意し、地域で「機能分担」することも可能ではないかと考えられる（図6）。

▶5　施設計画と図書館の部門構成

図書館の部門構成としては、大きく利用部門と書庫＋業務部門の2つに分けられる（図7）。利用部門にはエントランスホールや開架閲覧室、集会・研修スペースがあり、業務部門には事務室、館長室、スタッフラウンジなどが挙げられる。

利用部門として、入口は1ヶ所がよく、BDS（ブック・ディテクション・システム、図8）で不正持ち出しをチェックし、開架全体を見渡せて人の出入や動きが把握できる位置にカウンターデスクを計画する。集会室利用者と閲覧室利用者との動線は、分離する方が望ましい。

書庫は心臓部であり、表3に示すような書架並列配置、移動式書架による集密書架（図9）、ガス消火設備を用いた貴重書庫（図10）、出納員を必要としない自動出納書庫（図11）などがある。効率よく収納するためには、90cmの棚板や用途に合った書架間隔を考えると、矩形の平面形が望ましい。

また、書庫では温室度の変化、直射日光、ほこりへの対策と、地下にある場合は浸水対策が必要である。積載荷重は集密書架で1,200kg/m^2、一般開架室で500～800kg/m^{2}となり、一般事務所の300kg/m^{2}程度に比べると非常に重いため、コンバージョン（用途変更）の際には構造上の注意が必要である。

▶6　開架閲覧室の計画

開架方式は表2に示すように、書架の資料への近づき方と自由に資料の閲覧ができるかどうかによって方式がそれぞれ異なる。現在、多くの公共図書館では、利用者が自分で書架まで行き、そのまま閲覧できる開架式と、目録やOPAC（Online Public Access Catalog）などで資料を選び、職員に取り出してもらう閉架式が混在して運用されている。地域資料や貴重な資料を閲覧するときは、チェックが必要な安全開架や半開架式が採用される。

従来から図書館は静謐な空間とされてきたが、家族同伴によるファミリーでの利用、学生のグループによる利用形態などが増え、騒がしい大空間の中に静かに読める場所を設けることの方が、現実的な解決策であるかもしれない。

新しくできる市区立の中央館では、開架冊数が20万冊を超え、資料の探しやすさという点からも、様々な工夫がされている。利用対象者別や資料の形態別のほかに、資料の主題や内容別、よく貸出される資料と調査研究用の資料など、利用内容やテーマによって分けるなどNDC分類にこだわらないコーナーづくりや配架も実践されている。6割近い利用者が、図書を直接本棚から探していることからみても、資料の探しやすい書架レイアウトが望ましい。

▶7　図書館家具の計画

図書館には書架をはじめとして家具が多いため、建築空間全体との調和も含めて計画するべきである。書架は、木製とスチール製があり、木製はややコストが高くなるため、支柱はスチールで側板や天板に木材を使って質感を出した複合書架もよく見受けられる。書架間隔は車椅子も楽に通れる1,800mmが多く採用されており、最近は2,100mmのところも見られる。一般成人が手の届く高さは1.8m程度であるため、公立図書館ではB5サイズの6段書架が多く、最下段はかがんで利用しなければならないため、少し傾けるか、空けておくことも多い。

書架の耐震化は頭つなぎ（書架の天板同士を緊結する横架材）で出固定するか、床にアンカーボルトで固定する。床固定の場合は、書架自体に耐震性が求められるため、筋かいや背板などでフレームを強化する必要がある。また、照明は書架と合わせてデザインする例（図12）もあるが、最下段で500～1,000ルクス程度の明るさが必要である。

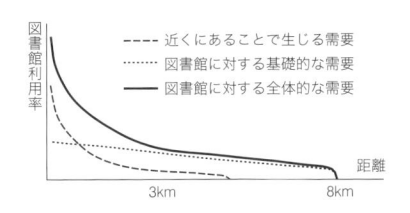

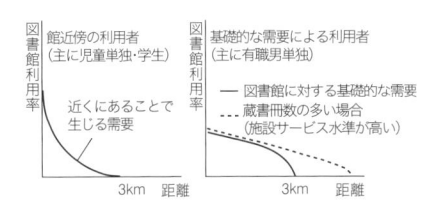

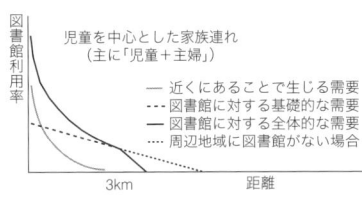

図4 利用圏域の二重構造と利用者層

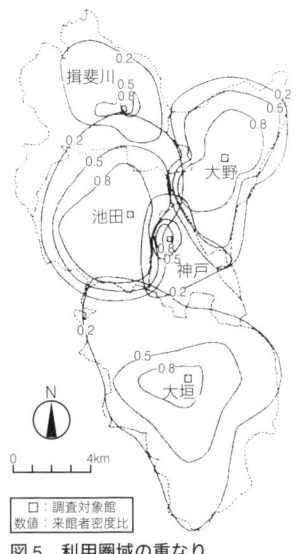

図5 利用圏域の重なり

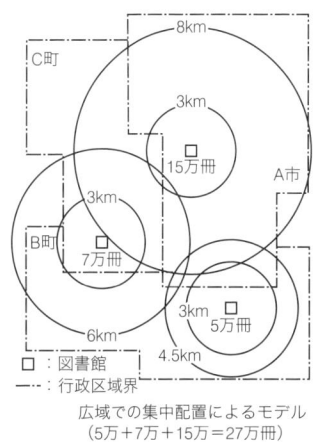

図6 二重構造を用いた地域計画
広域での集中配置によるモデル
（5万＋7万＋15万＝27万冊）
広域でみた複数図書館の利用や選択行動に基づく配置モデル

表1 図書館の施設機能と構成要素

施設機能	構成要素
地域館（分館）クラス	一般書、児童書、新聞雑誌コーナーなどの開架書架スペース、事務スペース
地域中心館（中央館）クラス	調査研究利用に対応したスペース、集会・会議・展示、保存機能をもつ閉架書庫、業務諸室、BM
広域参考図書館（都道府県立）クラス	地域中心館クラスの内容に加え、調査研究用の個別性の高い閲覧席

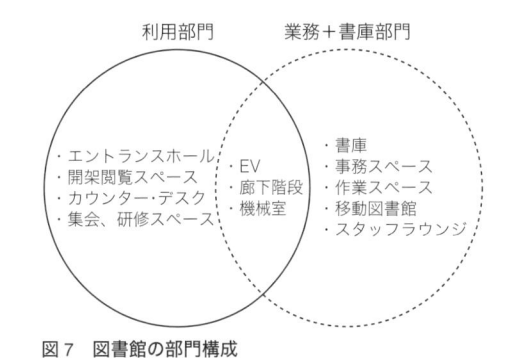

図7 図書館の部門構成

利用部門：
・エントランスホール
・開架閲覧スペース
・カウンター・デスク
・集会、研修スペース

（共通）
・EV
・廊下階段
・機械室

業務＋書庫部門：
・書庫
・事務スペース
・作業スペース
・移動図書館
・スタッフラウンジ

表2 開架方式

	平面形のパターン	選択と貸出の手続き	書架まわりの計画
開架式	閲覧スペース	閲覧者が本を自分で書架から取り出して選び、そのまま検閲を受けずに閲覧できる	・図書資料の所在がわかりやすいように書架配列と表示に留意する ・書架の間隔はゆったりとり、気持ちのよい室内環境にする ・返却時の書架配列の乱れを防ぐために返本台を置く場合がある
閉架式	閲覧スペース	閲覧者は直接書架に接することができず、目録などによって本を選び、館職員に取り出してもらう貸出記録の提出を必要とする	・コンパクトにまとめる ・書庫内での館員の動線が能率よくなるように配慮する ・防災・防湿など書庫独自の室内環境の保持を考える

図8 BDS（同朋学園大学部附属図書館）

図9 移動式集密書庫（新潟市立豊栄図書館）

図10 貴重書庫（奈良県立図書情報館）

図11 自動出納書庫（同左）

第2章 各種建築を理解する　71

▶8　多様な利用者への図書館サービス

　図書館から少し離れていても若年世代の居住者が多い新興住宅団地は、家族同伴での利用が多く、図書館利用のきっかけとしては児童が重要である。そこで、利用内容を図書館利用者のライフステージに応じて整理すると図13のようになる。利用者構成では子どもを中心とした家族連れが5～6割と最も多いが、子どもは成長すれば友人と来館するようになり、中学・高校生になれば図書館離れが生じ、貸出利用から勉強目的の利用となる。

　子どもが成長した後、主婦層は子どもを介した地縁的なつながりが強く、英会話やテニスといったさまざまな学習活動を行っているため、図書館以外の施設サービスを享受するようになる。主婦層は貸出を主目的とする利用者層であるため、子どもが成長した後も図書館を継続して利用してもらうためには、「新鮮な図書」を充実させることが必要である。

　成人男性層は、距離の影響をあまり受けず、単独で広範なエリア内で蔵書冊数や設備機器など施設サービスを「選択」し、滞在型の利用を行う。図書館を定期に利用する成人男性は、高齢者層がほとんど男性であることからも常連化していくと考えられる。

　学生はグループによる勉強の席借り利用が多くなるが、勉強利用を注意せず閲覧席数に余裕を持たせて許容することも必要ではないだろうか。多少声を出してもよい小部屋を設けるなど、ヤングアダルトやティーンズコーナーという資料だけでなく、空間もセットで捉えたい。

▶9　電子図書館とオートメーション化

　インターネットやパソコンの普及により、図書館の利用も変わりつつある。目録カード入れがOPACに代わり、リクエストや予約もネットから申込みができ、受け渡しボックスのある専用の部屋が用意され、駅前に受け渡し専用カウンターを設置するなど非来館型の利用も出てきた。

　一方、非常に小さい無線タグやICチップを埋め込み、電波等で識別し管理できるRFIDタグ（ICタグ）を用いる館も増え、バーコードで一つずつスキャンしなくても数冊重ねて読み取ることができ、蔵書点検もハンディスキャナーで簡単に行うことができる。まだコストが高いため、低価格になればさらに普及すると思うが、各メーカーで互換性に乏しいことやICタグの耐久性が今後の課題である。

　職員の作業効率、利用者の匿名性の確保などの点から、自動出納書庫や自動貸出機（図14）、自動返却・仕分け機（図15）などのオートメーション化も進んでいる。自動貸出機での手続きは、カウンターより多い館もあるが、割合としてほぼ半々である。司書本来の職能でもある選書やレファレンスなどの利用者へのサービスに専念するためにも、こうした自動化の動きはますます活発になると思われる。

　図書館が扱う資料やコンテンツは、書籍などのアナログ資料だけではなく、各種のデータベースや映像などの視聴覚資料と非常に多岐にわたる。今後もこうした資料の保存収集をどのように行い、どのように提供するか、スペースの問題ともあわせて検討することが必要である。

▶10　「場」としての図書館の役割

　図書館という施設機能について考えてみると、基本的に入館制限が無く、無料で、時間的な制約もないため、滞在利用も必然的に生じている。同じ目的で同じ空間を共有するため、子どもからお年寄りまで異なる世代が「交流」できる施設でもある。しかし、地域住民に対してさまざまな公共施設の利用状況を調査すると、図書館はホールと1位2位を争うほどかなり利用されているが、地域人口に対する図書館利用者の割合は約3割であり、残り7割の住民は図書館を利用していないのが現状である。

　これからの図書館には、利用していない人も含め、図書館への近づきやすさや親しみを感じてもらえるよう「地域のサロン」としてのあり方が求められる。

表3　図書館の施設機能と構成要素

書架間隔	適用箇所	書架間における利用者・館員の行動など
1.2m	閉架実用　最小	最下段の資料を取り出す際には膝をつく
1.35	閉架常用	最下段の資料を腰を曲げて取り出すことができる
1.5	利用者の入る閉架 閉架実用　最小	接架している人の背後を通行できる
1.65	閉架実用	接架している人の背後をブックトラックが通行できる
1.8	閉架実用	人と車椅子がすれ違うことができる
2.1	利用者の多い開架	車椅子同士でもすれ違うことができる
2.4	利用者の多い開架	下段が突き出している書架が使用できる

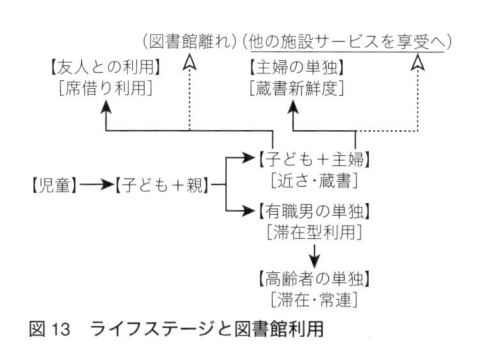

図13　ライフステージと図書館利用

図12　書架付照明（津島市立図書館）

図14　ICタグの自動貸出機（さいたま市立中央図書館）

図15　自動返却・仕分け機（岡崎市立中央図書館）

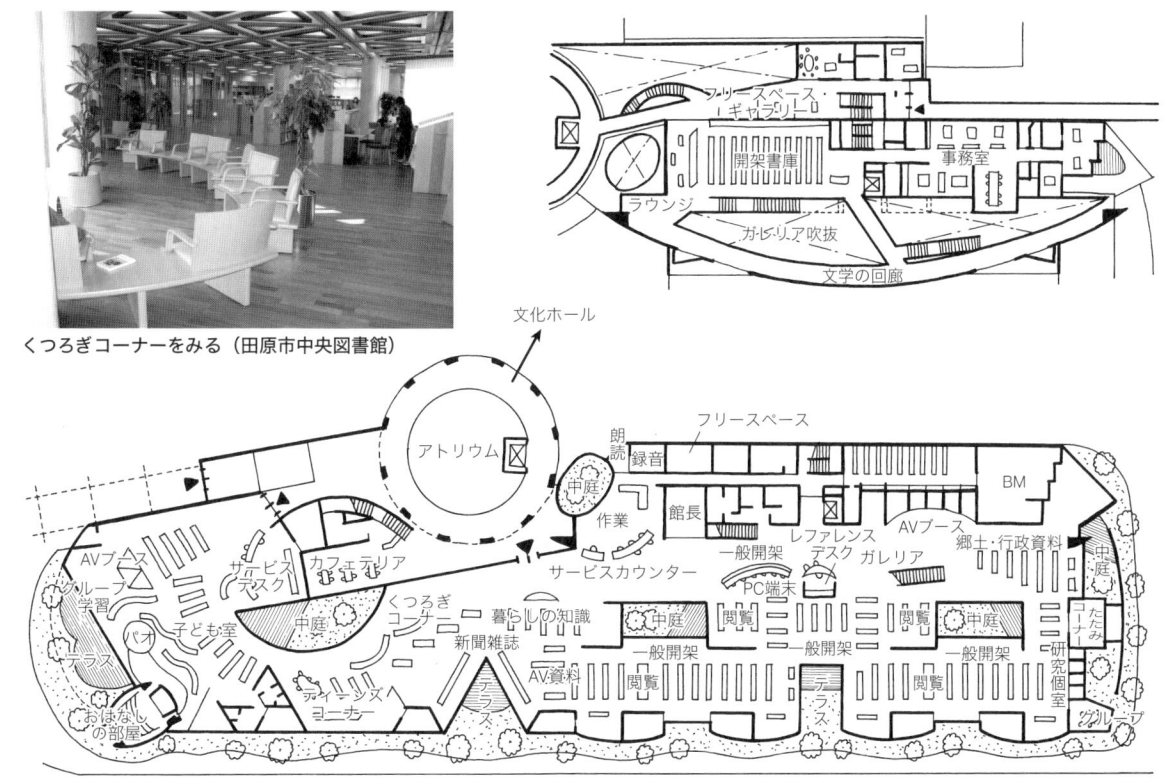

くつろぎコーナーをみる（田原市中央図書館）

図16　田原市中央図書館　平面図

第2章　各種建築を理解する

2·8 美術館・博物館

▶1　美術館と博物館の定義

　博物館法では、博物館は、「歴史、芸術、民俗、産業、自然科学等に関する資料を収集し、保管・育成し、展示して教育的配慮のもとに一般公衆の利用に供し、その教養、調査研究、レクリエーション等に資するために必要な事業を行い、あわせて、これらの資料に関する調査研究をする機関である」と定義されており、美術館、資料館、動物園、植物園、水族館、科学館などのすべてを包含して博物館と規程している。いわば、美術館は、芸術に関する資料を介した博物館であり、博物館：museum、美術館：art museum の英訳が美術館と博物館の定義をよく示している。

　また、各種の資料を収集しこれを展示して公衆の利用に供する施設で、日本の社会教育法では、「博物館は図書館と並んで社会教育のための機関である」とされている。いわゆる美術館や博物館とギャラリーの違いは、社会や公衆の利用や教育への度合いがひとつの尺度となるが、厳密な線引きはできない。逆に、美術館を芸術に関する博物館と捉えた上で、その歴史を辿り成立過程を知ることで、社会や公衆へ供するという、建築物の用途や計画の観点で、具体例を挙げながら以下に紹介する。

▶2　既に社会へ開かれていた古代の博物館

　博物館の語源に当たる museum は、ギリシャ神話の中の諸学芸を司る9人の女神ムーサイに捧げられた聖域であり古代ヘレニズム世界における学堂であったムセイオン mouseion に由来する。因みに、ムーサイが音楽：music の語源であるように、9人の女神の中に、詩、音楽、舞踊の女神は存在するが、美術館に相当するであろう美術の女神はこの段階では見当たらない。

　また、紀元前4世紀に、プトレマイオス1世がエジプトのアレクサンドリアに建てたムセイオンは、今の博物館の元祖のひとつとされるが、どちらかというと諸学問の研究所的な性格が強く、一般大衆に開かれた意味は強くない。しかし、こうしたムセイオンでの研究の蓄積をもとに、古代ギリシャを中心とした世界各地で、当時の戦利品を集めて陳列したり、大きな戦争の模様などを壁画にして一般大衆へ見せたりという用途が取り入れられ、これが今日の社会へ開かれた博物館の原型のひとつである。つまり、収集した物品を一般大衆に見せるという欲望は人間の性であり、戦利品を神殿にならべ、戦争での勝利と繁栄を人々へ知らせるというマスメディアとしての役割が、古代エジプトやメソポタミアから行われた。ギリシャ時代には、ようやく美術館のきっかけとなった美術品の収集が盛んになったが、有力な都市が収集物を納める宝庫をもったが、特定の人々にのみ閲覧を許したという。逆に、現地の社会の繁栄を周知する上で、古代ローマ時代には、権力者は自分の邸宅に戦利品を並べ、富裕な人々も絵画館や図書館を邸内に建てることが盛んになった。時を同じくして、博物や美術だけではなく、珍奇な自然物も集められ、また、動植物の飼育、育成も行われた。これは、今日の動・植物園の芽生えである。こうした欲望が長い時間をかけて派生した結果、博物の収集・保管・育成・展示・教育という方法を深めながら社会や公衆へ供する建築となり得たという点、また、博物の収集・保管・育成・展示・教育をいかに構成するかという点は、博物館を設計したり、博物館を評価したりする際に、美術館や博物館の原点として重要である。

　一方、日本における美術館や博物館の原型のひとつと考えられるのは、寺社の信仰や思想に関連した独自の収蔵品、あるいはこれらを安置した宝物殿である。奈良の正倉院（図1）はその代表的なものであり、特に古代の遺物の宝庫として江戸中期以降その学術的で美術工芸的価値が認められたが、多くの寺社は非公開であった。しかし、庶民の信仰を集めることも大きな要因であったことから、代々信仰を継承してきた大きな寺では、年々何回かの開帳や他の場所へ本尊などを運んで人々に拝観させる出開帳も行われ、収蔵物の公開のタイミングによって、家族の代々の信仰を高めた。一般公開という方法ではなく、信仰や親族など、関係がある人々のみへの公開であり、公共的により広く公開されていなかったことが、日本の美術館と博物館を考える上では重要である。

図1　正倉院

表1　JIS照準基準（美術館）

1,500～750lx	彫刻（石、金属）・造形物・模型
750～300lx	彫刻（プラスタ、木、紙）・洋画・研究室・調査室・売店・入口ホール
300～150lx	絵画（ガラスカバー付）・日本画・工芸品・一般陳列品・洗面所・便所・小集会室・教室
150～75lx	はくせい品・標本・ギャラリー全般・食堂・喫茶室・廊下・階段
75～30lx	収納庫
30～5lx	映像・光利用の展示部

図2　ビルバオのグッゲンハイム美術館　外観

図3　ビルバオのグッゲンハイム美術館

図4　ビルバオのグッゲンハイム美術館　内観

図5　富弘美術館

図6　富弘美術館

第2章　各種建築を理解する

▶3　美術館と博物館に必要な要件

現在の美術館と博物館の機能としては、主に、美術品や博物を、収集、保管と整理、展示、教育、調査研究といったプログラムのもとに一般公衆の利用に供し、その教養、調査研究、レクリエーションなどに資するために必要な事業を行い、あわせて、これらの資料に関する調査研究が挙げられる。

収集についての最近の動向としては、自然史系博物館では、世界各地、国内各地の動植物標本を収集することが多く、とても多くの優れた標本のコレクションを集めてきたが、近年では世界各国が標本の国外持出しを禁止する傾向になり、標本の収集は困難になってきている。建築自体も展示内容も、立地にあわせる傾向は強くなってきている。

保管と整理については、まず、資料庫の温度と湿度の管理、防虫、光による退色などについて十分に注意しなければならない。資料の搬入・搬出口、クリーニング室、荷解室、薫蒸室、写真撮影室などについても十分に考慮する必要がある。また、展示空間と資料庫の面積比は館の種類によって異なる。一般に科学系の博物館は資料の内容が展示を主体としているので、資料庫の面積は小さい。さらに、資料は外部への貸出の場合もあり、それらの場合の処置、梱包や開封のための空間の確保についても、建築設計の段階であらかじめ配慮しておく必要がある。

展示については、長い時間をかけて閲覧する来場者用に、観覧動線、休憩スペースなど、人間工学的な配慮が必要である。なお、時に応じて、展示のテーマ、構成、配列などにあわせて、展示空間自体を常に更新できるようにフレキシビリティを確保することが建築設計の上で重要である。なお、展示を主とした資料の収集には、展示のテーマに従って、最も適した展示方法が選択されることになる。展示物が実物であるか模型であるか、また理工系博物館の場合は、実験装置か解説装置かの選択が展示を左右する。また、理工系の博物館では、展示物自体がテーマではなく、科学の原理や自然の現象が主題になることが多いことから展示効果を重視するために、企画内容から展示の構成を決定する点で、資料収集の考え方が他の分野と大きく異なる。

もうひとつ展示にて欠かせない重要な要件は、採光である。観賞を目的とする場合は展示物を好ましく表現することが望まれるのに対して、観察・調査研究を目的とする場合には、展示物の形、色、テクスチュアを正しく認識することに細心の注意が必要となる。目的に合わせた快適な視環境をつくるため、照度、視野内の輝度分布、不快グレア、反射グレア、影やモデリング、光源の光色と演色性などの検討が必要となる（表1）。

教育については、講演会、上映会、見学会、製作実習といった多様な方法を通じて、また、社会や学校といった多様な来場者が関わって活動することが多い。美術館と博物館の設計では、この教育の空間を展示の空間といかに構成するかによって、建築物全体のコンセプトが決まると言っても過言でない。

▶4　近年の博物館の傾向

現在も、歴史上貴重な収蔵物や、崇高な芸術作品を展示する空間だけに、様々な形態の建築が試行錯誤で建築されている。

美術品の巨大化傾向に伴い、大きな吹き抜け空間や可動壁を持つ展示スペースや、来館者の交流活動のためのスペースや小ホールを有するものなど、展示物来館者のニーズに応えていくものもあれば、建築物そのものが美術品のように計画され、来館者の心に訴えかける空間をつくり出しているものもある。F・O・ゲーリーによるビルバオのグッゲンハイム美術館（図2～4）では、一見、有機的な大胆な曲面構成が印象的であるが、内部空間の空間構成は緻密に設計されている。R・セラの作品が鎮座する長さが100メートル以上の水平性の高い展示室を有する美術館は世界中でも有数の大きさである。また、床面積も天井高さも大小様々な展示室が集合している美術館では、来館者がわかりやすく館内を巡られるよう、大きな吹き抜けを設けて、それぞれの展示室へのアクセスを一目瞭然にする事例が多く見られる。展示室を平屋にした特徴的な美術館として、ヨコミゾマコトによる富弘美術館（図5、6）が挙げられる。正方形にシャボン玉が詰め込まれた美術館の平面は、円筒状の大小33の部屋のみで、廊下も柱も全くない。円筒の内側が連続した流れるような展示が画家

図7　金沢21世紀美術館

図8　金沢21世紀美術館

図9　金沢21世紀美術館

図10　名古屋市美術館

図11　兵庫県立近代美術館

図12　兵庫県立近代美術館

第2章　各種建築を理解する

星野富弘の自然詩画と相まった展示が可能となっている。壁や床の色や素材が部屋毎に異なり、季節感を感じられるよう工夫されている。円筒と円筒の間の隙間は、外部空間としての庭になっており、星野富弘の詩画にも登場するその地の野の草花が生息する。

地域における博物館の位置づけも変化を見せている。妹島和世と西沢立衛による金沢21世紀美術館（図7〜9）では、誰もがいつでも立ち寄ることができ、新しい出会いや体験の可能となる公園のような美術館を目指している。敷地内のどこからでも人々がアプローチできる、正面や裏側のない円形の外観を持ち、内部空間においても、いくつかの独立した展示室を離して配置することで、来館者が自由に見学でき、隙間にできる空間から庭や交流スペース等を垣間見ることによって、より開放的で積極的な交流関係を生み出している。黒川紀章による名古屋市美術館（図10）では、出身が地元でもある黒川が、時代との共生、地域との共生を設計理論の中心に添え、名古屋城、大須観音、熱田神宮など、名古屋の歴史的で伝統的な意匠を美術館の随所に取り入れ、地域との共生を果たしている。

美術館建築において重要課題である外光の取り扱いは、内部の鑑賞空間そのものを大きく左右する。展示物や収蔵物の保護を考慮すると、直射光を極力制約しなくてはいけない。例えば、外観は大胆でモダンなガラス張りが印象的な安藤忠雄による兵庫県立近代美術館（図11、12）では、展示室は壁と天井に囲まれており、安藤による地中美術館（図13）などと対比しても、外光を取り入れた展示空間はほとんど設けられていない。谷口吉生による豊田市美術館（図14、15）の最大の特徴は、外壁に乳白色の合わせガラスを大きく取り入れ、外光の明るさがやわらかく館内に取り込まれる点である。美術館としての巨大な空間の中で、同じく天井までの巨大なガラス面からのやわらかい外光を、壁と階段と床によって多くの展示室に立体的に分節することで、内と外との緩やかな連続性が感じられる。

その他、D・リベスキンドによるユダヤ博物館（図16、17）では、交錯する三つの通路やヴォイド・光・傾斜により、来館者は方向感覚や平衡感覚を失い、歴史の重さや絶望感を体感し、建築物全体が美術としての様相を呈している。谷口吉生の法隆寺宝物館（図18）では、周辺の自然を十分に尊重することにより、静寂や秩序や品格のある環境をつくり出している。収蔵物と展示物は石とコンクリートで囲まれた空間で保存し、その周りのガラスで囲われた明るく開放的な空間で来館者は周辺の自然を眺め、作品鑑賞の余韻に浸る。

▶5　これからの美術館と博物館

資料館、美術館、文学館、歴史館、科学館、水族館、動物園、植物園などの施設は、日本語では博物館という名称を付していないが、そのいずれも、博物館の定義から再考すると博物館そのものであり、もしくは、生物を主に扱う施設の場合においては博物館に準じる施設となる。日本の法制上にて記載されている条件を満たして登録措置を受ければ、博物館法上の博物館、あるいはそれに準じた博物館相当施設として扱われるが、実質的に博物館機能を有している建築物は、日本全国で約4,000件の博物館が存在するといわれる。博物館法の定義に則った建築物を設計するか、博物館法の定義を再解釈した建築物を考案し設計するかは、以上、歴史や社会や風土や伝統や技術がそれぞれの時代の美術館を反映してきたように、これからの美術館と博物館の意味と建築を併せて考案する際のひとつの指針となりえる。歴史から学び、未来を設計する、という視点が美術館と博物館の建築設計には欠かせない。

図13　地中美術館

図14　豊田市美術館

図15　豊田市美術館

図16　ユダヤ博物館

図17　ユダヤ博物館

図18　法隆寺宝物館

第2章　各種建築を理解する　79

2·9 劇場

▶1 劇場の概念、定義

「劇場」とは「見る場所」を意味するギリシャ語"テアトロン theatron"に由来する"シアター theatre（英）""テアトロ teatro（伊）""テアーター theater（独）"等の訳語である。"シアター"等の語には多義性があり、なかでも「演劇」の意を有していることは「劇場」の語とは大きく異なる。そうした「劇場」の訳語としての問題、同語に類義語が複数存在する（ホール、芝居小屋、文化会館等）ことなどが相まって、「劇場とは何か」は明確ではない。

そこで、ここではひとまず、「劇場」を一般辞書に従い広義に捉え「演劇・映画などを上演・鑑賞するための施設」とし、その中で映画を除いた実演芸術・芸能（ライブパフォーマンス）の上演・鑑賞を主とするものについてみていく。

▶2 劇場の場の意味

その対象ジャンルはともあれ、「上演・鑑賞の場」というのは現代における劇場全般に認められる場の意味である。しかし、劇場はそれだけにとどまらない意味を有してきた。

最古の劇場とみなされる古代ギリシア・アテナイのディオニュソス劇場は「祭礼の場」であった。そこにおいて上演される悲劇、喜劇は祭礼の一部をなしていたのである。そこでは観客も単なる鑑賞者ではなく祭礼への参加者であった（図1）。

時代は下って17世紀にイタリアにおいて形成され欧州を中心に広まったイタリア式劇場（バロック劇場）は、そこを訪れる人々にとっては単なる鑑賞にとどまらない「娯楽の場」、そして「社交の場」であった。所有も可能なボックス席や付属諸室においては、上演中であっても、飲食、博打、恋愛、商談等様々な行為がなされた。ミラノ・スカラ座（正式名：テアトロ・アッラ・スカラ）に代表されるイタリア式劇場の馬蹄形の平面形も、ボックス席を占める貴族、富裕層がお互いを見合う、そして、見せ合うのに適したものであった（図2、3）。

そうした劇場に異を唱えて建設されたのがR・ワーグナーによるバイロイト祝祭劇場である（図4）。この劇場においてボックス席は廃され、客席平面形には観客の視線が等しく舞台に向く扇形が採用された。そこでは純粋に「上演・鑑賞の場」としての劇場が追求され、それが現代のあり方にもつながるのである。

▶3 劇場の形式

長い歴史の中でその場の持つ意味も変化させながら建設されてきた劇場群にあっては様々な形態がみられる。それらのどの劇場にあっても「上演・鑑賞の場」の意味は有しており、すなわち、劇場においては舞台と客席が本質的な要素となる。その舞台・客席両者の関係性において、多様な劇場をいくつかの形式から捉えることができる。

● 1 プロセニアム形式とオープン形式

舞台と客席を区分するプロセニアムアーチ（略してプロセニアム）の有無により形式分けがなされる。客席から見たとき、舞台を囲む額縁のような働きをするプロセニアム（実際、「額縁」、「ピクチャ・フレーム」とも呼ばれる）を有する場合に、その劇場はプロセニアム形式と呼ばれる。プロセニアムは17世紀初頭にイタリアにおいて生み出され、積層するボックス席と並びイタリア式劇場を構成する中心的な要素である。

一方、プロセニアムを有さないノンプロセニアム形式とでも呼ぶべき形式がそれに対置され、一般的にはオープン形式と呼ばれる。プロセニアム形式成立以前の古代ギリシアの劇場の類は当然この形式となる。

● 2 エンドステージ形式、センターステージ形式、スラストステージ形式

「舞台と客席の面し方」によるといえる形式分けも存在する。舞台と客席の両者が一軸上で対面するような形式がエンドステージ形式、舞台が客席によって360度包囲される形式がセンターステージ（またはアリーナステージ）形式である。そしてそれらの中間ともいえる、一端を残して舞台が包囲される形式、すなわち、舞台が客席の中に張り出しているような形式がスラスト（thrust）ステージ形式と呼ばれる。

● 3 シューボックス形式、ワインヤード形式

コンサートホール（後述）に関しては、舞台と客

図1　アテナイのディオニュソス劇場（右奥の野外劇場）

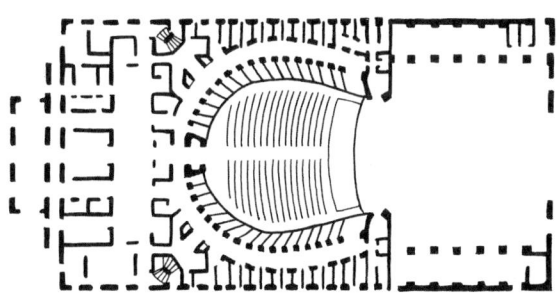

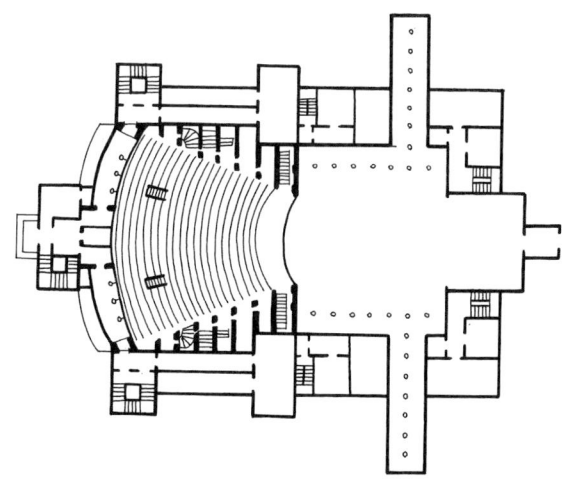

図2　イタリア式劇場（スカラ座）

図4　バイロイト祝祭劇場

図3　イタリア式劇場（テアトロフィラルモニコ・デイ・ヴェローナ）

第2章　各種建築を理解する　81

席の関係性ではなく、その両者にかかわる空間の形状において比喩的に用いられる形式名があるので、ここで併せてみておく。シューボックス形式とワインヤード形式がそれであり、前者は舞台と客席からなる空間全体の形状が靴箱に、後者は舞台を包囲する客席配置が区画され段状になったワイン畑になぞらえられている。ウィーン楽友協会大ホール、ベルリンフィルハーモニーの各ホールがそれぞれの形式における代表例である（図5、6）。

▶4　専用ホールと多目的ホール

現代の劇場計画にあたっては、専用ホールか多目的ホールかの選択が問われる（その両者、とりわけ後者については「劇場」ではなく「ホール」の語が用いられるのが一般的である）。それらは、基本的には実演芸術・芸能ジャンルを考え、それとの対応から劇場を捉えたものといえる。

前者については、例えばオペラのジャンルに対してオペラ（専用）ホール、演劇に対して演劇（専用）ホールといった具合に、各ジャンルに必要とされる特有の空間・設備を有した施設を指す。一方、特定のジャンルにとどまらず、必要な空間・設備面において相反するものも含む多様なジャンルに対応すべく考えられた施設を指すのが後者となる。

各種ジャンルのなかでもとりわけ演劇とクラシック音楽の両者については、空間・設備に関して求められる条件が大きく異なり、背反する部分も顕著である。空間の音響特性においては、片や台詞の明瞭さが求められ、片や響きが重視される。演劇の演出において必要な設備類もクラシック音楽では無用の長物であるのみならず阻害要素ともなる。

そうした両ジャンルを分離する動きが、日本における専用ホール指向の流れの中心に位置づけられる。そして、クラシック音楽専用ホール、いわゆる、コンサートホールが、専用ホールの代名詞といえるほど数多く生み出されることとなる。

▶5　複合と可変

専用ホールでは、その対応するジャンルについては多目的ホールより優れたものとすることができる反面、それ以外のジャンルについては全く適合しない状況も生じる。そのため、多様なジャンルへの十分な対応を望む際には、複数のタイプの異なる専用ホールを併設するホール複合という選択肢が導かれる（図7）。

一方で、単独のホールによる多様なジャンルへの対応、すなわち、多目的ホールの選択肢においても、個別ジャンルへの適合性を高めることが各種技術の進歩により可能となってきている。演劇とクラシック音楽双方への高い次元での対応をもたらす格納可能音響反射板については様々な方式が生み出されている。劇場の形式さえも変化させるような空間可変も様々に試みられている（図8）。

▶6　運営体制と施設規模

劇場計画の際、「専用ホールか多目的ホールか」、「客席数はどのくらいか」は、一般の関心も呼ぶところであるが、「運営体制がどうであるか」がそれらとも関連し、施設規模を左右する重要な事項である。

ここで、狭義の「劇場」概念についてみておく。既述の広義の定義に対して、「専属の制作、上演組織を有すること」を条件として加えた捉え方がそれにあたる。すなわち、「実演芸術・芸能を上演・鑑賞するための施設のうち、専属の制作、上演組織を有するもの」を「劇場」とするのである。その際、専属の制作、上演組織を有していない施設については「ホール」として区別される。

ここでの「劇場」と「ホール」とでは運営体制が大きく異なり、必要とされる空間・設備もそれと対応して大きく異なってくる。そうした運営体制との対応から施設規模が大きくなる例の最たるものとして「オペラ劇場」が挙げられる。ベルリンドイツオペラはその典型として挙げられる（図9）。

▶7　各部の計画

鑑賞の面が重視される現代の劇場においては「良く見え、良く聴こえる」ことがとりわけ重要であり、それが計画の基本原則といえる。視覚面を中心にその原則に則して技術の体系化がなされており、最も一般的な形式でもあるプロセニアム形式の劇場を例に、その基本的な計画のあり方をみておく。

●1　舞台と客席

プロセニアム形式劇場における視覚面を重視した技術体系は明快である。それは、「良く見える」とい

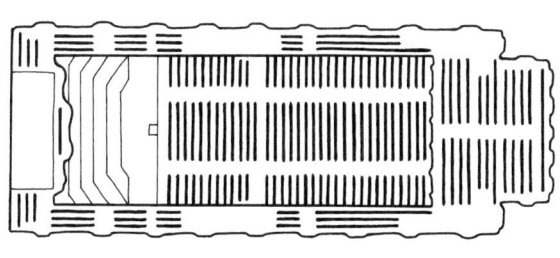

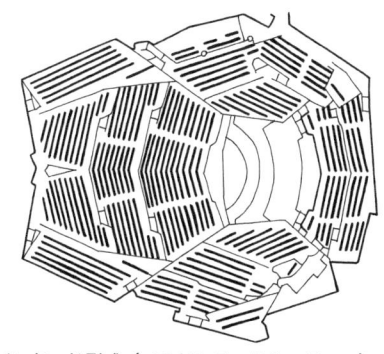

図5 シューボックス形式（ウィーン楽友協会大ホール）

図6 ワインヤード形式（ベルリンフィルハーモニー）

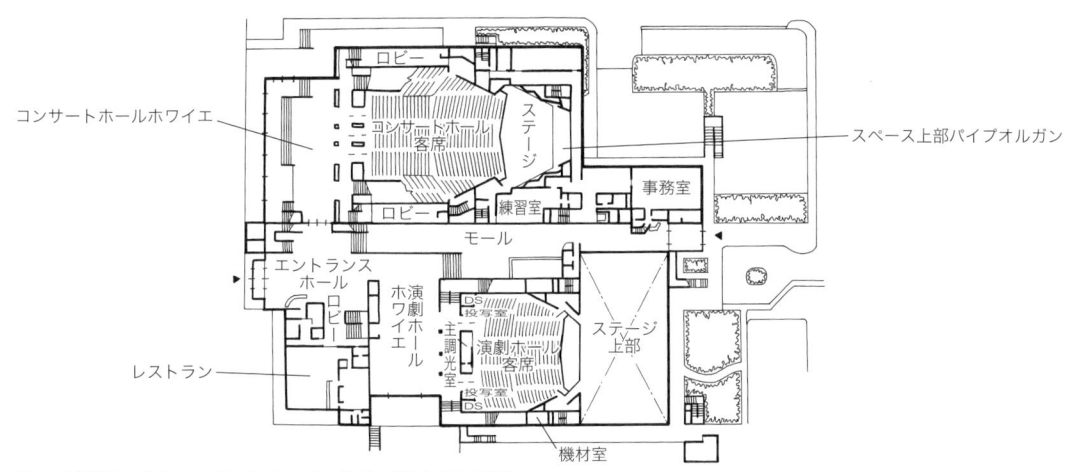

図7 演劇ホールとコンサートホールの複合（熊本県立劇場）

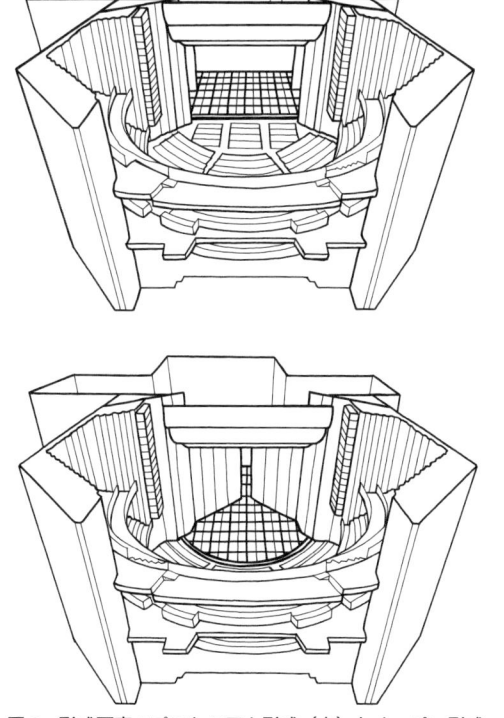

図8 形式可変：プロセニアム形式（上）とオープン形式（下）（世田谷パブリックシアター）

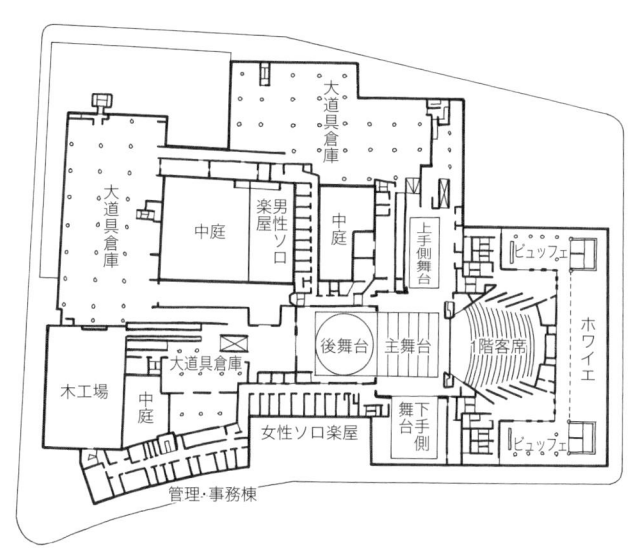

図9 制作・上演組織を有するオペラ劇場（ベルリンドイツオペラ）

う基本原則に対して、「見せたいものを望ましい形で見せ、見せたくないものは見せない」ことを追求することで応えるものである。「見せたくないもの」とは、端的に言えば「舞台上の世界をつくり出すための様々な仕掛け」である。プロセニアムは観客にとっては額縁の役割を果たす一方で、その「様々な仕掛け」を観客の眼に触れさせない機能を有しているのである。

したがって、プロセニアムの後方、つまり舞台周辺には「様々な仕掛け」にかかわる空間・設備が備えられる。フライロフトはそのための中心的な空間であり、そこには、舞台装置を構成する様々な物品を吊ることを主たる目的とするバトン、照明設備等が設置される（図10、11）。また、舞台の平面構成に関しても、組み込まれる舞台設備と併せて様々な工夫がなされる。主舞台と同規模の副舞台を平面的に複数有するいわゆる多面舞台（本来は舞台運営の効率化を目的とする）はその最たるものである（図12）。

一方の客席側では、プロセニアムに縁取られた舞台のアクティングエリア（演技領域）が「良く見える」ようにサイトライン（可視線）が調整され、床勾配、座席配置が決められる。舞台から最遠の座席までの距離（最大視距離）が短い方が良いことはいうまでもない。

● 2　舞台設備と関連空間

現代の舞台演出における映像の比重は高まる一方であるが、基本的に舞台設備は大まかに舞台機構、照明、音響の三つの部門に分けて考えられる。

舞台機構は舞台周辺の「様々な仕掛け」の内、人・物を主たる対象とするものである。先に挙げたところでは、フライロフト内のバトンはその最も一般的なものであり、その類の設備は吊物機構と呼ばれる。一方、床機構と呼ばれるのが、舞台の一部が昇降、あるいは水平移動する迫り、スライディングワゴン等の設備である。

照明は光を対象とし（映像もその点においてここに含めることは可能である）、「見せたいものを望ましい形で見せる」うえで重要な役割を担う。照明が効果を発揮し、その役割を十分に果たすためには、ベースとしての闇が必要とされる。それが担保されたうえで、アクティングエリア全域にあらゆる角度で照明が当てられるよう照明設備およびその基地が各所に設けられる（図13）。

音響は音を対象とする。ただし、舞台設備としての音響とは電気音響のことであり、建築空間そのものの音響をいう建築音響と区別される。上演における効果を担うことはもとより、アナウンス、スタッフ間の通信等においてその役割を果たす。上演における効果の面においては、建築音響と併せて、各座席における音響条件が均質であることが望まれ、それを満たすべく各所への設備設置がなされる。

三部門それぞれについて操作するスペースが必要である。照明、音響についてはそれぞれ調光室、音響調整室が客席側に設けられるのに対し、舞台機構については一般に舞台袖を中心とする舞台周辺がその場となる。

● 3　付帯要素

劇場を構成する要素としては、上にみた基本要素である舞台と客席を中心とするものの他に、付帯する楽屋、練習室、ホワイエ等が挙げられる。それら諸要素も基本的には舞台と客席とに関連付けて捉えられ、「上演する側に必要とされる要素」と「鑑賞する側に必要とされる要素」に大別される。

劇場計画の際、そうした付帯要素のどれをどの程度組み込むかを、客席数等の単純な値との関連において一様に決めることはできない。既にみたとおり、それが運営体制によって大きく左右される事項だからである。そして、その運営体制はまた、劇場をどのような場として位置付けるかによって大きく異なってくるのである。

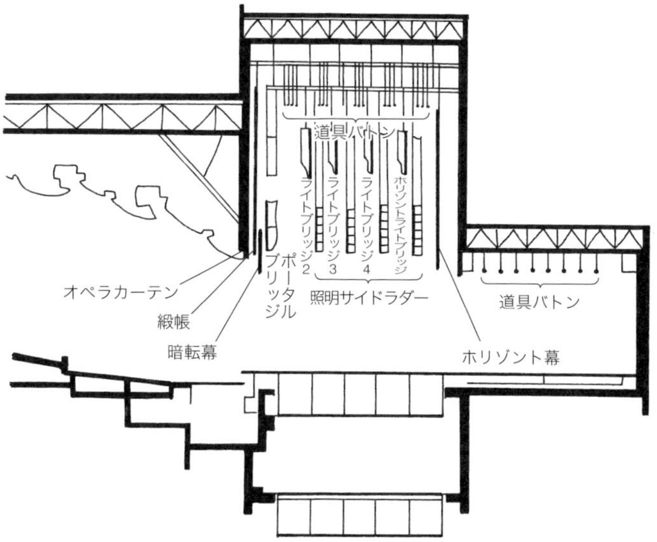
道具バトン
ライトブリッジ2
ライトブリッジ3
ライトブリッジ4
ホリゾントライトブリッジ
ポータルブリッジ
オペラカーテン
緞帳
暗転幕
照明サイドラダー
道具バトン
ホリゾント幕

図 10　フライロフト内設備（愛知県芸術劇場大ホール）

図 11　バトン、ライトブリッジ

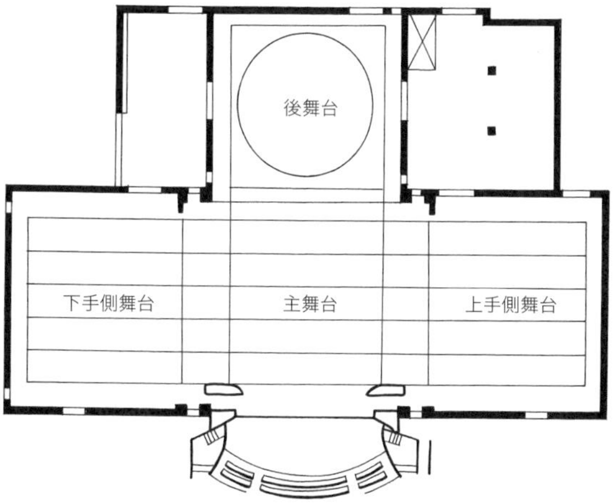
後舞台
下手側舞台
主舞台
上手側舞台

図 12　多面舞台（新国立劇場オペラ劇場）

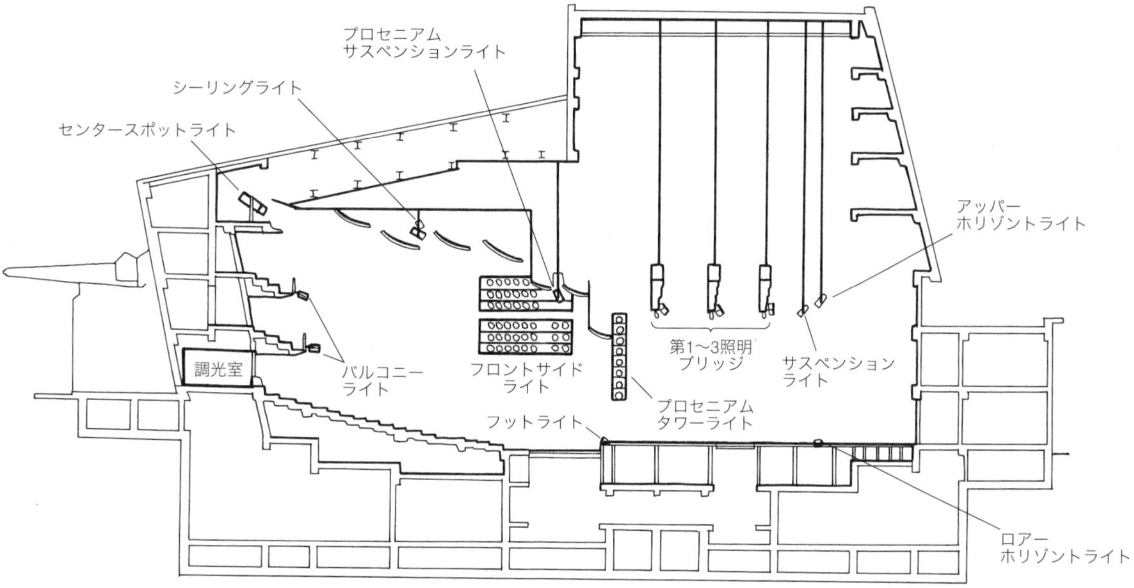
プロセニアム
サスペンションライト
シーリングライト
センタースポットライト
アッパー
ホリゾントライト
第1〜3照明
ブリッジ
サスペンション
ライト
調光室
バルコニー
ライト
フロントサイド
ライト
プロセニアム
タワーライト
フットライト
ロアー
ホリゾントライト

図 13　照明設備と基地（可児市文化創造センター）

2·10 ホテル

▶1 ホテルとは

宿泊施設のひとつである。ホテル以外の宿泊施設としては、旅館、保養所、研修所、国民休暇村、国民宿舎、ユースホステル等が存在する。

ホテルの営業形態は厚生労働省管轄の「旅館業法・同施行令」に、以下のように規定されている（昭和23年制定、平成21年現在）。

同法第2条「ホテル営業とは、洋式の構造及び設備を主とする設備を設け、宿泊料金を受けて、人を宿泊させる営業で、簡易宿泊営業、下宿営業以外のものをいう」とある。また同施行令に、その構造設備の基準として、客室の数は10室以上で、1室当たり9m^{2}以上であることなど、各種の基準が設けられている。宿泊施設別関連法規は表1参照。

▶2 日本におけるホテルの沿革

明治時代の初め、外国人の安全の確保と、日本の近代国家の証として建設されていった。箱根の富士屋ホテル、東京の鹿鳴館等が有名であり、主に迎賓館、社交場として使われた。その後フランク・ロイド・ライトによる帝国ホテルなどが建てられていった（図1、2）。

戦後の日本の近代的ホテルは東京、大阪、神戸、横浜等、国際交流の拠点づくりとしてのホテル建設に始まり、その後各地において、交通の発達に合わせ、シティーホテル、ビジネスタイプホテル、リゾートホテルが建設されていった。近年、高級ビジネスホテル、シティーリゾートホテル、バンケットタイプホテルなど、その立地特性に合った各種ホテルが建設されており、現在は地域特性を考慮した多様性の時代に入っている。

▶3 ホテルの種別

大きく概念として、①シティーホテル、②リゾートホテル、に大別される。①のシティーホテルには、ビジネスタイプホテル、コンベンションホテルが含まれる。近年ビジネスタイプホテルはそのグレードの高低（立地、サービス内容）により、多様な姿を見せている。コンベンションホテルにおいても、地域特性の向上を目的に計画された。特に各都市の再開発の一施設として各地に今も建設されている（図3、4）。

▶4 ホテルの企画

現代のホテルの企画は▶3に挙げられたようなホテルの性格を決める企画書と計画場所の需要予測から始められる。シティーリゾート、レトロフィット、ハイグレードビジネス等、一般的な企画に加え新しい企画提案がなされている。

▶5 ホテルの企画・基本設計手順

設計の事前調査としては、企画段階で提示された内容を計画敷地の持つ建築条件に照らし合わせ、妥当性の検証を行うことから始まる。方位、街区の特徴、交通条件、建築法規上の条件、計画延べ面積の確保の方法等、詳細調査・分析を行っていく。

●具体的設計の手順

①客室部分を中心とした配置の検討。方位、街区との関係の検討である。②客室以外の部門の適切な配置の検討。企画書に盛り込まれた飲食、宴会施設の確保とサービス部門、駐車場の面積確保等関連部門の検討である。③コンベンション（無柱空間）部分の全体架構における合理的配置の検討（図5）、④主要動線の確保の検討。ホテル全体の客とサービス動線を明確にすること。客には宿泊客と飲食宴会利用者が、またその両方の利用者が存在することに留意し検討していく。駐車場の位置・配置が重要な要因のひとつになる。この客とサービス（物・人）の2つの動線は相対する方向から関連づけることが肝要である（図6）。⑤各部門内の妥当性の検討。客室、飲食、宴会、管理各部門における妥当性の検討を行う。外部環境とバック部門の配置が重要な要素になる。この段階にはインテリアデザイナーによる検討と、運営・管理部門の立場での検討の参画が必要である（表2）。

▶6 ホテルの設計における留意事項

ホテルの設計において、念頭においておかなければならない基本テーマは、①宿泊者の安全確保。災害、暴動から宿泊者の安全が確保されていること。②清潔性の確保。飲み水等、口にするものの安全と寝具等の清潔さが確保されていること。具体的には、建物の耐震、耐火・防火性能、二方向避難の確保、

表1　宿泊施設別関連法規

①ホテル	旅館業法　国際観光ホテル整備法
②旅館	旅館業法　国際観光ホテル整備法
③ユースホステル	国際ユースホステル連盟規約 ユースホステル整備費補助金交付規則
④国民宿舎	国民宿舎の設置運営要網
⑤国民休暇村	国立公園法

・宿泊施設共通法規：都市計画法　建築基準法　消防法
　　　　　　　　　労働基準法　食品衛生法　公衆浴場法等

図1　箱根富士屋ホテル

図2　帝国ホテル

図3　品川ストリングスホテル東京

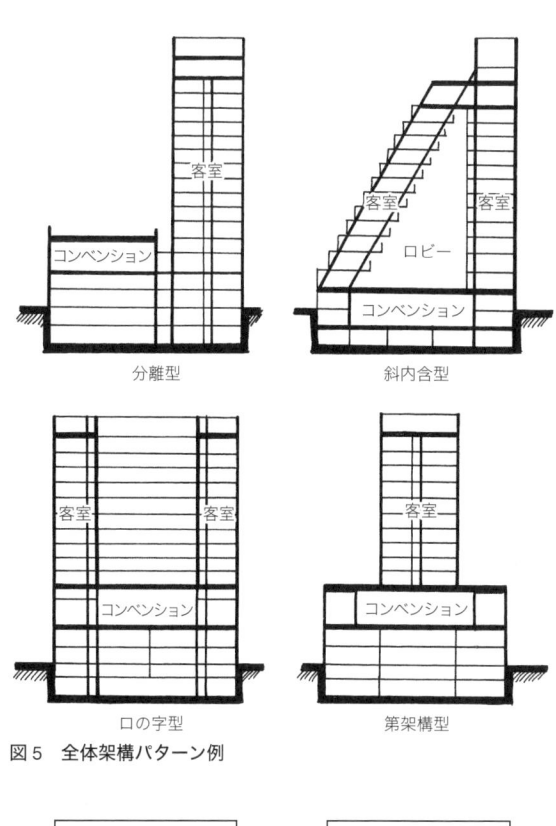

図4　名古屋マリオットホテル

図5　全体架構パターン例

分離型　　斜内含型　　ロの字型　　架構型

図6　サービス動線の概念図

第2章　各種建築を理解する　87

上下水道設備の維持管理、リネンのクリーニング、室内および水回りの清掃・消毒等に対する施設・室内計画上の配慮があげられる。

次に当然守られなければならないテーマとして、③プライバシーの確保。使い勝手・利便性、快適性の確保である。具体的には音環境、温湿度環境、光環境、動線の短縮等である。④省エネルギー計画。ホテルは365日24時間稼動している、この条件に沿った効果的な省エネルギー計画を作成する必要がある。主要な項目として、熱回収蓄熱システム、水再利用システムがあげられる。

▶7 ホテルのデザインテーマ

デザインテーマとして、①「非日常としての意外性の確保と演出」、②「わが家に居るのと同じ様な環境・利便性の確保」、が挙げられる。この二面性をいかに各施設の中で展開するかが主要テーマである。①は飲食・コンベンション部分に、②は客室部分に、デザインテーマを設定し展開することになる。ビジネスタイプホテルにおいては、②の条件を主体に快適性の確保を目指し設計する。その街を代表するシティーホテルのデザインテーマ展開としては、①、②を合わせ、総合的にみて、「いかにしてその地域のすばらしさを凝縮して利用者に感じさせられるか」にあると言える。

▶8 客室と客室階の設計

日本における客室規模の概念としては表3の程度である。設計上考慮する機能として、寝室機能、リビング機能、ワーク機能、生理・洗浄対応機能が必要である。以上の各種機能に応じたレイアウトは眺望・窓にいかに対応するかにより決定していく。ワーク機能が充実していることがビジネスタイプホテルでは重要であり。リビング機能の充実が計られるのがリゾートホテルでは重要である（図7）。客室階の設計は、①廊下形式の検討がまず必要である。ホテル全体の効率と客室の商品価値の検討により、片廊下、中廊下、両方混合の各形式を決定する。リゾートホテル、シティーホテルでは大きくこの廊下形式に対する価値が変わる。また中廊下形式の場合、長い廊下となる場合は何らかの形式で自然光の導入などの配慮が必要である。②客室階全体の計画に必要な概念として、標準顧客に対する客室を「房・ベイ」として捉え、全体の「房の総数」の確保を計る考え方である。基準階を何ベイで構成していくか、全体の建築条件の中より決定する。③ルームミックスの検討。基準2ベイを使用してシングルルーム3室を取る配置、2ベイ使用してスイートルームを設ける等、各階の客室位置を縦に配置されるパイプスペースの位置を念頭に計画する。気になる宿泊料は設計したベイ数（基準客室料金の倍数）で捕らえ、進めておくことが設計をするうえではわかりやすい方法である（図8）。

各種の客室のタイプをどの階に、いかに配置していくかも重要な設計上の課題である。

▶9 料飲・宴会部門の設計

ホテルの種別、収支計画に大きく関与していくのがこの部門の在り方である。利用客の想定にもとづく用途と設計が要求される。シティーホテルの宴会場は格式ある多用途対応が求められる（図9）。

飲料部門は、コーヒーショップと各種レストラン（各国・各地料理店）との関連を、ホテルの企画・性格に合わせ、いかに企画設計（商品化）するかが求められる。また、料理の提供の方法・サービスも重要な設計の要素である。

表2　設計工程表

設計段階	内容	
0.1PH	企画。企画設計段階	調査・コンサルの参画
2PH	基本設計段階	運営管理組織の参画 各エンジニア インテリアデザイナーの参画
3PH	実施設計段階	設計監理者の参画
4PH	設計監理段階	施工管理者の参画

表3　ホテル種別による客室規模の概要

ビジネスタイプ・ホテル1	9〜20m²
ビジネスタイプ・ホテル2	20〜40m²
シティーホテル1	25〜40m²
シティーホテル2	35〜45m²
リゾートホテル1	40〜50m²
リゾートホテル2	45〜100m²

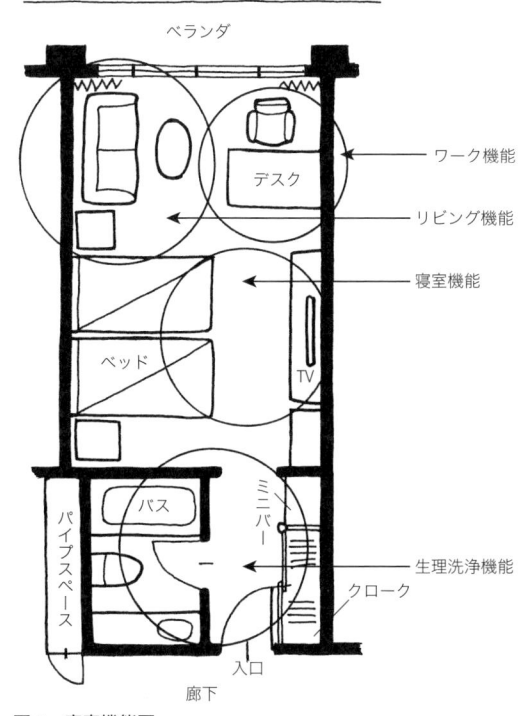

図7　客室機能図

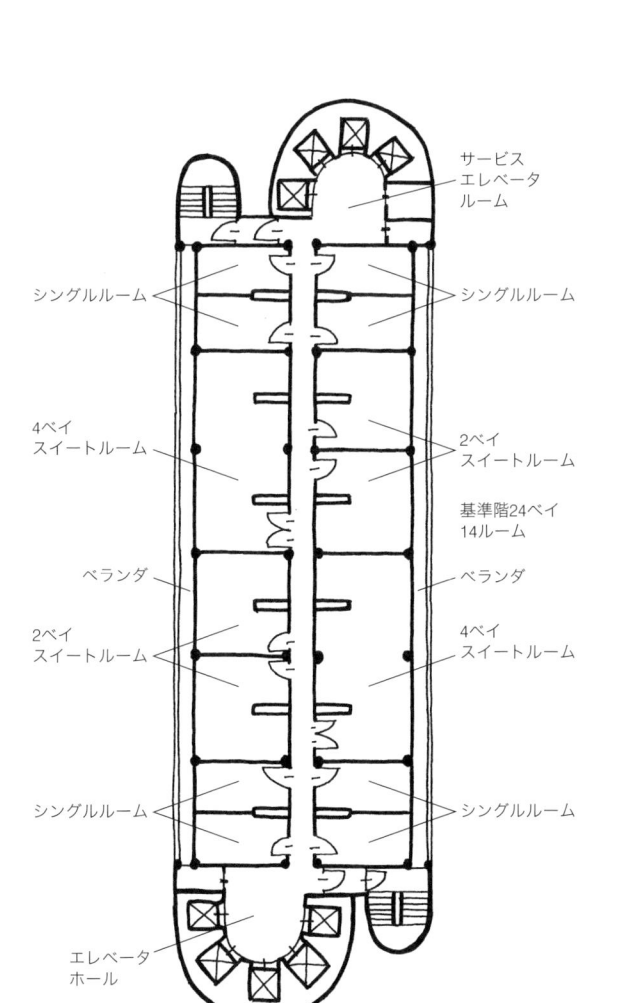

図8　基準階におけるルームミックス例

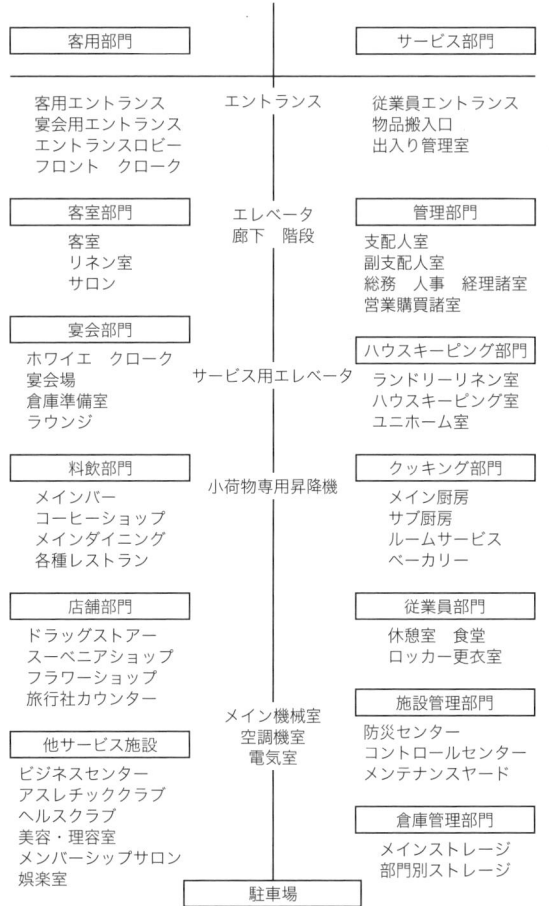

図9　シティーホテルにおける部門構成

第2章　各種建築を理解する　89

2·11 オフィスビル

▶1　ビルディングタイプとしてのオフィス

18世紀末、工業生産の拡大による本格的な資本主義経済が成立するとともに、工場や倉庫の管理や発注業務といった事務機能が増大した。さらに金融・保険といった業態も拡大することとなり、工場の一角を利用していたオフィスは分離し独立した建物として、都市の中心部に建設されるようになった。

20世紀初頭には、鉄骨造やエレベータ、照明等、建設技術の進化により、米国・シカゴにおいて高層オフィスビルが誕生した。さらには、タイプライターや電話といった情報技術の進展により、大量生産・効率優先の業務プロセスが一般化し、均質で大規模なオフィスがビルディングタイプとして固定化してくことになった。F・L・ライト、ミース・ファン・デル・ローエという近代建築の二人の巨匠は、それぞれ、効率的な分業システムによる働く場としてのオフィス空間（図3）、ユニバーサルなオープン・プラン（図2）や透明のファサード（図1）という点で、優れた見識とデザインによる理想像を描いた。以降、世界中のオフィスが、インターナショナルスタイルとして結実したこれらの形式を追求してきた。

日本でも、明治以降、様式主義からインターナショナルスタイルへと欧米の形式を追随し、近代的労働環境が一気に普及した（図4）。戦後は高度経済成長によりオフィス需要は高まり、高さ規制の撤廃により、高層で大型のオフィスビルが際限なく建設され（図5）、林立するオフィスビルにより都市景観が形成されてきた。いまや日本のオフィスワーカーは、生産人口の半数近くを占め、人生の膨大な時間を、オフィスビルのなかで過ごしている。

▶2　全体の計画

オフィスビルは、建築主が自ら使用する自社ビルと、テナントが使用する賃貸ビルに分かれる。建物の用途を事業的側面から分類すると、執務関係諸室として使われる専用部分（有効部分）と、共用部分（非有効部分）に区分される。この有効部分が延べ床面積に占める割合をレンタブル比と呼ぶ。賃貸ビルでは、テナント料は有効部分の面積から得られるため、事業計画上、レンタブル比がより高いことが望まれる。その値は、規模や敷地形状によっても異なるが、オフィス単独用途の場合、延べ床面積で60〜70％程度であり、基準階面積では70〜80％程度である。しかし、レンタブル比を極端に高めようとすると、使用上の無理や将来への対応に問題を生じることにもなる。また、便所やリフレッシュスペースといった非有効部分のアメニティが、賃貸ビルの魅力になる場合も多く、バランスのとれた面積配分とするべきである。

▶3　基準階の計画

基準階の計画においては、コアの配置をどのようにするかが重要な検討事項である。コアとは、階段、エレベータといった動線空間、荷重や水平力を集中して受け持つ耐震壁等の構造的要素、便所や給湯室、空調機械室、配管・ダクト等の設備的要素などの機能を集約した部分である。基準階平面は、コアの配置によって、センターコア、分散コア、外部コア等の形式に区分される（表1）。規模が大きく積層するオフィスビルでは、面積効率や動線計画、構造計画、設備計画として合理的なコアと執務室の配置計画が重要である。

働く人々のコミュニケーション活性化やフレキシビリティの観点から、最近は執務スペースを無柱の大空間とすることが多い。その奥行きは、デスクレイアウト、レンタブル比、採光や空調、構造計画の合理性を考慮して決定される。12〜15m程度の奥行きが多いが（図6）、近年では20mを超す奥行きのオフィスビルも出現している（図7）。

また、執務スペース内では、照明や空調などの天井設備のレイアウトや間仕切りの想定位置などによって、計画の基準寸法となるモデュールを設定する。柱スパンもモデュール寸法の整数倍が基本となる。地下駐車場を配置する場合には、駐車場計画との整合も必要となる。一般的に3.2×3.2mや3.6×3.6mが多く用いられている。

基準階の階高は、天井高、天井ふところ、床ふところ各寸法により決定される。建物高さの法的な規制や建設コストの制約の中で、できるだけ多くのフロア数を確保するためには階高を抑える必要がある。

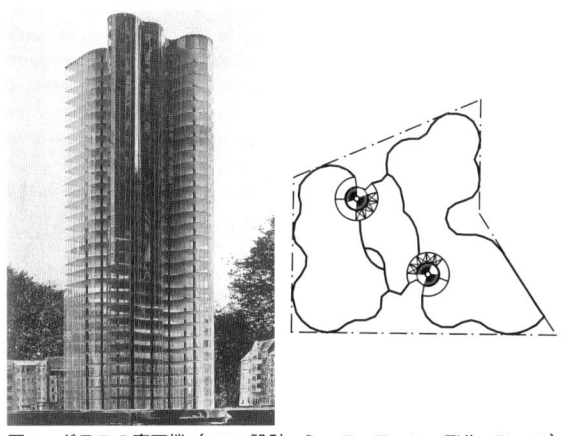

図1 ガラスの摩天楼（1921 設計：ミース・ファン・デル・ローエ） 完全なガラスのカーテンウォールにより建物を覆うという未来のオフィスビル建築を予見する提案

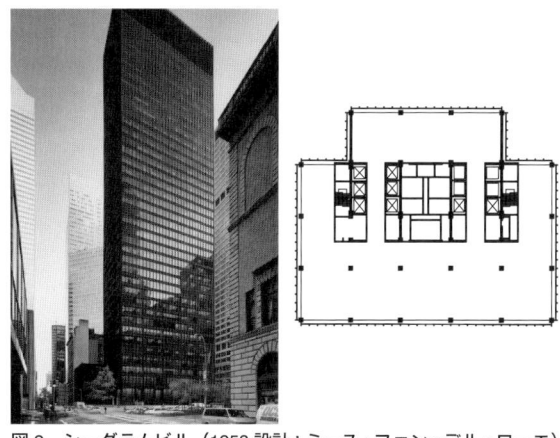

図2 シーグラムビル（1953 設計：ミース・ファン・デル・ローエ） センターコアと外周のカーテンウォールによりユニバーサルスペースを実現したモダニズムによるオフィスビル建築の完成形。

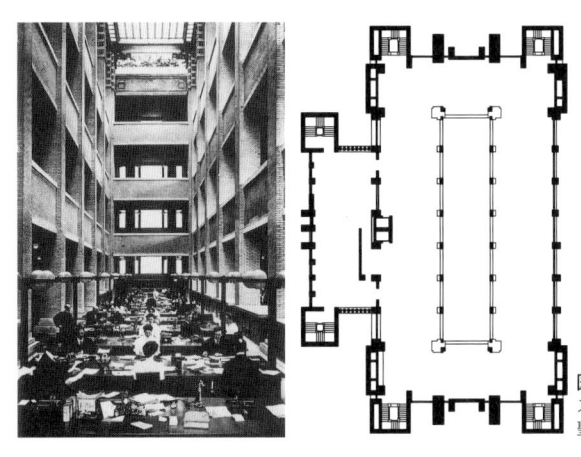

図3 ラーキンビル（1903 設計：F・L・ライト） 近代的な経営システムに則った序列のない開放的なレイアウトと、中心的な吹抜による神聖な空間としての仕事の場を実現。

表1 コアタイプの分類

コアタイプ	一般的特徴	構造上の特徴
片側コア	外壁に面する部分が多くとれるため、コア部分に外光・眺望・外気を導入しやすい。	重心と剛心を一致させ、偏心を防ぐことが必要である。
センターコア	比較的面積の大きい場合に適する。有効率の高い計画としやすい。	重心と剛心が一致し、構造コアとして好ましい配置。
両端コア	大きい柱スパンで、整形な執務室を確保しやすい。外壁に面する部分が多くとれるため、コア部分に外光・眺望・外気を導入しやすい。	コアの間隔が大きい場合には中央部の耐震性を検討する必要がある。
分散コア	メインコア以外に避難階段・シャフトなどのサブコアがあるタイプ。部屋を分割して使用する場合、コア間をつなぐ廊下が必要になる。	重心と剛心を一致させ、偏心を防ぐことが必要である。
外部コア	コアの開放性が高く、また、整形な執務室を確保しやすい。	コアの接合部での変形が過大とならない計画が必要である。執務室部分の耐震要素は外周部のみとなる場合が多い。

一方で、天井高は居住者の心理的、生理的欲求からより高いことが好まれる。2.6〜2.8m程度の高さのものが多いが、大規模な基準階をもつオフィスでは、3.0mを超えるものも出現するなど高くなる傾向にある。天井ふところの寸法は、大梁と空調・照明機器やダクト等の設備による。高層建築において、階高寸法は、内外装面積の増大などにより、建設コストに直結することから、さまざまな面からの合理性を検討する必要があるとともに、将来の可変性を備えた長寿命建築とする意味でも重要な要素である。

▶4 オフィスレイアウトの変化

執務スペースにおけるデスクレイアウトは、働く人の自主性や相互作用性といった業務特性によって、図8のように区分することができる。日本のオフィスでは対向式のデスクを部署ごとのまとまりにして配置する島型対向式のレイアウトが多く、現代においても主流を占めている。これは、空間的な効率性ととともに、部署単位で顔をつきあわせ、協調的なコミュニケーションが可能で、かつ上司から管理がしやすいといった日本の組織の社会的・文化的特徴に通じたものでもあった。

しかし、コンピュータを使った仕事が一般化し、知的生産性をいかに向上させるかというオフィスにおける命題が変化してきた現代においては、個人のデスクの配置形態の問題よりも、執務スペース全体をコミュニケーションのあり方によってどのようにデザインするかということがより重要になっている。

1970年代に米国で生まれたノンテリトリアル・オフィスは、元来、ナレッジワーカーにこそ、インタラクティブなコミュニケーションが必要という理念のもとで、固定席を廃して自由に座席を選択できるよう考案された仕組みであった。その後、日本でも同様のコンセプトにより、フリーアドレス・システムが生まれたが、専ら在席率の低いオフィスでの座席数の縮小によるスペースの効率化を目的に採用されることが多かった。しかし、情報通信技術が進展した現代では、個人がオフィス内の多様な場所から自ら好きな場所を選択し、より積極的にコミュニケーションを活性化する手段として、フリーアドレスの活用が見直されている。

▶5 オフィスからワークプレイスへ

20世紀型のモノ生産中心の経済から、知識創造重視の経済への変化が進行するに伴い、オフィスに求められる機能も事務処理的な作業から、利益を生む知識を創造する場、すなわち「経営の場」としてとらえられる必要が生じてきた。知識創造の担い手である人の力を最大化するオフィスが求められている。

ワークプレイスという概念は、オフィスビル内部の執務スペースでしか行えなかった仕事が、情報通信技術の革新により、他の場所においても行えるようになったことにより発生した。情報の収集、蓄積、創出、加工、伝達、発信といった「情報処理の場」としてのオフィスにおける機能の多くが、情報通信ネットワークとツールの拡充によって、取引先、公共施設、移動途中、自宅といったオフィス外の場所で行うことが可能になったのである（図9）。つまり、コンピュータを開くなど働くための環境をセットし、仕事を始めれば、そこがワークプレイスであるということもできる。

ワークプレイスという概念が普及するなかで、従来のオフィスのあり方も自ずと変化する。働く人々が集まって仕事をする意義が求められるのである。

さらに、雇用形態の多様化により働く人やその価値観の多様化が進んでいる。働く目的は自己実現や成長といった高次の欲求となり、ワーク・ライフ・バランスや、自然や地域との親和性等が求められるようになってきた。

20世紀型のオフィスは、広大で奥行きの深い均質な空間となりがちである。こうした空間は、人工的な照明や空調に頼らざるを得ない環境負荷の大きな建築ともなっている。効率や経済性から脱却し、窓が開き、自然の風や光を取り入れ、エネルギー消費が少なく、働く人の感性に訴えかけるオフィスこそが、真の快適さを提供し、知的創造性を高めるために求められている。

図4 丸の内ビルヂング（1923）

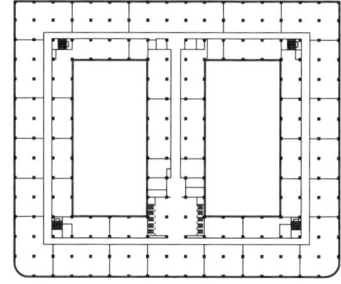

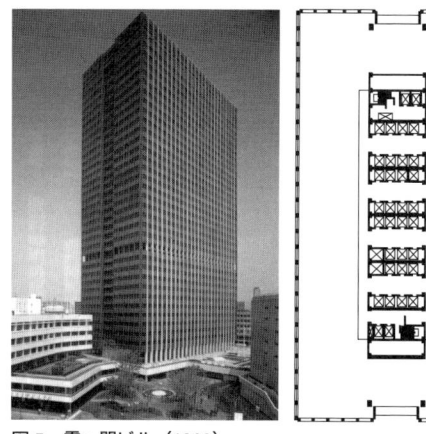

図5 霞ヶ関ビル（1968）

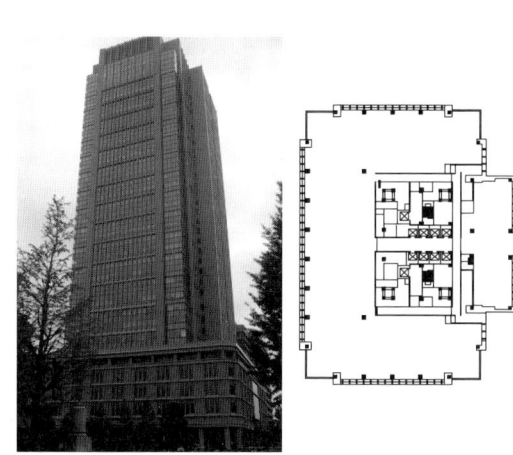

図6 丸の内ビルディング（2002）

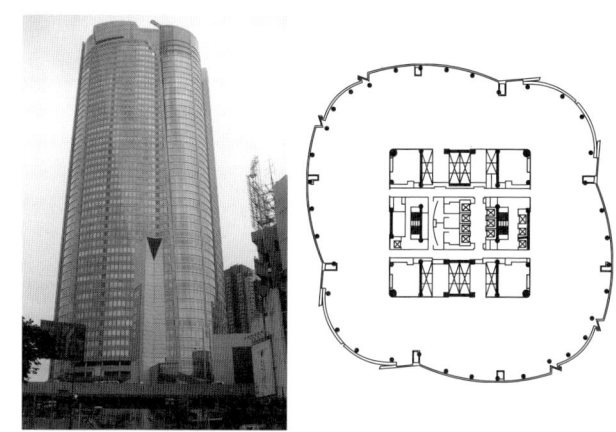

図7 六本木ヒルズ森タワー（2003）

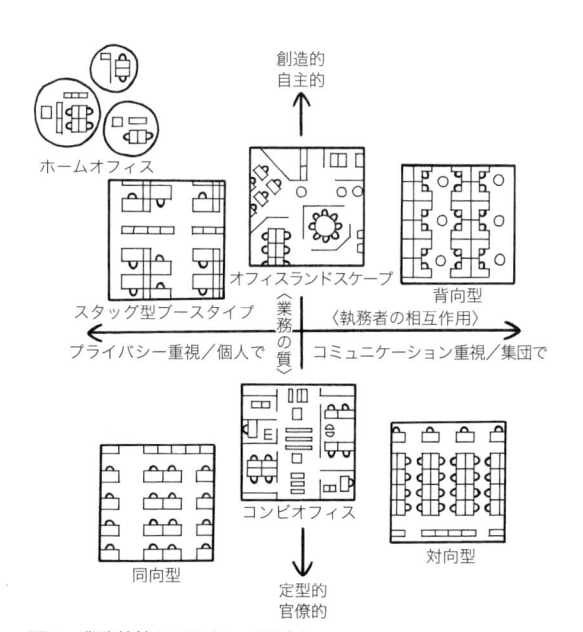

図8 業務特性とデスクレイアウト

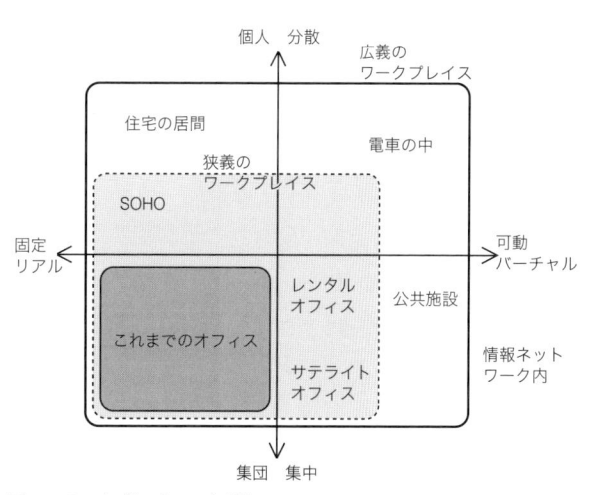

図9 ワークプレイスの広がり

第2章 各種建築を理解する　93

2·12　外部空間

内部／外部という問題系は地域性や時代性をもはらみつつ変化しながら、常に建築空間自体の定義や本質に関わるものであり、それを切り離して建築を語ることはできない重要なテーマである。

▶1　外部と内部

外部空間とは内部空間の対義語として定義される。狭義には庭など敷地内における建築の内部空間以外の空間を指す。広義には敷地外の都市空間、自然環境をも包含した概念である。ここでは、内部との関係性を軸に外部空間について述べてゆく。

内部空間をとりあえず便宜的に屋根、床、壁といった建築要素によって囲まれた空間と定義すると、その閉鎖空間に対して相補的に定義されるのが外部空間となる。しかし、実際には建築は完全な閉鎖空間ではなく、閉鎖度をコントロールする開口部をもつ。特に伝統的な日本建築においては、障子、襖といった可動間仕切りを開放することで内部と外部の境界はあいまいになる。例えば縁側は屋根がかかり、内部の床と連続しながら、外気と庭に開かれている（図1）。そのような内部／外部双方の性質を併せ持つ、あるいはどちらにも属さない領域を中間領域と呼び、内部空間、外部空間と併置する考え方もある（第3章中間領域の項参照）。特に日本の伝統的建築空間を記述する上でこの概念は重要なものとなる。また、壁によって仕切られ、建築物の境界が比較的強固な西洋的な都市空間においては、内部／外部空間は固定的に捉えられがちであるが、G・B・ノッリのローマ地図（図2）は、バシリカなどの公共的建築の内部を誰もが入れる公共的空間として街路や広場と連続して描くことで外部空間の概念を拡張している。そこでは、内部＝プライベートな空間／外部＝パブリックな空間という定義が成り立つであろう。同様に、芦原義信は『続・町並みの美学』においてPNースペースという概念によって、西欧の都市空間における街路や広場など建築物の外壁によって囲われた外部空間が「図」と「地」の反転によって内部空間的性質を帯びることを指摘している（図3）。C・ロウらは『コラージュ・シティ』において〈独立した単体建築（フリー・スタンディング・オブジェクト）〉を志向した近代建築による都市は全く脈絡のない単体建築の集積となってしまっているのに対し、伝統的な都市の利点として「…広場や通りが一種の公共的な安全弁として機能していて都市構造を読み取るキッカケを与えていること」「それを支える〈地〉または都市組織が融通性に富んでいること」などを挙げ、単なる懐古的調和ではなく疎／密、新／旧、公／私、大／小等様々な空間が衝突しつつも全体性を更新していくコラージュ・シティという都市像を描き出した（図4）。かように外部空間とは必ずしも固定された物理的空間ではなく、内部／外部の関係性によって揺れ動く概念であると言えよう。

▶2　都市景観

大部分が建築物に覆われた都市空間においては、建築以外の空間は大まかに言って街路、広場・公園、駐車場・空地等に分類できるだろう。街路に沿って立ち並ぶ建築の景観を町並みと呼び、都市景観における主要なテーマとなっている。日本の市街地の町並みは、西欧諸国と比較して美しくないというのが一般的な見解として挙げられることが多いが、そこで要因として挙げられるのは不揃いな壁面線とスカイライン、乱雑なテクスチャーと色彩、氾濫するサイン・看板・広告、電信柱・電線等である。第二次世界大戦後、経済の高度成長に伴い京都等の古都の歴史的景観が失われていったのを機に、1966年古都保存法、1975年に重要伝統的建造物群保存地区などの法整備が進められ、歴史的町並みを保つため様々な規制がかけられた。民間レベルでも長野県妻籠宿の住民運動に端を発し、1974年に全国町並み保存連盟が結成され、住民側からの保存活動を推進している（図5）。一方、上記の規制にかからないような一般的地域の景観に関しては自治体ごとに景観条例を定めて対応していたが、法的強制力はなく、高層マンションの乱立など日本の都市景観の乱れにはなかなか歯止めがかからない状況が続いてきた。しかしながら、2004年には景観法が成立し、景観に関する条例や協定に実効性・法的強制力をもたせることで、一般的な地域の町並みや景観についてもコントロールしようという動きに拍車をかけることになった

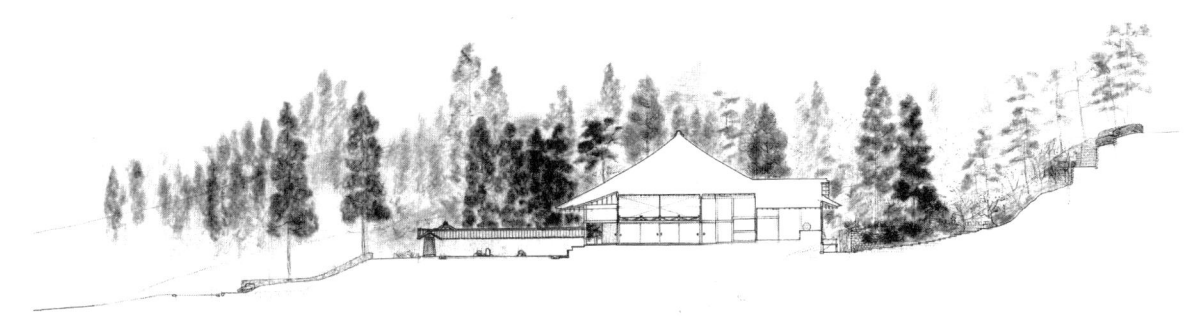

図1　龍安寺　外部空間と連続する内部空間

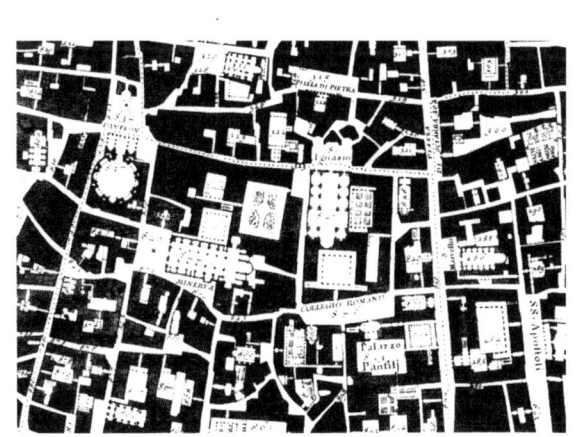

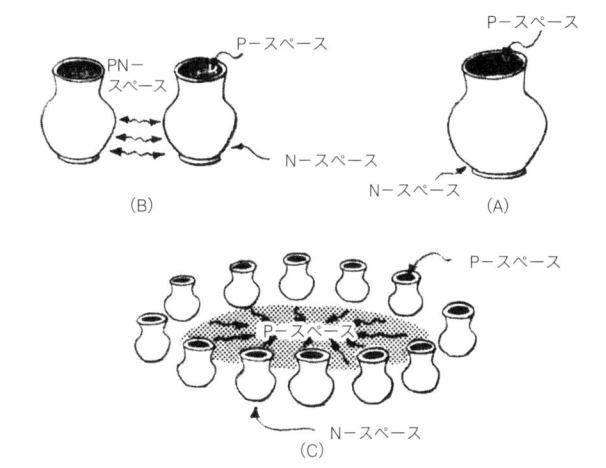

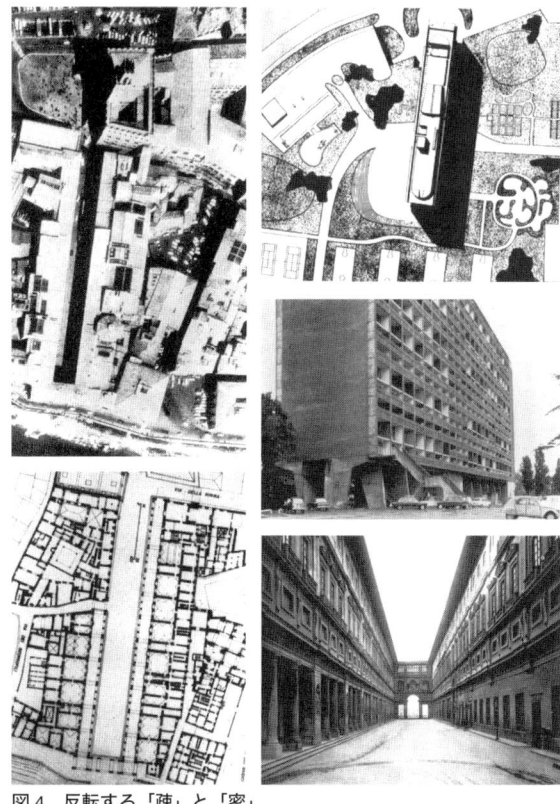

図2　ノッリのローマ地図

図3　PN―スペース

図4　反転する「疎」と「密」

図5　長野県東部町海野宿

第2章　各種建築を理解する　95

（図6）。

▶3　アプローチ

一般的には、敷地内において道路等の公共空間から建築物に至る経路を指す。都市と建築を結びつける重要な要素であり、様々な演出が考えられる。日本建築においては、茶室へのアプローチとして「露地」があり、露地口、寄付、外待合、中門、内待合、蹲踞、茶席と、都市空間から山居の佇まいを模した空間での茶事へと意識を変換させる空間的仕掛けがなされている（図7）。また、広義においては敷地外の空間をも含めた概念となる。神社・寺院の境内へと至る経路は参道と呼ばれ、ここでも、日常の空間から神仏の聖なる空間へ向かうための演出がなされている。このような、視点の移動に伴う連続的な景観の変化をシークエンス（第3章シークエンスの項参照）と呼び、シークエンスが巧みに構成された空間をシークエンシャルな空間と呼ぶ。また、回遊式庭園に代表されるように始点からいくつかの場所を巡り、再び始点へと戻ってくるような空間を特に回遊空間と呼ぶ。

▶4　迷路性

シークエンシャルな空間が、経路を限定された線形の構造を持つのに対して、西欧の中世都市やイスラム文化圏の都市空間は経路の選択により多くの自由度を持つネットワーク型の空間となっている。そこには、ある目標に向かって高揚感を高めてゆくシークエンシャルな空間とは違った魅力を見いだすことができる。ヴェネチアやメディナのような高密度で不定形の街路ネットワークを歩いていると、自らを定位することが困難となるが、時々現れる大小さまざまな広場や見え隠れするランドマークによってその都度自らの位置を確認しながら歩くことになる（図8）。先が見えない不安感と、その先に何かがありそうな期待感、突如として現れる広がりへの驚き、広場やランドマークに導かれながら積極的に迷い、さまようことを楽しめる空間。そのような空間の迷路性こそが、目的を定めずに都市をそぞろ歩く喜びの大きな部分を占めていると言えるだろう。日本の下町に残る路地空間も迷路性をもつ空間のひとつである。建築や都市のデザインに迷路性を積極的に取り入れる例もあるが、度が過ぎた迷路性は必要以上に不安を大きくし、単なるわかりにくい空間になってしまう恐れがあるので注意を要する。西沢立衛設計の森山邸では、集合住宅を小さな空間に分割し、敷地内に散りばめることで路地のような親密さと迷路性を生み出している（図9）。

▶5　建ち方

「建ち方」は、敷地と建物の関係性を指し、アトリエ・ワンの塚本由晴らがアニ・ハウスなどの住宅作品の設計の際に使用したキーワードである。彼らは隣地境界線からの距離を意識的にとることにより、「南側に庭をとり北側に住宅を寄せる一般的な配置」「敷地境界に高い塀を巡らし、囲われた庭をとる配置」「視線が気になる隣家側へ向けて、開口部のない閉じた壁をつくる配置」「自動車を止めるためのピロティをとる配置」[文9]などのステレオタイプ化したテーマやコンセプトに陥ることを避け、使い道のない隙間をつくらず、表／裏といったヒエラルキーをもたない外部空間をつくり出そうとしている（図10）。塀のない敷地の中央部にあっけらかんと建つヴォリュームは前述のような見慣れた配置が建ち並ぶ画一的な住宅地の風景を批評的に浮かび上がらせる。そこで示されるのは、敷地内における自閉的な論理から、周辺の景観を含めた外延的な配置論へのシフトであり、一軒の住宅がより広い範囲の環境を批評しうるという宣言でもあった。

▶6　庭・庭園

庭・庭園は一般的には観賞用に整備された外部空間である。

伝統的日本庭園は植栽され、池や川、築山などの自然景観を模した修景がなされることが多い。また、枯山水のように主に石や砂によって抽象的に自然や神仙思想などの世界観を表現することもある。日本建築と庭の関係は相補的というよりむしろ、一体的なものであると捉えるべきであろう。庭において建築は添景のひとつであり、室内から深い庇と縁にフレーミングされて眺められる庭は、明暗のコントラストも相まって、より鮮やかな印象をもたらす（図11）。小堀遠州による孤篷庵忘筌は、外部とのインターフェイスの巧みなデザインによって庭と室内の

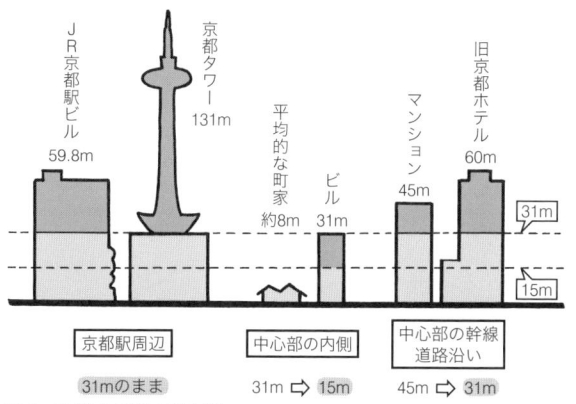

図6 京都市の新景観政策

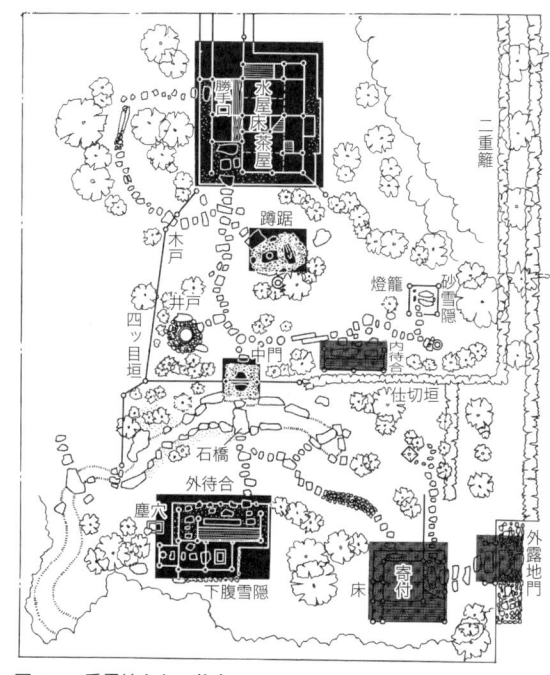

図7 二重露地をもつ茶庭

図8 サン・ジミニアーノの街路空間

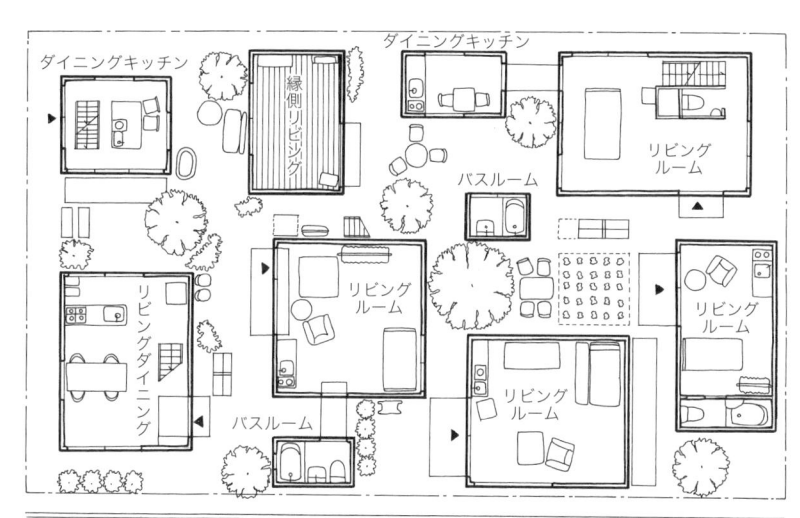

図9 森山邸 配置図・平面図

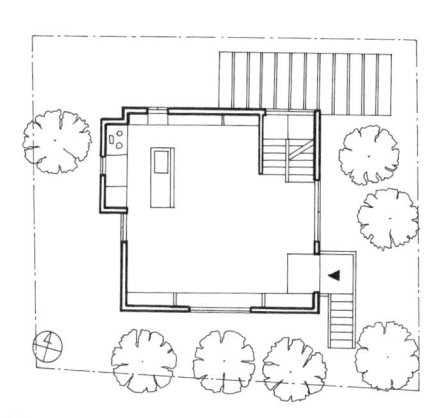

図10 アニ・ハウス配置図・平面図

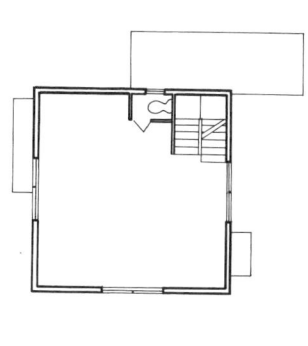

森山邸 外部空間見下ろし

第2章 各種建築を理解する 97

視覚的つながりをコントロールすることで書院風の室内空間を茶室として再定義しており、まさに日本建築と庭との深い関係性を如実に示している（図12）。また、京都等の町家における坪庭は、狭小な敷地の中にも自然を感じることのできる貴重な空間であるだけではなく、採光、通風といった快適な屋内環境にも寄与している。

近世の西洋式庭園は、イタリア式、フランス式などの幾何学的構成をもった幾何学式庭園と、イギリス式の自然の景観を重視した風景式庭園に大別される。王族、貴族の私的な邸宅、宮殿などに付随することが多い。代表的な幾何学式庭園であるヴェルサイユ宮苑は、軸線に沿って池や噴水等の水景をアクセントとしながらシンメトリカルな空間がシークエンシャルに展開し、圧倒的なスケールと果てしないパースペクティブが当時の王権の栄華を彷彿とさせる（図13）。

▶7　公園・広場

公共的空間の中で、ある広がりをもち、人々の滞留を許す空間が公園・広場である。

広場は歴史的にはギリシアのアゴラ、ローマのフォーラムなど古くから存在し、主にヨーロッパの都市に見られる。広場の多くは舗装され、噴水や銅像などのモニュメントが配されることが多い。C・ジッテは『広場の造形』でヨーロッパの広場を分析し、近代化の進むウイーンの都市計画において、広場を繋げてゆくことで都市空間の再編を試みた（図14）。広場は日常的に人々が憩う場であるが、祝祭、革命、戦勝などの節目に多くの市民を飲み込み非日常的な熱狂を帯びた空間と化す。政治的なイベントにおいても中心的な役割を果たし、特に共産圏においては、広場は軍事パレードなど圧倒的な権力を示威するための空間として機能する（図15）。近年ではサッカーのW杯優勝に多くの市民が湧くヨーロッパの広場や大統領の就任演説に数十万人が押しかけるワシントンの風景が想起される。

公園はイギリスで王の狩猟園地を市民に開放したのが始まりとされ、近代以降は快適な都市生活に欠かせない主要な都市施設（インフラストラクチャー）として都市計画における重要な役割を担っている。石畳などで舗装される広場に対し、公園は植栽がなされ、無機的な都市空間に緑を提供することでうるおいを与えている。かつての王族、貴族や大名などの私的庭園を公園として公開している例も多い。セントラルパークのような巨大な都市公園の一方で、都市内に点在する様々なスケールの公園も都市にアクセントを与えている。1967年ニューヨークに完成したペイリーパークを嚆矢とするポケットパークは、洋服のベストのポケットように小さい公園を意味するベストポケットパーク（vest-pocket park）の略称で、都心の狭小地に人々の憩いの場を提供するモデルを示し、その後都市の小スペースをポケットパークとして整備してゆく流れをつくった（図16）。

▶8　水景

水景とは、水を主な景観要素とする景観である。海、川、池、水盤、噴水や水を使ったパブリックアートなど自然のものから人工的なものまでを含む。都市的スケールでは海岸や川沿いの工業地域や港湾施設の再開発をウォーターフロント開発と呼び、サンフランシスコのフィッシャーマンズワーフ、ロンドンのドッグランズなどが有名である。日本においても1980年代に神戸のポートアイランド、ハーバーランド、東京の佃島、天王州、横浜のみなとみらい21など多くの都市において開発が行われた。また、ヒューマンスケールにおいては、人が水と触れ合う空間を親水空間と呼び、アメリカのサンアントニオや岐阜県の郡上八幡など、まちづくりの中心とする例も多く見られる。韓国のソウルでは、暗渠化し高架道路が架けられていた清渓川（チョンゲチョン）を再生することで都心部に親水空間をつくり出し、賑わいを生んでいる（図17）。この清渓川の成功は、東京の日本橋上空に架かる首都高速を巡る景観論争のひとつの契機ともなった。

日本では近年、内部／外部の境界をあいまいにすることが建築におけるひとつのテーマとなったが、あいまいにするだけではなく、どのように内部／外部の関係性をつくるかが現在問われている。

図11　円通寺

図12　孤篷庵忘筌

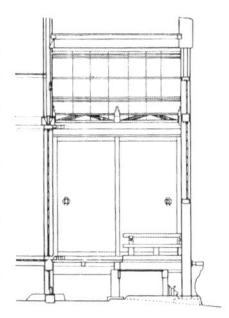

図13　ヴェルサイユ宮苑

図15　天安門広場

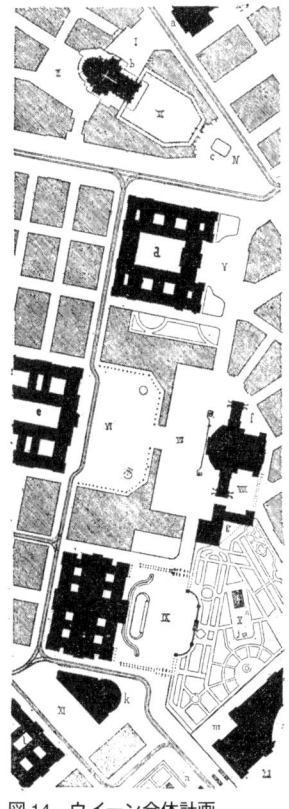

図14　ウイーン全体計画

図16　ペイリーパーク

図17　清渓川

第2章　各種建築を理解する　99

コラム　単位空間

現代の建築は、技術や素材の発展により、求められる機能が多様化し、様々な用途が複合して計画された施設が多くなっている。一方で、異なる用途の施設であっても、共通する行為、要素、機能も多く、これらについては類型化できる。具体的には、人間を対象とした場合は、人体寸法や手足の動作域、車や道具など物体を対象とした場合は、物体の体積や可動域といった基礎的空間（寸法）が必要である。しかし、空間を快適に利用するためには、基礎的空間（寸法）だけではなく、プラスしてある程度のゆとり空間（寸法）が必要である。つまり、人体寸法や手足の動作域といった「基礎的空間（寸法）」＋「ゆとり空間（寸法）」によって求められるのが、「単位空間」である。

単位空間は、平面計画および立体計画における構成要素だけでなく、環境・設備計画、構法・材料計画に関わる重要な意味を持っている。これらの単位空間の構成理論は、設計過程における重要な理論である。

▶トイレ

洋風大便器の場合、便座の高さはJIS規格では350mm（以後単位略）と370があり、大きさは360×460程度が基本である。住宅では、手洗い器や手すりを設け、ホテルの客室では、浴室や洗面とのユニット型を設けることが多い。公共施設では、車椅子対応が必須であり、映画館や劇場などでは、休憩時間での集中といった行動特性を考慮した計画が重要である。

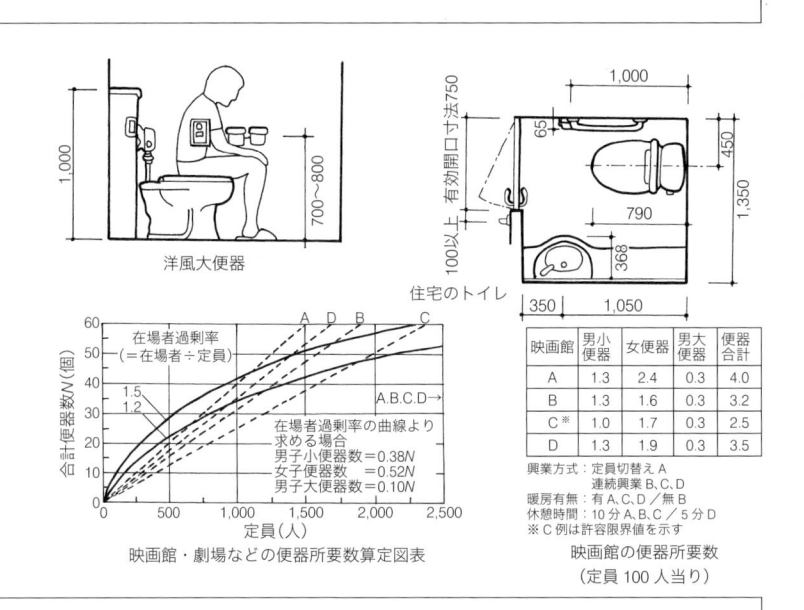

洋風大便器

住宅のトイレ

映画館・劇場などの便器所要数算定図表

在場者過剰率の曲線より求める場合
男子小便器数＝0.38N
女子便器数＝0.52N
男子大便器数＝0.10N

映画館	男小便器	女便器	男大便器	便器合計
A	1.3	2.4	0.3	4.0
B	1.3	1.6	0.3	3.2
C※	1.0	1.7	0.3	2.5
D	1.3	1.9	0.3	3.5

興業方式：定員切替え A／連続興業 B, C, D
暖房有無：有 A, C, D／無 B
休憩時間：10分 A, B, C／5分 D
※C例は許容限界値を示す

映画館の便器所要数（定員100人当り）

▶カウンター

カウンターは、利用目的によって多くの種類があり、来訪者と応対者の姿勢も、立位−立位、立位−椅座位など、カウンターでの行為の種類によって選択する。その際には、来訪者と応対者の目線の高さ、カウンター周りのスペース確保などを考慮する必要がある。また、窓口の数は、来訪者の待ち時間と密接に関わるため、十分に検討しておくことが重要である。

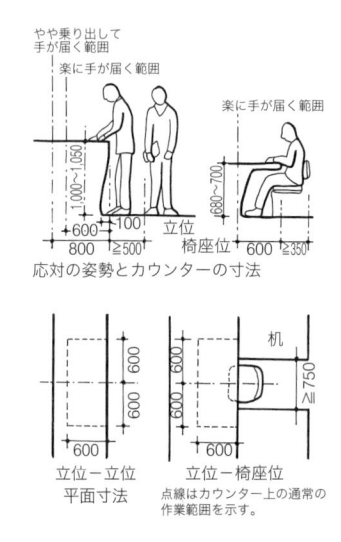

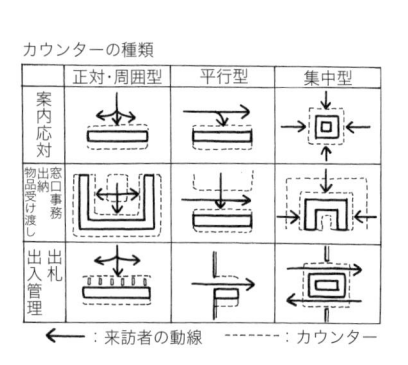

応対の姿勢とカウンターの寸法

立位−立位　平面寸法
立位−椅座位
点線はカウンター上の通常の作業範囲を示す。

カウンターの種類

	正対・周囲型	平行型	集中型
案内応対			
窓口事務 物品受け渡し			
出札 出入管理			

←：来訪者の動線　-----：カウンター

▶廊下

廊下の幅員の最小寸法は建築基準法で規定されているが、建物用途や利用者特性、通行量などを考慮して決定する。廊下に面する扉は、安全上の問題で内開きが望ましいが、避難上の配慮から外開きにする場合は、扉によって通行を妨げないようにする必要がある。また、荷物の運搬時等の通行を容易にし、衝突を避けるためには、廊下の角は隅切りをするとよい。

廊下の幅員規制

廊下の種類	片廊下(mm)	中廊下(mm)
居室の床面積の合計が200㎡(地階にあっては100㎡)を超える廊下(3室以下の専用のものを除く)	1,200以上	1,800以上
小学校の児童用廊下	1,800以上	2,300以上
中学校・高等学校の生徒用廊下	1,800以上	2,300以上
病院の患者用廊下	1,200以上	1,600以上
共同住宅の住戸、居室の床面積の合計が100㎡を超える階の共同廊下	1,200以上	1,600以上

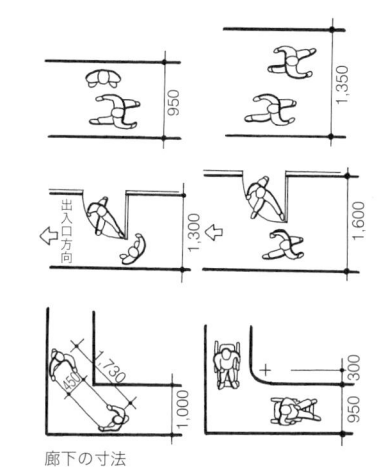

廊下の寸法

▶スロープ

動作特性から見ると、スロープの実用的な機能寸法は、幅1,200(≧750)、勾配は0〜17°(1/12、外部空間では1/15)以下である。特に勾配は、安全性や快適性に関わっており、勾配が急なスロープは車椅子利用者にとって危険であり使用できなくなる。また、形態的には、短い場合は直スロープ、長い場合は、折り返しスロープが望ましい。

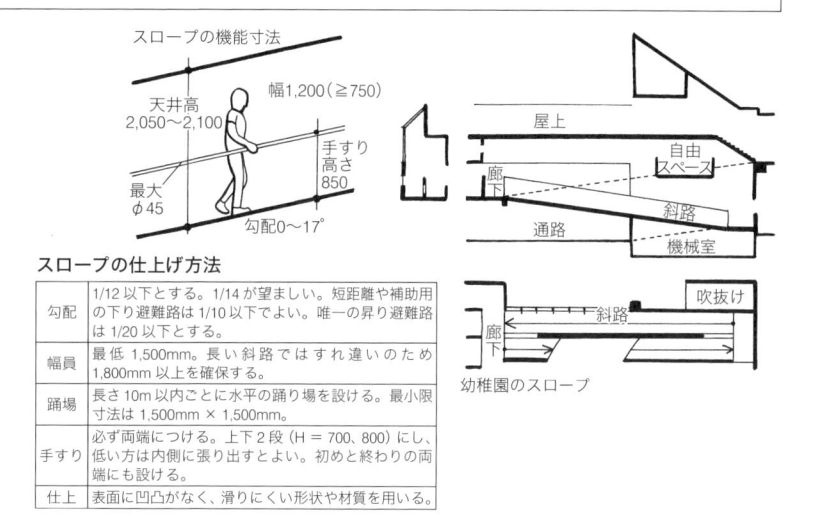

スロープの機能寸法

スロープの仕上げ方法

勾配	1/12以下とする。1/14が望ましい。短距離や補助用の下り避難路は1/10以下でよい。唯一の昇り避難路は1/20以下とする。
幅員	最低1,500mm。長い斜路ではすれ違いのため1,800mm以上を確保する。
踊場	長さ10m以内ごとに水平の踊り場を設ける。最小限寸法は1,500mm×1,500mm。
手すり	必ず両端につける。上下2段(H=700、800)にし、低い方は内側に張り出すとよい。初めと終わりの両端にも設ける。
仕上	表面に凹凸がなく、滑りにくい形状や材質を用いる。

幼稚園のスロープ

▶階段

階段の計画は、安全上考慮する点が多くあり、階段の種類によって、踏面、蹴上げ、幅の寸法や踊り場の設置が建築基準法で定められている。階段の勾配は、一般的には、30〜35°が上り下りしやすいとされている。また、踏面、蹴上げの寸法を階段の途中で変化させると転倒に繋がる恐れがあるため一定のリズムで上り下りできるようにすることも重要である。

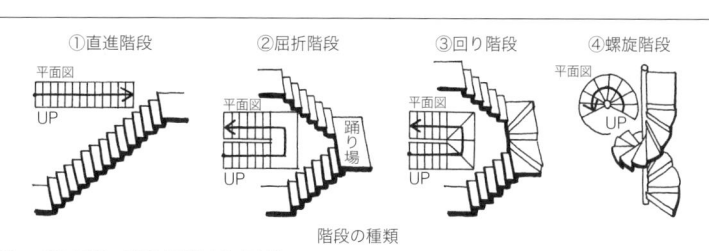

①直進階段 ②屈折階段 ③回り階段 ④螺旋階段

階段の種類

階段の寸法規制(建築基準法施行例)

階段の種類	階段・踊り場の幅 W、W'(mm)	けあげ R(mm)	踏面 r(mm)	踊り場を設けなくてもよい高さ(mm)
①	小学校の児童用階段	1,400以上	160以下	260以上	3,000以下
②	●中学校・高等学校の生徒用階段 ●物品販売業を営む店舗で床面積が1,500㎡を超えるものの階段 ●劇場・映画館・演芸場・観覧場・公会堂・集会場の客用階段	1,400以上	180以下	260以上	3,000以下
③	●直上階の居室の床面積の合計が200㎡を超える地上階のもの ●居室の床面積の合計が100㎡を超える地階または地下工作物のもの	1,200以上	200以下	240以上	4,000以下

▶エントランス

　出入口扉の寸法は、人体の動作域が基本となり、主に扉の開閉方法によって決まる。自動扉を用いる場合は、風除室と同時に設置することが多い。

　公共施設では、多人数が訪れる場となるため、多様な利用に対応できるように、ホールやロビーなどを配置し、開放的にする。また、非常時の避難経路としての安全への配慮も重要である。

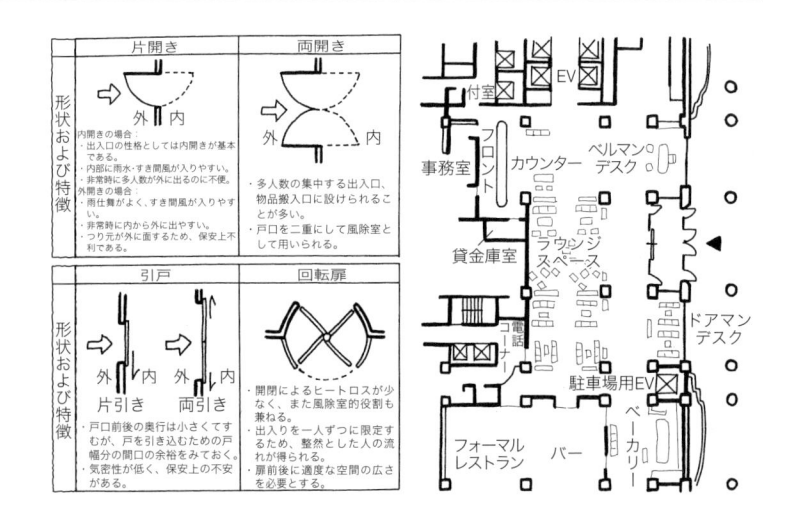

▶エレベータ

　エレベータの規模（台数）は、利用者数やピーク時の利用率などをもとにシミュレーションを行い、決定する。平面計画においても、使い勝手から、一列に並べる台数は、4台以下とする。また、超高層の場合は、低層行と高層行とゾーン分けして、有効率を上げる。

　エレベータシャフトには、上下に巻き上げ機構と衝撃吸収装置が入るスペースが必要である。

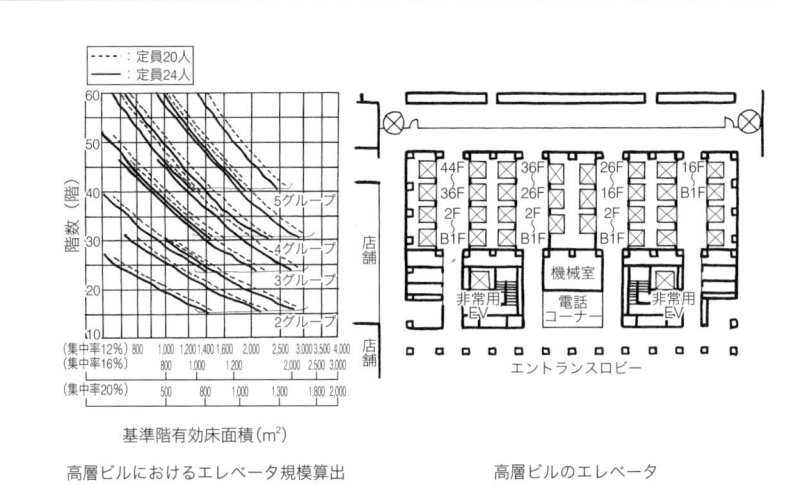

▶駐車場

　車体間隔は、一般的には500程度でドアの開閉に問題はないが、900程度あるとよい。車体の回転軌跡は、車体長さ、車幅、軸距、最小回転半径などによって決まる。

　立体自走式駐車場では、スロープの勾配を1/6以下とし、平坦部とスロープの連結部では、車体下部の損傷を防ぐために、適切な緩和勾配を設ける必要がある。また、歩行者帯との分離も重要である。

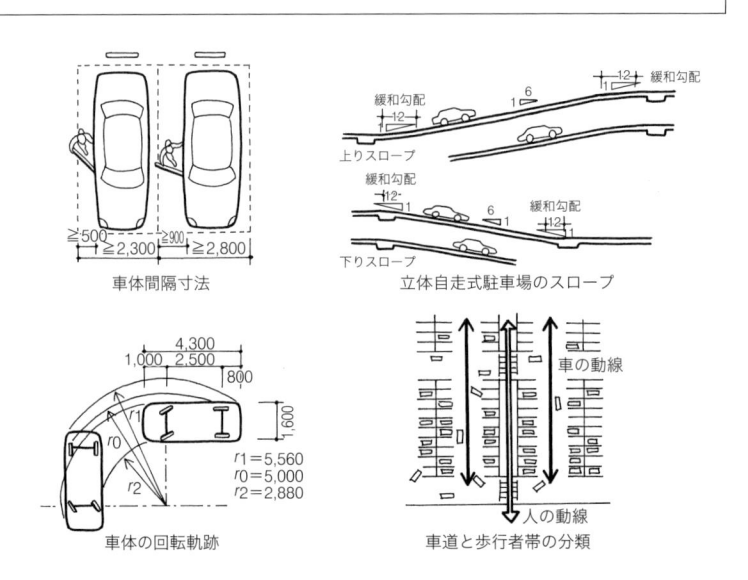

第3章

人間、設計、環境のキーワード

「人間」「設計」「環境」という3つの観点から、建築設計に関わる重要なキーワードについて学ぶ

聖クララ与那原カトリック教会

育英学院サレジオ小学校

3・1 パーソナルスペース

　パーソナルスペース (personal space) という概念は、R・ソマーの著書『人間の空間－デザインの行動的研究』[文1]によって、「身体を取り囲む他者に侵入されたくない目には見えない領域である」と定義されている。この特徴から泡とも例えられ、パーソナルスペースの概念を最初に用いたD・カッツは、カタツムリの殻を例に解説している。

　パーソナルスペースは同心円的ではなく、身体の前方向に広く、後方向に狭くなり、異方性を持っている（図1）。他にも、パーソナルスペースの特性を整理すると、まず、人間は常に自身の周りにパーソナルスペースを持ち運んでおり、常に身体の周囲にあることが特徴で、テリトリーとは明確に異なる。次に、パーソナルスペースは、目には見えない領域と言われるように、明確な境界線で表示できるものではなく、曖昧な領域線であると考えられる。また、状況や相手によって変化する可能性もある。例えば、公共の場で席を共有することになった時に、椅子を少し下げて間隔をとり、自分の領域を確保する行為などが挙げられる。

　建築計画では、橋本都子、西出和彦 (2002) ら[文2]によって、指示代名詞「コレ・ソレ・アレ」を用いた指示代名詞領域の実験的な研究がおこなわれており、指示代名詞「コレ」で指示する領域（コレ領域）は、パーソナルスペースの領域概念とも近いことも検証されており（図2）、また、橋本雅好、西出和彦 (2002) ら[文3]は、コレ領域は身体の動作域との関連性が高く、姿勢によっても指示代名詞領域に変化が見られることを明らかにしている（図3）。

　人間は他の人たちと同じ場所に居合わせた場合、お互いの関係や状況に応じて、他の人たちとの間に一定の距離をおく行動をとる（図4）。この際の距離帯について、『かくれた次元』[文4]の著者E・T・ホールは、プロクセミクス (proxemics) と名付け、行動観察から、対人距離とコミュニケーションとを対応させて分類し、「密接距離 (0〜45cm)」「個体距離 (45〜120cm)」「社会距離 (120〜350cm)」「公衆距離 (350cm以上)」の4つの距離帯を提案した（図5）。さらにこのような距離帯は、文化によっても異なり、目には見えないが秩序のような距離帯が存在すると解説している。

　パーソナルスペースや対人距離とコミュニケーションの関係を建築計画に応用する際には、建築を設計するための情報として考えることが可能である。例えば、図書館や空港、飲食店などの公共空間での着席場面やオフィスや学校の家具配置には、ソシオペタル (sociopetal) とソシオフーガル (sociofugal) という概念が役立つ。ソシオペタルとソシオフーガルとは、H・オズモンドが提唱したもので、社会的な相互関係行動を促進する配置をソシオペタルとし、逆に、社会的な相互関係行動を抑制する配置をソシオフーガルとした。具体的には、内向きの囲み型の家具がソシオペタルな家具配置であり、外向きのベンチはソシオフーガルな家具配置となる（図6）。例えば、A・ガウディが設計したグエル公園の広場にあるベンチは、凹の部分はソシオペタル、凸の部分はソシオフーガルとなっており、状況や場面に応じた行動をとることができる広場となっている（図7）。

　他にも、リビングでの家族の居方を見ると、親密な会話や団らんの場面では、直径1.5mの輪の中でおこなわれており、LDKといった連続性がある空間では、多人数の会話や何気ないつながりの場面が見られ、これらは3mの輪の中でおこなわれている（図8）。つまり、人間は居合わせた人たちとの会話やコミュケーションの内容によって自然と距離帯を測っている。このことからも、居住空間の設計では、そこでの行為や場面を想定し、利用者がとると考えられる距離帯が自然ととれる設えが必要となる。

　以上のように、多様な使われ方が考えられる建築空間を設計する際には、人間のパーソナルスペースや対人距離とコミュニケーションの関係を十分に考慮することが重要である。

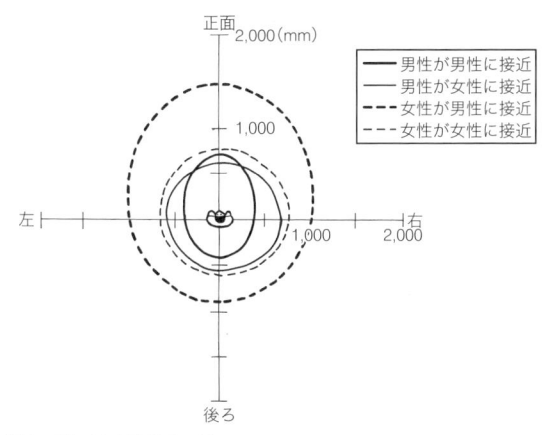

図1　パーソナルスペース

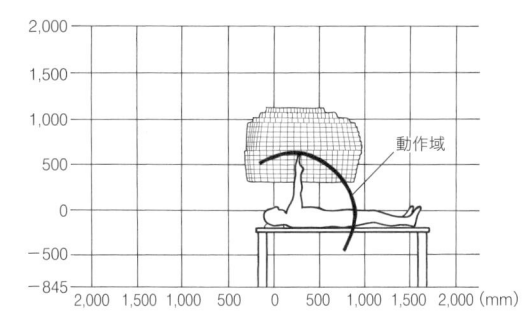

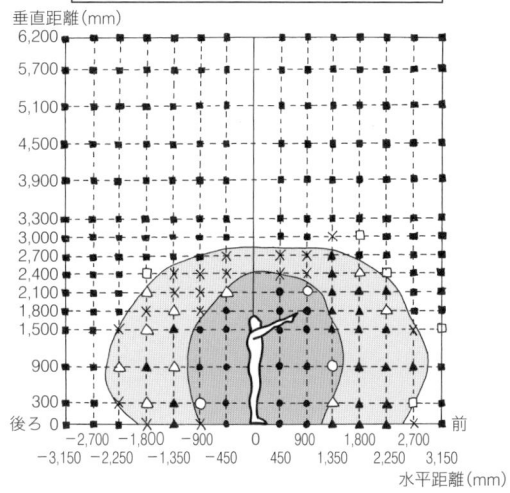

図2　指示代名詞領域（立位、前—後方向）

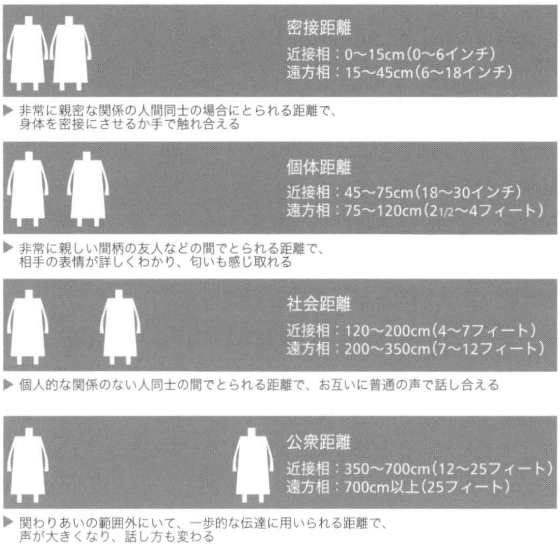

図3　臥位でのコレ領域（上—下方向）

図4　都市の中での対人距離

図5　E・T・ホールの4つの距離帯

図6　ソシオペタル（左）とソシオフーガル（右）の家具配置

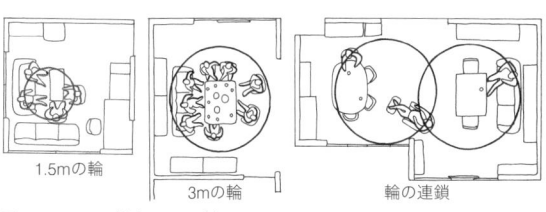

図7　グエル公園の広場のベンチ

図8　1.5mの輪と3mの輪

3・2 空間認知

　空間認知とは、人々が様々な場所の空間構造・規模・意味や空間内にある事物の位置・方向・経路をどのように認知し、行動するかを考察する問題領域と定義されている。こうした空間認知は、人々の体験や学習に基づいて形成されており、抽象的空間を定義するという空間把握の一構成要素であると考えられている。空間認知の中でも重要な概念として、目的地に到着するために必要な個人が把握している環境の空間的配列の内的表象である認知地図（cognitive map）がある。

　認知地図は、E・トールマンがネズミの迷路学習実験によって導いた概念である。この実験では、餌を得るための迷路学習において、ネズミは経路の曲がり方のみを学習している（反応学習）のではなく、スタート地点とゴール地点を含んだ空間全体を学習している（場所学習）ことを明らかにした。ここで明らかとなった「脳の中に形成された環境のフィールド・マップ」が認知地図である。

　建築計画の分野では、K・リンチの『都市のイメージ』[文1]が有名である。K・リンチは、アメリカの3都市の住人に対して、住んでいる都市を、絵あるいは地図で描いてもらうスケッチマップ法（図1）によって、人々が物理的環境の相対的な位置と属性についての情報を獲得、記憶、想起する過程と、解読するプロセスとそこから生まれる場所のイメージ（直接的体験、イメージされた情報）を明らかにした。この調査によって、都市の認知地図を構成する物理的要素を、次の5種類に分類した（図2、図3）。

① **パス（paths）：道路**：パスとは、人々が移動のために通る歩道、散歩道や自動車道路、鉄道などの道筋のことである。人々は移動しながら場所を体験しているため、その他のエレメントと関連が強く、認知地図の支配的な構成要素である。

② **エッジ（edges）：縁**：エッジとは、連続する領域を遮る線状のエレメントであり、川、海岸線、鉄道線路の切り通し、塀、開発地の縁などのことである。エッジにはディストリクトの範囲を限定する働きがある。

③ **ノード（nodes）：接合点、集中点**：ノードとは、都市での主要な結束点・地点であり、人々がそこへ向かったり、そこから出発したりする焦点である。複数のパスが集合する交差点や、ディストリクトの象徴となる広場などがノードの役割を果たす。

④ **ディストリクト（districts）：地域**：ディストリクトとは、都市での一定の広がりを持った地域であり、他の地域とは区別できる何らかの独自の共通する特徴がある。一般的には、その地域の内部から認識されるが、外部から一眼できる場合もある。

⑤ **ランドマーク（landmarks）：目印**：ランドマークとは、景観の中で視覚的に顕著で目立つ要素をもったもので、多くの場所、もしくは、遠くから見えるものである。具体的には、特徴的な建物、看板、商店、山などであり、場所としての方位を確認する際に利用することが多い。

　また、K・リンチは、都市の認知地図を構成する物理的要素自体の独自性を示す特徴（アイデンティティ）だけではなく、構成する物理的要素の組み合わせによってできる構造（ストラクチャー）が、都市のイメージでは重要な要素であり、都市にはイメージしやすい構造（レジビリティ：わかりやすさ）が必要であると述べている。

　都市空間の認知においては、他にも、街路や路地、広場など複数の建物に囲まれた空間の開放感や閉鎖感などの評価としてD/Hという概念がある。断面方向である対象物の高さH（具体的には、建物のファサードなど）に対する水平方向である対象物までの距離D（具体的には、街路や広場の幅員など）の比であるD/Hによってその空間の雰囲気が記述できる（図4）。例えば、$D/H = 0.5$程度では、狭苦しく圧迫感を感じ、$D/H = 2$程度では、広々と開放的な感じがする。

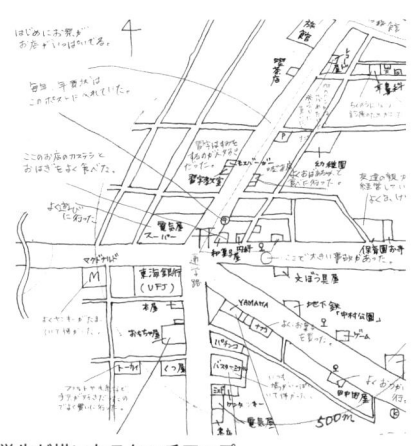

図1　学生が描いたスケッチマップ

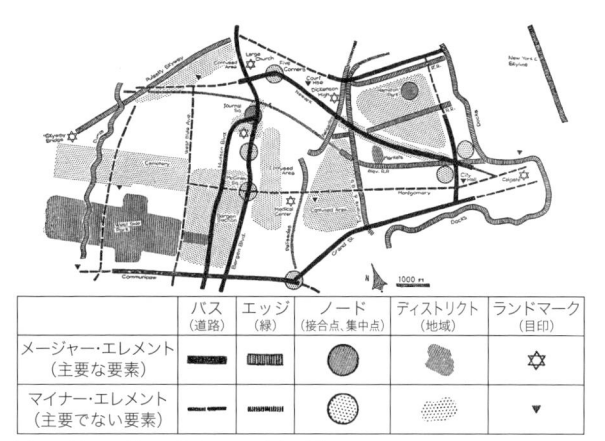

図2　ジャージー・シティのイメージ

	パス（道路）	エッジ（縁）	ノード（接合点、集中点）	ディストリクト（地域）	ランドマーク（目印）
メージャー・エレメント（主要な要素）			●		☆
マイナー・エレメント（主要でない要素）			○		▼

パスとランドマーク（久屋大通100m道路と名古屋テレビ塔、愛知県名古屋市）

ノード（名古屋駅金時計前、愛知県名古屋市）

エッジ（堀川、愛知県名古屋市）

ディストリクト（大須商店街、愛知県名古屋市）

図3　パス、エッジ、ディストリクト、ノード、ランドマークの例

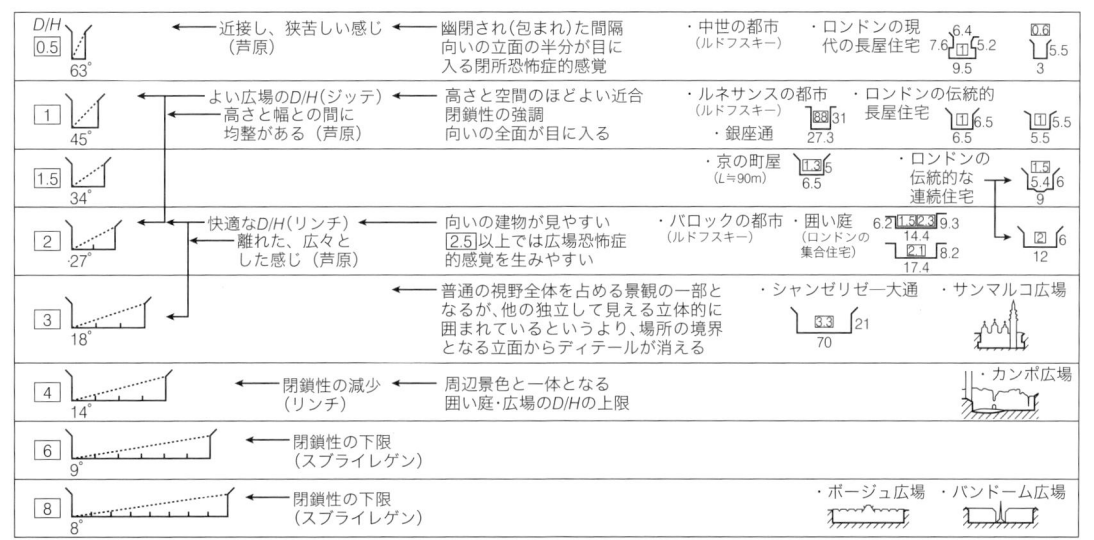

図4　D/Hと囲み感

D/H				
0.5　63°	←近接し、狭苦しい感じ（芦原）	←幽閉され（包まれ）た間隔　向いの立面の半分が目に入る閉所恐怖症的感覚	・中世の都市（ルドフスキー）	・ロンドンの現代の長屋住宅　6.4　5.2　7.6　9.5　3　0.6　5.5
1　45°	←よい広場のD/H（ジッテ）　高さと幅との間に均整がある（芦原）	高さと空間のほどよい近合閉鎖性の強調　向いの全面が目に入る	・ルネサンスの都市（ルドフスキー）　・銀座通　68　31　27.3	・ロンドンの伝統的長屋住宅　11　6.5　6.5　11　6.5　5.5
1.5　34°			・京の町屋（L≒90m）　1.3　5　6.5	・ロンドンの伝統的な連続住宅　5.4　6　9
2　27°	←快適なD/H（リンチ）　離れた、広々とした感じ（芦原）	向いの建物が見やすい　2.5以上では広場恐怖症的感覚を生みやすい	・バロックの都市（ルドフスキー）　・囲い庭（ロンドンの集合住宅）　6.2　1.5　2.3　9.3　14.4　2.1　8.2　17.4	2　6　12
3　18°		普通の視野全体を占める景観の一部となるが、他の独立して見える立体的に囲まれているというより、場所の境界となる立面からディテールが消える	・シャンゼリゼー大通　5.3　21　70	・サンマルコ広場
4　14°	←閉鎖性の減少（リンチ）	周辺景色と一体となる　囲い庭・広場のD/Hの上限		・カンポ広場
6　9°	←閉鎖性の下限（スプライレゲン）			
8　8°	←閉鎖性の下限（スプライレゲン）		・ボージュ広場	・バンドーム広場

3·3 中間領域

　中間領域とは、言葉どおり2つ以上の領域の中間に位置するもので、その領域の定め方により特性が異なる。ここでは、屋内外、公私の意識、人の活動といった視点から読み解いてみたい。

　①屋内外：建築行為は、屋内と屋外の境界をつくることである。その中間領域である「半屋外」は、日本家屋では縁側として親しみが深い。欧米の建築は壁が厚く屋内外が明確に分断されているが、伝統的日本家屋では障子で屋内外をやわらかく仕切り、さらに縁側の存在が屋内外を緩やかにつないでいる。ただし、機械設備による空調管理がなされている現代に中間領域を取り入れるには、生活スタイルを踏まえた計画が必要となる。また、建築とその周辺の関係を緩やかにしているものとして、高層ビルに多く取り入れられている公園空地、工場周囲の緑地帯、劇場のホワイエ、ホテルのロビーなども挙げることができる。伊丹十三記念館の中庭は砂利や回廊で囲まれていることで象徴性をより感じとることができる（図1）。また、日本の伝統的な建築は、庇を深く出して半屋外空間をつくり、道路との境界を緩やかに区切っている（図2）。ミラノのガッレリアは、鉄とガラスの屋根で通路部分を覆い、半屋外空間に明るい光を取り入れた空間をつくり出している（図3）。

　②公私の意識：空間に対する人々の意識に視点を移したい。O・ニューマンは「まもりやすい空間」として、パブリック、セミパブリック、セミプライベート、プライベートのテリトリーをわかりやすく階層的に計画すべきことを提示している（図4）。日本では袋小路になった道は、そこに住む人々のセミパブリックスペースと認識され、住民が立ち話をしている姿などがあると部外者は入りにくい印象を受ける。また、店舗の外まではみ出している商品、自宅のすぐ外側に飾り付けられた花や緑などは、パブリック空間にプライベートなものがはみ出した曖昧な領域となっている。一方、仮設的にパブリックスペースを占有する事例として、レストランのオープンカフェ席が挙げられる。レストランの機能が道路にはみ出し、店舗の雰囲気を通行人に伝えている（図5）。この他、屋台、朝市、フリーマーケット、ストリートパフォーマンスなども同様の傾向がある。

　③人の活動：人々の活動を促すように中間領域が形成された事例もある。金沢めぐみ幼稚園では設計者・研究者・幼稚園職員が話し合いを重ねた結果、保育室内外をつなぐウッドデッキを協力して制作し、保育室内で行っていたままごと遊びがウッドデッキでも展開されている（図6）。また、日本の伝統的な民家などに見られる土間は、土足のまま農家や手工業者が精米、藁仕事、炊事などの作業ができ、屋内外の人の動きや作業をスムーズにつなげる役割を果たしている。すなわち、適切に中間領域を計画していくことが、人々の活動を円滑にしている。

　中間領域に関わる建築家の言説について触れたい。芦原義信は、「靴を履いたまま暮らす西欧的雰囲気とは、独立した個の対立による外的秩序の空間であり、靴をぬいで暮らす日本的雰囲気とは、わけへだてのない個の集合による内的秩序の空間」[文1]であると述べている。さらには、イタリアは内部と外部の差が明確で建物間に曖昧な空間がないが、日本は道路と建物の間に曖昧な残余空間があり、塀を必要とすることが多いと指摘している。一方、黒川紀章は、日本の中で合理主義的な考えがうまくいかないことについて触れ、「物事を極端に分ければ、非常に明快に話はできるけれども、中間にある本当のものをどっちかに分けてしまわなければ話がつきませんから、それが落ちてしまう」[文2]と指摘し、中間部分に着目することの重要性を説いている。これらから、日本では文化的・精神的に曖昧な中間領域を求めているとも考えられる。

　以上、矛盾するような空間同士、周囲の状況、対立するキーワードなどをうまく融合し、空間を馴染ませることが中間領域をつくり出す上でのポイントとなろう。

図1　伊丹十三記念館の中庭

図2　建築物と道路との空いた領域（すや）

図3　ヴィットーリオ・エマヌエーレ2世のガッレリア

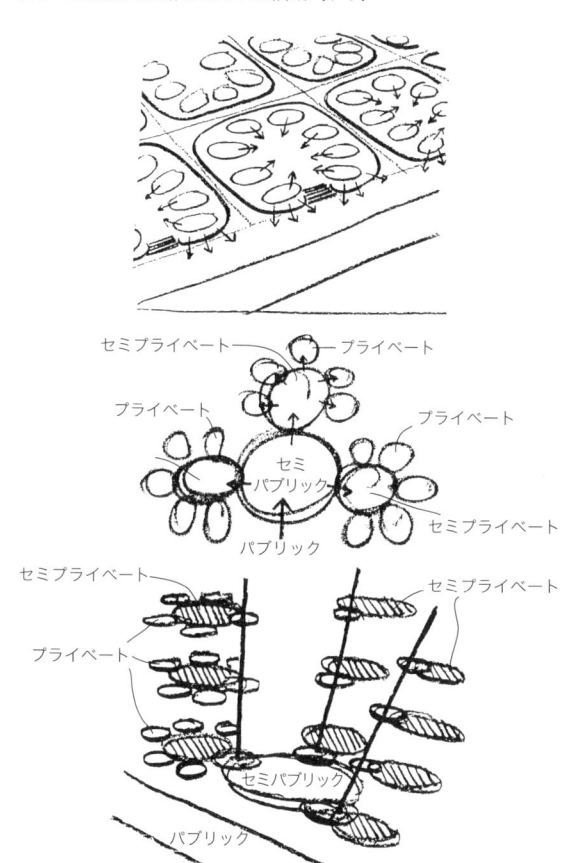

図4　まもりやすい空間のダイアグラム

図5　店舗前のオープンカフェ席（スイス）

図6　金沢めぐみ幼稚園のウッドデッキテラス

第3章　人間、設計、環境のキーワード　109

3・4　居場所

「居場所」とは文字通り、人が居る物理的空間を意味しているが、近年ではそこに居る人の安心や安らぎ、くつろぎ、あるいは他者の受容や承認という意味合いが付与されるようになった[注1]。

場所の性質について、物理的属性のみでなく、心理学的側面も含めて捉えたのはD・カンターである[注2]。カンターの視覚的モデル（図1）は、行動、解釈や概念、物理的属性という三者の関連の結果として場所が生まれることを示している。この行動や概念について、心理的な居心地のよさから捉えたものを、居場所としてみることができるだろう。

居場所の具体例として、R・オルデンバーグが提唱したサードプレイスがあげられる[注3]。都市生活には、自宅（ファーストプレイス）でも、職場・学校（セカンドプレイス）でもない、第三の場所が必要である。その代表として、図2のようなカフェやバー、床屋などがあり、当たり前の存在で目立たない、常連がいて楽しげな雰囲気がある、営業時間が長いといった共通の特徴を持つとしている。また、子どもや育児中の親、高齢者、障碍者などをケアしようとする思いがきっかけとなり生まれたコミュニティ・カフェ、フリースクール、宅老所なども、従来のビルデングタイプの枠組みからは外れているが、都市や街角の居場所として注目を集めている[注4]。

さらに、学校や福祉施設の計画においても、居場所が重要視されている。例えば、建築家の工藤和美は『『学校は子どもたちのもうひとつの住居』』が、小学校を設計する上でのテーマのひとつである。教室を住居と考えていくと、居心地よい環境として庭やアルコーブがあってもいいのではと発想した」と述べ、子どもが自分の居場所が持てる環境の必要性を指摘している[注5]。また、認知症高齢者が居住するグループホームでは、在宅から施設に移った（「環境移行」した）高齢者が生活を継続できるような、親しみやすい環境をつくる必要がある[注6]。縁側や廊下にあるソファ（図3）、オープンカウンターのキッチンなどが安定した居場所になりやすく、新しい環境へのなじみをうながすと言われている。

次に人の行動から居場所の特徴を捉えるための視点をいくつか紹介したい。人が行動している状況をひとつの場面（セッティング）として捉える「行動セッティング」の概念がR・バーカーにより考案された[注7]。そこでは行動と環境の安定した組み合わせを抽出し（図4）、繰り返される行動（定型的行動）と環境のレイアウト（環境要素）、それにその間の一致した関係（シノモルフィ）を探る。山田あすかはこの考えを発展させ、グループホームを対象として行動観察調査を実施し、高齢者が長時間滞在する場所やよく立ち寄る場所を「固有の居場所」と定義し、居場所における個々人のものや他の入居者に対する思い入れや意味づけといった個人的要素も含めて人の居る状況について分析している[注8]。

また、居場所を注意深く観察すると、そこでの行動をほのめかすような環境的特性を見つけることができるだろう。さまざまな行動を可能にする環境の性質のことを、生態心理学者のJ・J・ギブソンの造語で、「アフォーダンス」と言い、例えば図5の階段のような段差は人に上下移動の他に、座ることもアフォード（「提供する」の意味）していると言える[注9]。

都市空間においては鈴木毅が「人間がある場所に居る様子や人の居る風景を扱う枠組み」として「居方」を提案している[注10]。「たたずむ」「居合わせる」「思い思い」などのタイプがあげられ、例えば人々が集まる都市広場ではさまざまな居方を見つけることができる（図6）。居方は誰が何をしているのかという単純な行動の記述ではなく、「どのように」そこに居るのかについても含むことが特徴である。また居方の質を捉える着目点として、周囲（他者や環境）との関係、居方の獲得プロセスのほかに、居場所としての安定性も基本的要素としてあげられている。

もっとも、個人が場所に対して抱く居心地よさは多様であるため、居場所をダイレクトに計画することは難しい。行動と環境の関係を扱うさまざまな考え方を手がかりとしながら、居場所が生まれやすい工夫を建築計画に組み込むことが大切である。

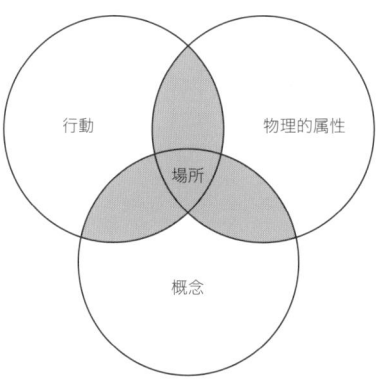

図1　場所の性質についての視覚モデル

図2　サードプレイスとしてのオープンカフェ

図3　廊下にあるソファ　屋外が見えて、落ち着いた雰囲気の居場所

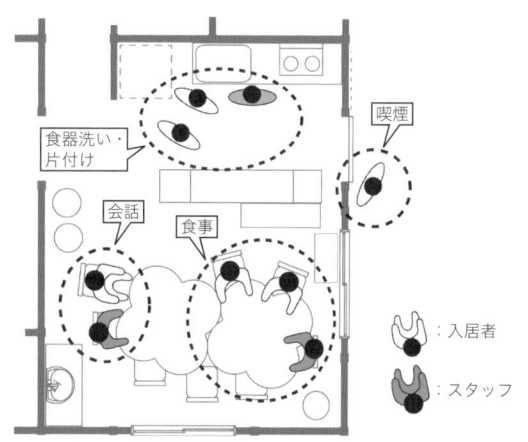

図4　グループホームにおける行動セッティングの事例

図5　階段のもつアフォーダンス

図6　都市広場での居方（オアシス21、名古屋）

第3章　人間、設計、環境のキーワード

3・5 アクティビティ

　アクティビティとは建築や都市におけるさまざまな活動のことである。建築の計画で考慮する活動は人間の行動が中心となる。歴史的にみると、戦後の日本では、食事、仕事、移動といった基本的な活動に対しても新しい姿を求めた。それらを可能とする建築の計画が急務で、学問分野も進展した（1・3節参照、図1）。調査に基づいて活動を分析し、変化を予測し、それらを合理的に解決する建築を提案することがなされてきた。例えば、移動の動線が交錯せず、移動距離が短くなる計画は評価される。

　今日でも無駄なく効率的な計画は基本であるが、活動、利用者、状況それぞれの多様さに、いっそう柔軟に対応することが求められている。例えばコミュニティ施設では、主たる利用目的と異なる「ついで利用」を促す効果が指摘されている[文1]。群衆の行動では、慣性、逆戻り、先導効果（人まね）、走光性（明るい方へ）、左側通行（とっさに左によける）、スラローム行動（蛇行）などの研究が進み[文2]、非常時の避難への配慮が求められる（3・7節参照、図2）。不慣れな環境で目的地を探す行動（ウェイファインディング）も注目されており、わかりやすさへの配慮が求められる。動作や行動の細かい点についても、レバーの扱い方などの「動作のくせ」、近道をとるなどの「歩行のくせ」などが明らかになっている。障碍を持つ利用者の行動への配慮も欠かせない（3・8節参照）。このように検討すべき項目が増え、それにともなって各種のシミュレーション手法も提案されている。

　しかし、豊富な検討手法を積み重ねることで、最適で合理的な解が必ず得られるようになったとはいえない。現実の設計は、情報や時間などが限られた中で行われ、評価基準も多様である。合理性や効率性以外の価値の重要性も指摘されるようになっている。現代では、1・5節で指摘した「意地悪な問題」の度合いが増しているからである。

　このような時代背景にあって、あらためてアクティビティに注目する時には、その多様性、例外的な行動が起こる予測困難さを積極的に捉えている。広場や街路などのパブリックスペースで多様なアクティビティが展開することの魅力が語られてきた（図3）。B・ルドフスキーは移動するだけでない『人間のための街路』[文3]の重要性を指摘している。H・ヘルツベルハーは、『都市と建築のパブリックスペース』[文4]の中で、人々の振る舞いの拡がりを、豊富な事例によって気付かせてくれる。槇文彦がしばしば指摘するように、パブリックスペースでは、にぎやかに集まる行動だけでなく、都市の中で「一人でいる」行動も重要である[文5]。永井荷風[文6]のように都市を散策し続けた人は、槇の言う「都市における孤独の楽しさ」[文7]を見いだしていたのであろう。ふと眺める、寄りかかる、腰を下ろして休むといった主要とは思えない行動も居心地に大いに関わる。鈴木毅らの「居方」の研究では、場所の質に関わりながらも捉えられてこなかったアクティビティに「居合わせる」「行き交う」などの名前を与えている（3・4節参照）[文8]。

　アクティビティの多様性を包含するように、建築や都市を設計しようとする傾向がある。篠原一男の「無駄な空間」[文9]や伊東豊雄の「行為の場」[文10]といった考えはそのような例である。設計者がすべてをつくりこまないことを積極的に捉えて、「ガランドウ」（長谷川逸子[文11]や古谷誠章[文12]、図4）や「原っぱ」（長谷川逸子や青木淳[文13]）といった、イメージを喚起するコンセプトも提起されている。これらはユーザーが自ら場をつくりだすことを誘発する考え方として、特に公共的な建築において有効である。さらに、小嶋一浩は「いろんな出来事・行為が同時にあることを許容し、喚起する、緩やかでひとつながりのスペース」[文14]を評価している。このような考えは、はじめから用途の限られた部屋をつくるのではなく、予測される行動をあいまいに包み込む、ひとつながりの空間を志向している（図5）。

　動的で活発なアクティビティの展開を評価する傾向がある一方で、だれもいない静的な空間が人に訴えかける力をもつこともある（図6）。例えば、L・バラガンはノスタルジーを源に創造すると述べている[文15]。行動の展開よりも、情景やイメージの展開をうながす空間の魅力も忘れることはできない。

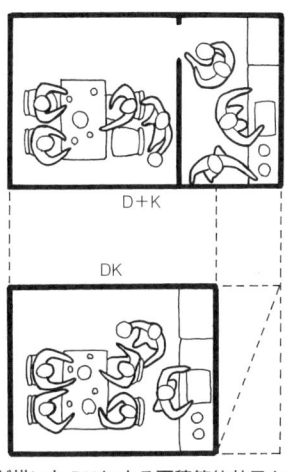

図1　西山夘三が描いたDKによる面積節約効果を示す図　戦後、ダイニングキッチン（DK）は広く普及した。

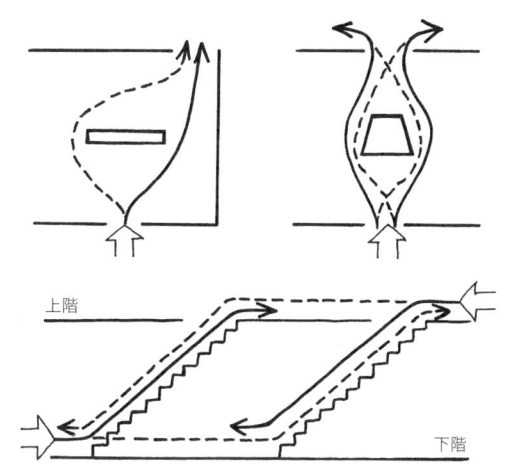

図2　歩行者の経路選択特性　最短距離を選ぶ（左上）、目的地方向を選ぶ（右上）、手前の階段を選ぶ（下）。

図3　モスクワのグム百貨店（1893）　立体的な都市空間にアクティビティが展開する。

図4　アンパンマンミュージアム（1996、設計：古谷誠章）　大階段のあるエントランス空間が多様に使われる

図5　神奈川工科大学KAIT工房（2008、設計：石上純也）　ひとつながりの空間に配置された、長方形断面の細い柱、家具、観葉植物などの配置が、アクティビティを誘発する。

図6　閑谷学校講堂（1701）　江戸時代に岡山藩がつくった庶民教育のための学校。講義がなされてきた空間。

3・6 シークエンス

　第2章外部空間の項でも少し触れたが、視点の移動を伴う連続した景観の変化をシークエンスという。それに対し、視点が固定された風景、場面をシーンと呼ぶが、シークエンスとは映画のように時間の経過に伴い継起的に変化するシーンの連続と捉えることもできる。

　建築においては、近代建築の巨匠ル・コルビュジエがスロープなどの動線に沿って建築の内部を移動することで様々なシーンが展開する「建築的プロムナード」を空間構成の手法として提示し、建築のデザインにシークエンスの概念を導入した。初期の住宅作品においてはサヴォア邸などに特徴的に現れている（図1）。彼はラ・ロッシュ・ジャンヌレ邸について「人が入ると建築的な光景が次々と目に映ってくる。巡回するに従って場面は極めて多様な形態を展開する。…（中略）…正面の大きな開口に達すると外部の形態のありさまが見え、そこでもう一度建築的な秩序を発見する。」[文1]と視点の動きに沿って内部空間を記述している。

　G・カレンは『都市の景観』において近代以降の都市計画やニュータウンの画一性を批判し、既存の都市から抽出される環境の技法によっていきいきとしたタウンスケープを形成することを主張している。統計とダイヤグラムによる「科学的」な方法論ではなく、人が都市内を移動することによって得られる体験をシーンの連鎖による「連続する視覚」として捉え、発見や驚き等の情動を含めたシークエンシャルな視点から都市の空間の再構築をめざした。これらは「空間演出」と呼ばれる分野の嚆矢として後の研究に大きな影響を与えた（図2）。

　伝統的な日本の空間においては、参道や回遊式庭園がシークエンシャルな空間として挙げられる。伊藤ていじら都市デザイン研究体は『日本の都市空間』で、伝統的な日本の都市空間における街路を媒介とした空間構成技法として折れ曲がり、歪み、隅違い、障り、見えがくれなどを挙げている（図3）。見えがくれとは視点の移動によって対象が見えたり隠れたりすることで、ある方向性を示しながらも全体像を見せないことにより興味を持続させ、誘導する効果がある（図4）。槇文彦らは『見えがくれする都市』において、西欧の集落には教会をコミュニティの核とした「中心」の思想が見られるが、日本の典型的なコミュニティは信仰軸とそれに直交する社会経済軸に沿って構成され、信仰軸は山奥の奥宮へと通じ、明確な中心は存在しないとする。はずれた方向に重要な場を与え、奥へ向かうほどヒエラルキーが高まってゆくこの空間性を「奥」の思想と呼び、路地の奥の裏長屋や、住居の奥座敷など様々なスケールにおいて現れると指摘している。このような日本的空間の典型が、神社や寺院の境内へと向かうアプローチとしての参道である。船越徹、積田洋らは一連の研究において参道における物理量、心理量を分析し、相関分析、シークエンス分析によって参道での体験を客観的に捉え、参道空間の類型化を試みている（図5）[文2]。

　R・ヴェンチューリらは『ラスベガス』において「自動車からの景観（オートスケープ）」をもとにして成り立つ都市景観としてのラスベガスを描き出し、自動車の速度との関係性からみた〈ストリップ〉の景観の特徴を挙げ、「そのだだっ広い空間は本来、ひとつの視点からではなく、一連のシーンとして動きながらみられるべきもの」（図6）としている。この著書はコミュニケーション不全に陥った近代建築を批判し、メディアとしての機能を純化したようなラスベガスの建築を称揚することで世界を蹂躙したモダニズムを相対化し、ポスト・モダンを先導する重要な一冊となった。しかしながら現在、日本をはじめ世界中の都市の郊外で見られるサインと駐車場と「装飾された小屋（デコレイテッド・シェッド）」によるプチ・ラスベガスともいうべきロードサイドの風景は、モダンがなし得た都市の均質化を凌駕するかのようであり、それを見事に予見した「予言の書」として読むこともできるだろう。三浦展は日本の地方都市が交通網の発達と郊外化の進行によって地域固有の歴史的風土を失い、画一化、均質化した状況を「ファスト風土」と呼び、地域社会の崩壊に警鐘を鳴らしている。

図1 サヴォア邸の建築的プロムナード

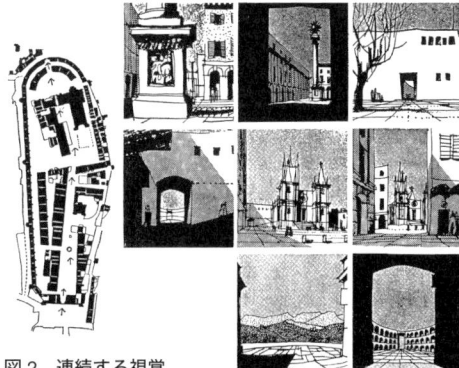

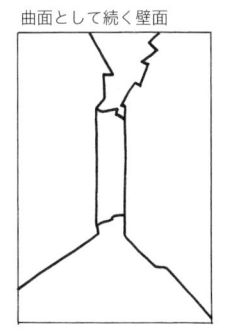

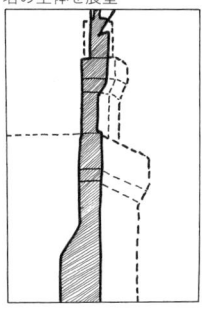

図2 連続する視覚

図3 萩の鈎曲がり

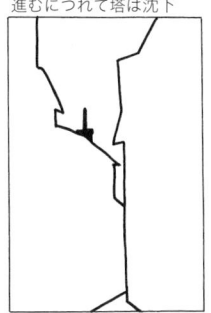

図4 見えがくれ

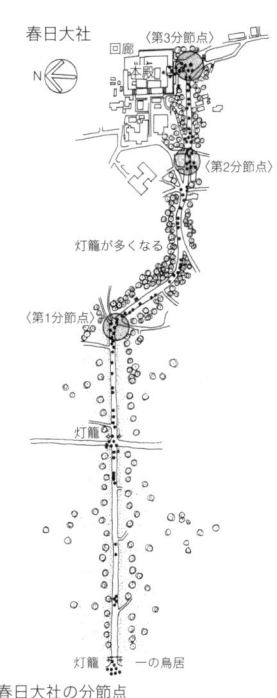

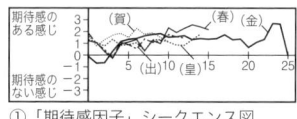

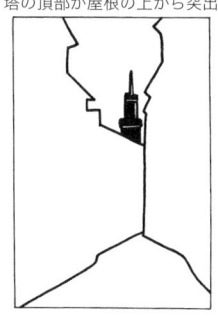

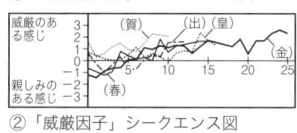

図5 春日大社の参道

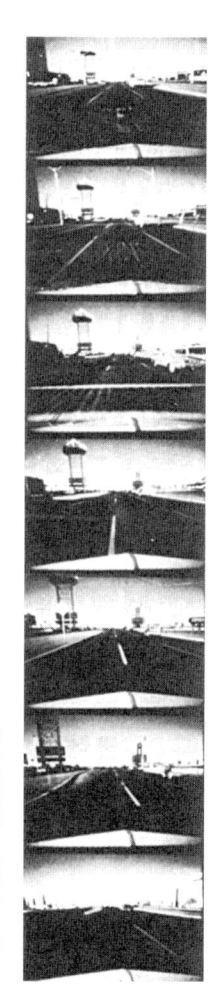

図6 オートスケープ

第3章 人間、設計、環境のキーワード

3・7 歩行群集

　鉄道駅やスタジアム、展示場、複合商業施設など、不特定多数が利用する大規模な建築物を計画する際には、平常時の群集流動に混乱が起きないようにするとともに、火災や地震など非常時に問題が起こらないようにする必要がある。多数の人が同時に移動する群集流動では、個人の特性はかき消され、多くの人が同じような行動を取ることが多い。建築や都市空間では、出入口、通路、広場空間、階段などをうまく配置することで、群集流動をコントロールすることができる。

▷平常時の群集制御

　駅などの不特定多数の人が利用する空間において、群集の特性をよく知って群集をうまく制御するには、次の3点を考慮した空間計画が重要である。

　①群集が高密度になる場所をつくらない：一般的に群集は密度が上がると速度が落ちる傾向があるため、一方向に進む流れでは、密度を下げることで良好な人の流れをつくることができる（図1）。ここでは状況を示すとともに、1秒間の移動軌跡を短時間歩行パスと定義して示している（図2）。混み合いがおきるのは、出入口は通路などで急に狭くなる場所や、駅の階段下などの流れが遅くなる場所の手前などである。このように通路などでは滞留を起こさないように一定の幅を確保したり、手前に広いスペースをつくり、人がゆっくり集まれる空間とするとよい。

　②動線を交差させない：混んでいる場所では人の流れを横断して人を避けながら進むことは困難である。このように、異なる方向に進む交錯流（図3）の群集の流れは別々になるように、出発地と目的地を計画するとよい。

　③わかりやすい誘導をする：混雑した群集の中では、行列などで並ぶ場所がわからず、割り込むなどのルールが破られることでパニックとなる場合がある。パニック状態では、一カ所に人が殺到し、将棋倒しなどの群集事故が起きる可能性がある。このようなことを防ぐためには、経路を直線上にして見通しを良くするなど経路自体をわかりやすくする、適切な間隔で見やすいサインを設置する、ロープや柵などで通行区域を区切りわかりやすく示すなどが効果的である（図4、5）。

　以上のように平常時では、人を集中させず、目的地ごとに人の流れ（動線）を分け、重ならない計画とすることが重要である。

▷非常時の群集制御

　火災時や地震時には、非常時には多くの人が一斉に移動し、災害の進展に応じて短時間で危険が迫る可能性もあることから、群集制御の前提として事前に適切な安全計画を立てておく必要がある。火災時の建物では、燃え広がりや煙の拡散などによって避難経路に急激に危険が広がる場合がある。この対策として、建築基準法では、①防火・防煙区画、②二方向避難・重複距離、消防法では、③消防用設備などが定められており、これを前提として、群集制御を行うことが効果的である。避難行動とは危険な場所から安全な場所への移動行動であるが、火災の場合には建物内から安全な経路を通って屋外・地上へ移動することになる。その途中で火災や煙によって経路が通れなくならないように計画する。

　①防火・防煙区画：火や煙は熱せられているために上方向に早く広がり、また横方向へも広がる。燃え広がると避難が困難になることから、一定面積ごとに燃えない壁で区切ることで、火災が発生した場所に火や煙を閉じ込める防火区画を行う必要がある（図6）。

　②二方向避難・重複距離：火災が発生した場合、避難経路が閉ざされ、建物内に閉じ込められることを防ぐために、二方向の避難経路を確保する。二方向の避難経路は、できるだけ重なりあわないように重複する距離の最大割合も建築基準法で規定されている（図7）。

　③消防用設備：危険を早く知らせ、適切に誘導し、避難経路の安全性を確保するためには、火災報知器、避難誘導灯、スプリンクラーなどが消防法で設置され、群集制御の前提となっている。

　以上のように非常時の群集の安全性を高める群集制御のためには、居室から防火区画された廊下、付室、階段を通って屋外に出る経路の安全を確保することが前提として重要である。

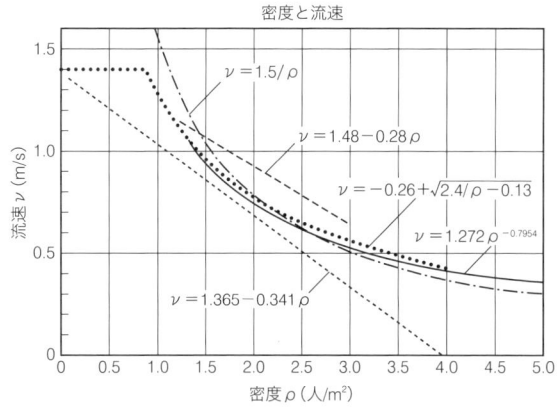

図1　水平路一方向流の群集密度—歩行速度の関係

密度と流速

$\nu = 1.5/\rho$
$\nu = 1.48 - 0.28\rho$
$\nu = -0.26 + \sqrt{2.4/\rho - 0.13}$
$\nu = 1.272\rho^{-0.7954}$
$\nu = 1.365 - 0.341\rho$

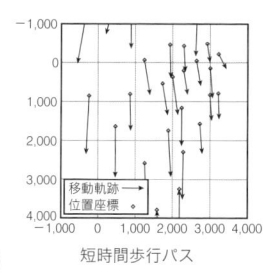

図2　一方向流（スムーズな流れ） 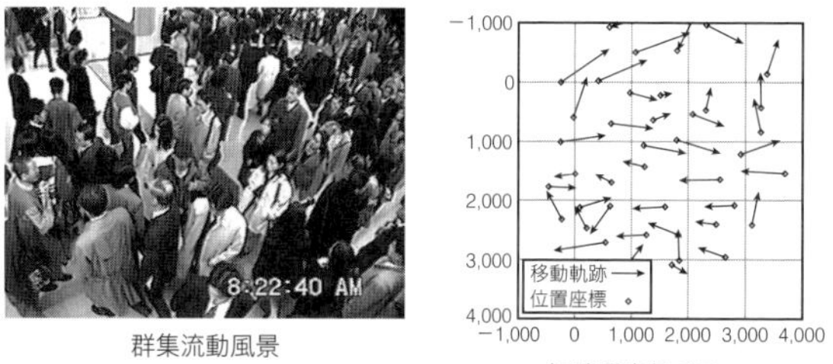
群集流動風景　　　短時間歩行パス

図3　交錯流（混乱した流れ）
群集流動風景　　　短時間歩行パス

図4　群集を制御する（柵で動線を分ける）

図5　群集を制御する（行列の位置を示す）

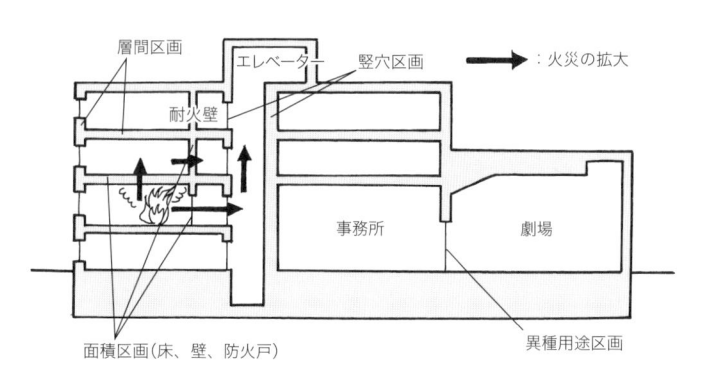

図6　防火・防煙区画

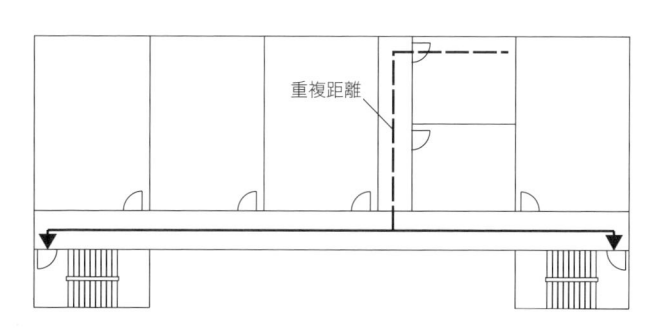

層間区画／エレベーター／竪穴区画／→：火災の拡大／耐火壁／事務所／劇場／面積区画（床、壁、防火戸）／異種用途区画

図7　二方向避難と重複距離

重複距離

第3章　人間、設計、環境のキーワード

3・8 ユニバーサルデザイン

これまで多くの建物は、健康な人（通称：Mr. Average）を対象に設計されてきた。これからは、できる限り多くの人々が利用できるように、さまざまな部位にも注意を払って、設計していくことが重要となる。

▷ノーマライゼーション(normalization)

1950年代にデンマークでの社会運動から始まり、ノーマライゼーションの父と称されるN・E・バンク＝ミケルセンが提唱した。社会には子どもから高齢者まで、男性と女性、障碍を持つ人などさまざまな人々が存在し、高齢者や障碍がある人とない人とを分け隔てることなく、社会生活を共に生きることが本来あるべき姿であるという考え方である。

▷バリアフリーデザイン(Barrier Free Design)

1974年の国連障害者生活環境専門家会議の報告書「バリアフリーデザイン」により、広く知られるようになった。一般的にバリアフリーとは、高齢者・障碍者等が社会生活をしていく上で障壁（バリア）となるものを除去（フリー）することで、物理的、社会的、制度的、心理的な障壁、情報面での障壁などすべての障壁を除去する考え方とされている。

▷ADA法(American with Disabilities Act)

1990年に「障碍を持つアメリカ人法：ADA」が公布され、障碍者の人権保護、就業権の確保、社会生活への参加・参画における差別を禁止している。ここで注目したいのが、法律の中で障碍者を意味するハンディキャッパー(Handicapper)や高齢者を指すエルダリー(Elderly)という表現がなく、身体的な障碍を持つ人(People with disabilities)というように対象者を限定せず、すべての人を対象にしている点である。この考え方は、後述するユニバーサルデザインに近く、様々な分野にも影響を与えた。

▷ユニバーサルデザイン(Universal Design)

1997年にノースカロライナ州立大学ユニバーサルデザインセンターの所長R・メイスたちが、障碍の有無、年齢、性別、人種等にかかわらず、多様な人々が利用しやすいよう都市や生活環境をデザインする考えを7原則としてまとめた。その内容は、建築物にとどまらず、あらゆる製品を対象として、すべての人にとって特別な対応なしに使いやすく、価格も適切でなければならない。これからのデザインの主流となる考え方（図1〜7）。

○ユニバーサルデザイン7原則
 原則1：公平な利用
 原則2：利用における柔軟性
 原則3：単純で直感的な利用
 原則4：認知できる情報
 原則5：失敗に対する寛大さ
 原則6：少ない身体的な努力
 原則7：接近や利用のためのサイズと空間

▷心のバリアフリー

日本でも表1に示すさまざまな法律が制定され、多くの自治体で福祉施策が実践されている（図9）。床の段差解消、手すりの設置、スロープや勾配の緩い階段、レバー型把手、引戸の採用、明るい照明や非常事態通知用ブザーの設置などの物理的なバリアの除去は進んでいる。従来からバリアには「物理的バリア」と「社会的バリア」とがあり、バリアのない社会の実現には、一人ひとりの意識の改革が必要であり、「共に生きる」という考え方が今後は必須である。

▷アクセシビリティ(Accessibility)

「近づきやすさ」の意味だが、アクセシブル・デザイン(Accessible Design)は、バリアフリーデザインと同義に用いられる。ここではもう少し丁寧に、「親しみを持ってやさしく近づけること」と捉えたい。ユニバーサルデザインの歴史はまだ浅いが、すべての人が利用しやすいためには、どの部位を設計するにしても常に「アクセシビリティ」を忘れず、「やさしく近づける」デザインに取り組むべきであろう。

表1 日本におけるバリアフリー・ユニバーサルデザインに関する法制度

	法制度の内容
1993（平成5）年	ノーマライゼーションの思想に基づき「障害者基本法」が制定。
1994（平成6）年	「高齢者、身体障害者等が円滑に利用できる特定建築物の建築の促進に関する法律」（通称：ハートビル法）が制定。
1995（平成7）年	「障害者プラン＝ノーマライゼーション7ヵ年戦略」を策定し、各地で障碍者福祉政策が進められた。
2000（平成12）年	「高齢者、身体障害者等の公共交通機関を利用した移動の円滑化の促進に関する法律」（通称：交通バリアフリー法）が制定。
2002（平成14）年	ハートビル法は改正され、多数の者が利用する学校や事務所、共同住宅等が特定建築物に追加され、特別特定建築物を新たに設け、利用円滑化基準（基礎的な基準）への適合が義務化。
2005（平成17）年	「ユニバーサルデザイン大綱」がとりまとめられ、総合的なバリアフリー施策が進められている。

図1 公平な利用

図2 利用における柔軟性

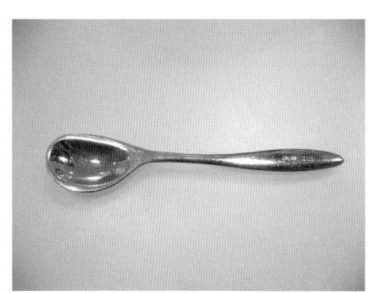

図3 単純で直感的な利用

図4 認知できる情報

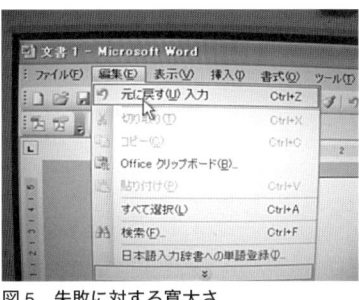

図5 失敗に対する寛大さ

図6 少ない身体的な努力

図7 接近や利用のためのサイズと空間

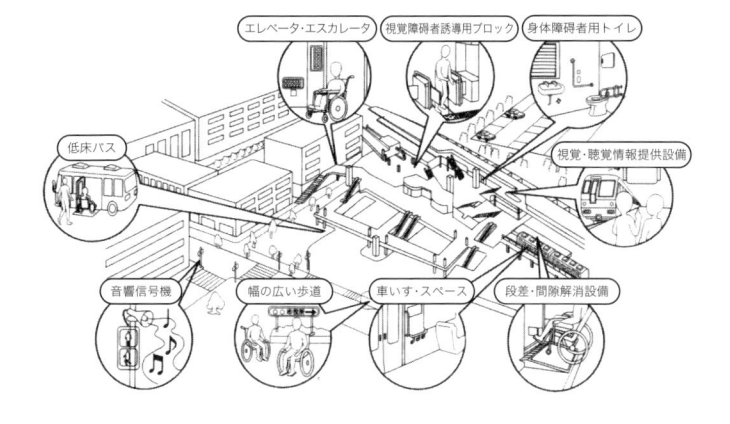

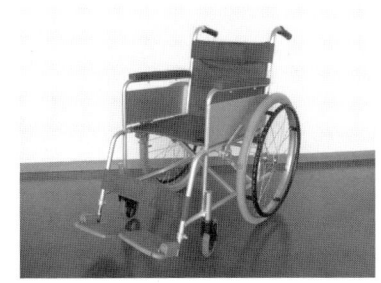

図8 車椅子

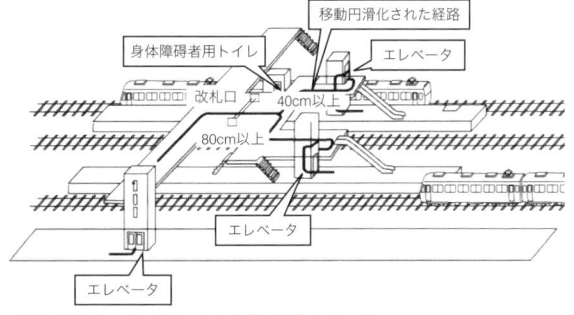

図9 交通バリアフリー法による施設整備イメージ

第3章 人間、設計、環境のキーワード

3・9 尺度

▷ 尺度とは

「長さとそれを計るもの」の総称である。

長さは人間が最初に計ることを始めた「量」のことで、多くの場合、人体の部分の寸法が基準に使われた。例としては、インチは指の幅寸法、尺は手を開いたときの親指と中指までの寸法などに見られる。

インチ、尺に重さの基準が加わり、いろいろな状況下での改訂を経て、尺貫法、ヤード・ポンド法として、現代のメートル法が制定されるまで各地域独自に使用されていた。人々の生活の中でもまれた、これら人体寸法から誕生したインチ、尺などの単位は、人間が生活するその地域の空間を計るすばらしい尺度ともいえる。現代においても商取引や建設の現場で使われ続けられている。ただしあまりにも地域性と生活の多様性の中で、使用されつづけた、またその単位はそれぞれ地域の状況を多く包含したため、地域を越えての使用に対し誤差があり、工学的互換性がなく、他の領域に渡る普遍性を得るものにはならなかった。特に近代、他の学問との共通性、工学上の説明の必要性から、光と地球の寸法から割り出された「メートル法」が世界条約を経て制定されていった。ただし地域性に溢れた、次のモジュールを考える上で重要な寸法の単位でもある（表1）。

人間中心設計が、建築設計の基本テーマになっている現在、この人間の身体から割り出された尺度は重要な示唆を包含している。

▷ モジュールとは

建築物において、各部分を一定の大きさの倍数で統一するとき、その基準となる大きさ・寸法をモジュールという。日本における木造建築をつくるときこの畳の大きさの基準を使用することによって、その数と部屋の数とその構成により、建物全体の使用材料の目安が割り出される（図1、2）。

また、材料（木材等）をつくり、育てる基準にもなっている。

歴史的に見ると、この基準と木材寸法とその利用法が建物の構成部分の詳細寸法を構成する関係性の方法として「木割り術」が大工・棟梁の「作法・流儀」として育ってきた。室町時代後期に始まり、江戸時代になり「木割書」として建物種別、工匠別にまとめ改善され、使用され伝承されている。

この考え方は現代の建築にも通じるもので、各種建築材の製造、建設施工法において、規格化、既製品化、加工工場の建設企画に、建設の工業化工法、タクト工法などに見ることができる。特に建築の精度確保、建設コストの低減、経済性確保の方策として不可欠な要素となっている。

建築設計時、特に事務所建築において、材料の規格寸法（モデュール）の倍数を基準に、機能上の融通性を検証した寸法としての「通り芯」設定の過程に見ることができる。また建設工法における機械・機材の能力・性能の設定、開発にも大きく関係している。またこのモデュールの長大型化も重要な進歩発展の要素になっている。

▷ モデュロールとは

建築の美しさをつくり上げるための比率「黄金比」のことである。人体の美しさの比例に始まり、現代では、矩形寸法の縦横の比率に日常的に見ることができる。縦横比近似値は、約1：1.618、5：8である。また、線分をA：Bの長さで二つに分割するときに、A：B＝B：(A＋B)のことである（図3）。実際のものとしては、古くはエジプトのギザのピラミッド、ギリシャのパンテオンに見られる（図4）。

このモデュロールという言葉を掲げて設計をして見せた現代の巨匠が、ル・コルビュジエである。マルセイユのユニテ・ダビタシオン、ラ・トゥーレットの修道院などにその成果が見られる（図5、6）。

表1　理科年表付録　慣用の計算単位より

長さ	
尺	1/3.3m = 0.30303m
寸	1/10 尺 = 3.0303cm
分	1・10 寸 = 3.0303mm
間	6 尺 = 1.8182 m
町（丁）	60 間 = 109.09m
里	36 町 = 3.9273km
ヤード（yd）	0.9144m
フィート（ft）	1/3 ヤード = 0.3048m
インチ（in）	1/12 フィート = 2.54cm
チェーン	22 フィート = 20.12m
マイル	1,760 ヤード = 1.6093km
ひろ（尋）	6 フィート = 1.8288m
海里	1.852km

面積	
歩＝坪	1 平方間 = 3.3058m²
畝	30 歩 = 99.174m²
段（反）	300 歩 = 991.74m² = 0.1 町
平方フィート	929.03 平方 cm²
平方インチ	6.4516cm²

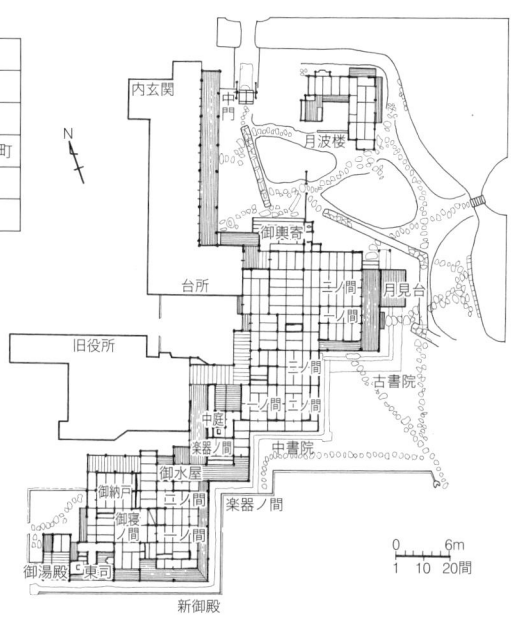

図1　日本建築平面図（桂離宮書院）

図2　日本建築内観（建仁寺書院）

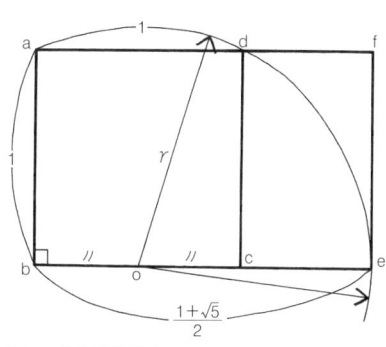

図3　黄金比作図法

赤	青
6	
9	11
15	18
24	30
39	48
63	78
102	126
165	204
267	330
432	534
698	863
1,130	1,397
1,829	2,260
2,959	3,658
4,788	5,918
7,747	9,576
12,535	15,494

図4　ギリシャのパンテオン

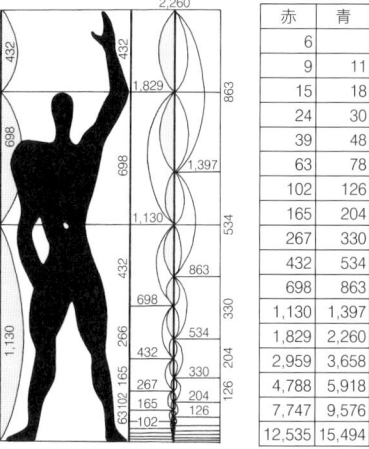

図5　ル・コルビュジエのモデュロール

図6　マルセイユのユニテ・ダビタシオン

3・10　デジタルデザイン

　CADによるデジタルデザインが建築界に取り入れられたのは1970年代で、本格的に建築設計事務所や建築系教育機関にCAD用のコンピュータ端末が並び始めたのは1980年代後半から1990年代前半である。建築家のB・チュミが開設したアメリカのコロンビア大学大学院アドバンスト・アーキテクチャ・デザイン専攻は、デジタルデザインからの建築設計の可能性を全面的に薦め、製図室に模型制作の場所はなく、映画CG製作に用いられる高価なコンピュータ端末が並び、話題となった。

　日本の建築系教育機関でCADの教育が盛んに推し進められてきたのは、1995年以後のWindows95やMacintoshなどの導入によって日本全体の一般家庭にパソコンが普及した頃である。それまでの手描きの図面・透視図・模型による建築設計教育から、図面のプリンタ出力・三次元ソフトでの自動描画機能などによる設計教育へ、一気に移行した。当時の日本の建築系の大学や企業は、CADを利用した建築設計製図の方法論、つまり、アナログからデジタルな道具への転換法は本格的となった。

　例えば、アメリカのF・O・ゲーリーによるビルバオのグッゲンハイム美術館（図1）は、航空機や自動車の分野で流体曲線を検証するためのCADシステムを自身の建築設計に導入し、彼の複雑な三次元曲面をコンピュータ端末に入力し、そのデータをそのまま建材工場へ送り、CADと連携した加工機械が寸分たりとも間違いなくプレカットする工程を確立した。オランダのユー・エヌ・スタジオ（UN Studio）によるメビウスハウス（図2）、アメリカのグレッグ・リン・フォームによる韓国高齢者教会（図3、4）やライザー＋ウメモトによる阿里山高山鉄道駅（図5、6）、日本の渡辺誠による大江戸線飯田橋駅（図7）は、建築設計の際に与えられる諸条件をコンピュータ・プログラミングによって解析し、建築家がすべてを建築設計するのではなく、あたかも連立方程式をコンピュータ端末が解くかのように三次元の建築物を求めた例である。彼らは、コンペに取りかかる最初の段階は、コンペの要項に記載されている条件を入力することに終始し、次第に建築形態がCADにより決定される。その際、方程式が複数の解をもつ場合もあれば、解が無くなる場合もあり、その決定を建築家が行うという応用法である。

　同時期には、W・J・ミッチェルにより、初歩的で形式張らない道具から生まれる多次元的な建築物についていかに言語で表現するかを論じた『建築の形態言語—デザイン・計算・認知について』や、デジタルコミュニケーション革命によって世界規模の電子的環境を包含した21世紀の都市像について論じた『シティ・オブ・ビット—情報革命は都市・建築をどうかえるか』など、情報技術が社会、都市、生活に介入した未来予測型の書籍が、情報化の流れにも乗って、建築界でも大きな話題となった。

　CADの便利さを過信する余り、特に初学者の建築設計教育においては、スケール感の欠如、構築するという建築の感覚の欠如、表面的な建築、CADのようなペラペラな模型といった建築設計教育へのCADによる弊害がしばしば指摘される。こうした中、新しい建築設計教育として、設計のエスキス段階から仕上げまで、常に模型と並行してCGによる数分の短編映画（図8）を制作する課題が国内外の建築設計教育で導入されている。建築は人の生活に関わる長短の時間進行に関係し、まるで映画の原作やコンテから映画そのものを完成させるような過程で、建築物に生活のレベルの物語性を付加して設計演習を進める。表現の効率化と透視図の簡便さは格段に進んだこともあり、即物的な建築物の設計演習から、従来まで演習作品に表現されてこなかった建築物の光環境や一日の生活といった建築物本体に附随する要素も織り交ぜ、二次元投影ではなく最初から立体空間の透視図により、三次元空間とインタラクティブに設計教育を行う際に可能となる。

図1　ビルバオのグッゲンハイム美術館

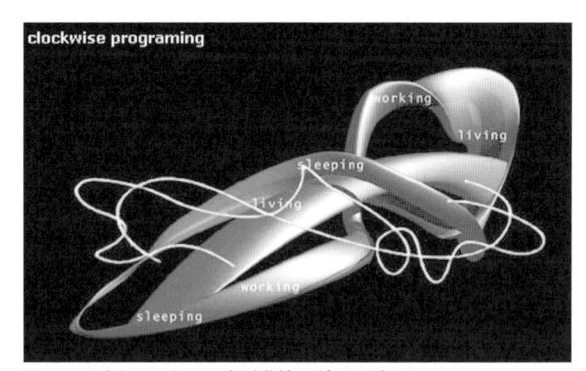

図2　メビウスハウスの生活動線のダイアグラム

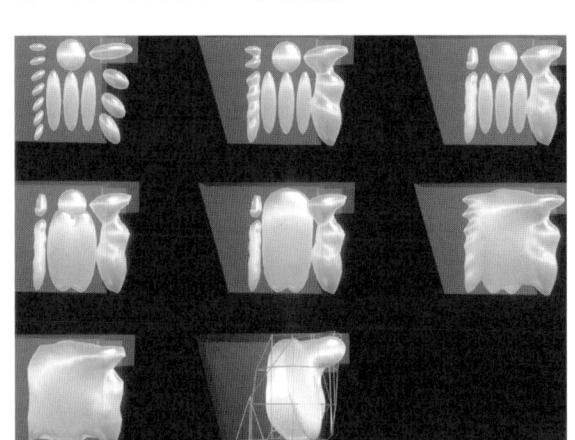

図3　韓国高齢者教会でのシミュレーション

図4　韓国高齢者教会の避難階段

図5　阿里山高山鉄道駅の断面図

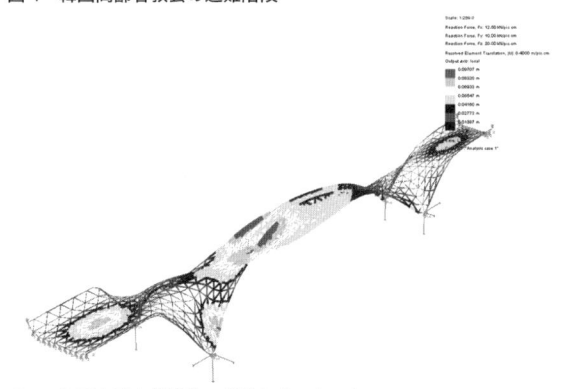

図6　阿里山高山鉄道駅の構造シミュレーション

図7　大江戸線飯田橋駅

図8　短編映画による建築設計教育の事例

3・11 ワークショップ

　ワークショップとは、集団の参加者相互の触発作用により、課題の発見、解決策の模索、意思の決定などを目標とするプロセスである。木下勇[注1]によれば「構成員が水平的な関係のもとに経験や意見、情報を分かち合い、身体の動きを伴った作業を積み重ねる過程において、集団の相互作用による主体の意識化がなされ、目標に向かって集団で創造していく方法」とされる。建築設計分野においては、関係者の建築設計プロセスへの参加、竣工後の管理運営への参加など、計画設計への「市民参加」「ユーザー参加」と関連が深い。

　心理学領域の研究実践から開発されたワークショップは、治療・研修・教育の場面で活用されるだけでなく、建築・まちづくり分野における効果的な話し合いの道具・手法として普及しはじめた。

　アメリカにおいては、1960年代後半から住民参加による公園やコミュニティ施設などの建設が積極的に進められ、その中からワークショップに関するいくつかの手法が提案された。

　L・ハルプリンは、演劇関連のワークショップの影響を受け、五感を刺激する体験型ワークショップにより公園、校庭などの環境デザインに活かした。C・アレグザンダーは、住宅デザインから集落マスタープランまで幅広く市民参加の実践を行なうプロセスで「パタン・ランゲージ」（図1）を開発した。H・サノフは学校や高齢者施設のデザインに市民参加を取り入れた「デザインゲーム」（図2）を示している。MIG（ムーア・アイソファーノ・ゴルツマン）によるファシリテーショングラフィックは、参加者同士が情報や成果を共有するツールとして知られる。

　さて、これまで日本における公共施設の建設は、行政が考える構想をもとに設計が行なわれた。竣工後の管理も行政が実施するものであり、平等なサービス提供確保のため、管理しやすい施設の実現に力が注がれた。そのため標準的で画一的な設計となり、本来の利用者である市民のニーズや想いが反映されにくい仕組みである。しかし、不特定多数の市民が利用する公共施設の建設は、そのプロセスへの参加を通じて地域コミュニティを活性化できる有効な機会でもある（図3）。

　社会基盤整備のために行政主導型のプロジェクトが一定の効果を発揮した時代を踏まえ、今やその地域にとって「何が必要か」から構想することが求められている。必要性を生活体験から議論できるのは地域住民である。市民の意思と地域コミュニティの関係性を具体化した公共建築は、その地域に個性的建物となる。「公共」という概念は、行政ではなく、市民発意の共同を意味する。

　ワークショップでは、例えば次のような段階を踏まえたプログラムで構成される（図4〜6）。

①目標の共有：多様な動機をもつ参加者同士が、共通の目標を認識する。
②課題の発見：プロジェクトに関連する課題を体験的に調査し、情報と課題の共有化をはかる。
③構想の提案：課題解決に向けたアイデアや構想を、自由な立場で提案する。
④計画の合意：参加者同士の自由な議論を経て、計画内容の合意をはかる。
⑤施工への参加：施工段階に参加の機会を設けることで、足跡を形として残し、精神を継承する。

　また、参加型公共施設づくりにおいては、参加者の自由闊達な情報交換を促すために、また、参加の意義を保持するために、次のような基本的原則が求められる（図7）。

①情報の透明性：参加者すべてに情報やプロセスが明らかにされている。検討プロセスが適切に広報されることも重要である。
②参加者の協働性：住民、行政、専門家が立場の違いと価値観の違いを認識し、協働的に推進する。
③議論の平等・公平性：参加者が自立して主体的に取組めるよう、議論の場における発言の平等・公平性を確保する。

　こうしたプロセスを経て地域にとって独創的で個性的な公共建築を実現することは、行政への参加だけでなく、主体的な自治としての意味をもつ。なお、子どもの時期から、ワークショップを通じたまちづくりへの参加の意義も認識されつつある[注2]。

バルコニー、ポーチ、柱廊、テラスなどは、必ず6フィート（1.8m）以上の奥行をとること。できれば、単純に建物から張り出すのではなく、少なくとも一部が建物にくい込み、部分的に囲われるようにすること。

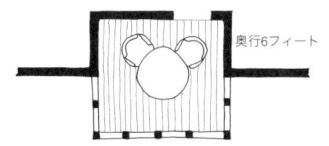

奥行6フィート

廊下は短くすること。カーペット、木床、家具、本棚などでしつらえ、できるだけ部屋のような造りにすること。ゆとりのある形にし、つねに十分な光を取り入れること。壁面全体にわたって窓があるのが、最良の廊下である。

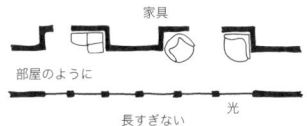

家具
部屋のように
長すぎない
光

どんなに高密な都市地域でも、大部分の建物は4階建か、それ以下にすること。それ以上の建物があってもよいが、けっして居住用の建物にしないこと。

4階建

8から12戸の家で共有地や歩行路をとり囲み、ごく大まかでも識別可能なクラスターを形成すること。侵入者という感じをもたずに、誰もが通りぬけられるような配置にすること。

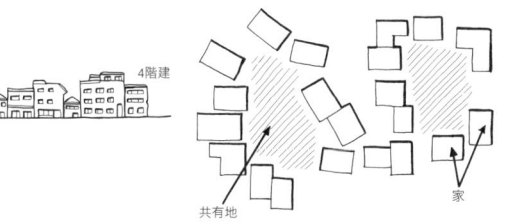

共有地　家

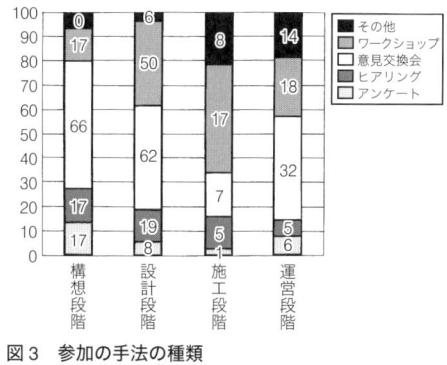

図3　参加の手法の種類

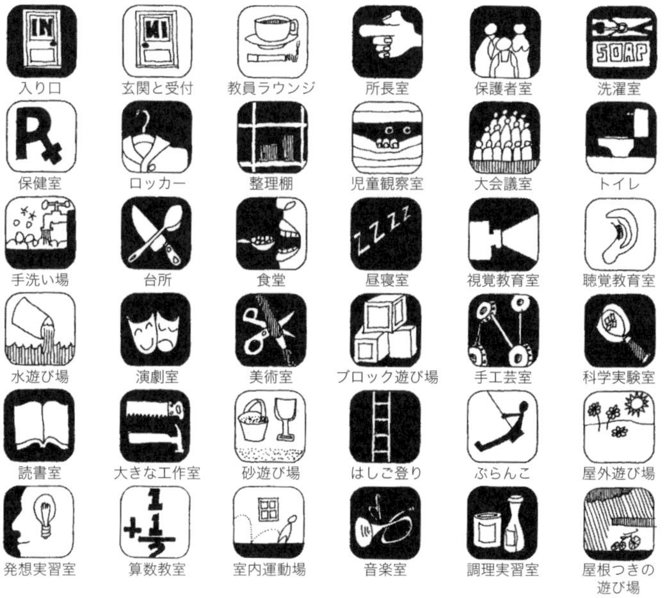

図1　パタン・ランゲージの事例

入り口／玄関と受付／教員ラウンジ／所長室／保護者室／洗濯室／保健室／ロッカー／整理棚／児童観察室／大会議室／トイレ／手洗い場／台所／食堂／昼寝室／視覚教育室／聴覚教育室／水遊び場／演劇室／美術室／ブロック遊び場／手工芸室／科学実験室／読書室／大きな工作室／砂遊び場／はしご登り／ぶらんこ／屋外遊び場／発想実習室／算数教室／室内運動場／音楽室／調理実習室／屋根つきの遊び場

図2　デザインゲームの事例

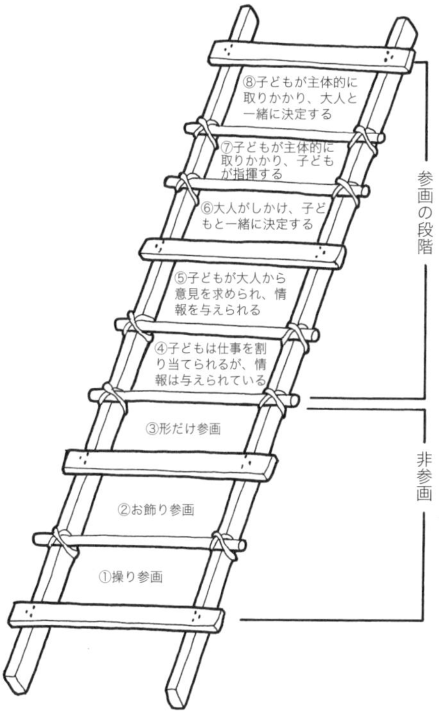

⑧子どもが主体的に取りかかり、大人と一緒に決定する
⑦子どもが主体的に取りかかり、子どもが指揮する
⑥大人がしかけ、子どもと一緒に決定する
⑤子どもが大人から意見を求められ、情報を与えられる
④子どもは仕事を割り当てられるが、情報は与えられている
③形だけ参画
②お飾り参画
①操り参画

参画の段階
非参画

図7　参画のはしご

図4　学校計画における参加プロセス：現地調査

図5　学校計画における参加プロセス：模型による検討

図6　学校計画における参加プロセス：子どもたちの参加

第3章　人間、設計、環境のキーワード　125

3・12 ファシリティマネジメント

ファシリティマネジメント（FM）とは、「企業・団体等が組織活動のために、施設とその環境を総合的に企画・管理・活用する経営管理活動」[※1]と定義されている。

FMの対象となるファシリティは、不動産、建築、室内環境、家具・什器、情報設備といった施設全般にわたる。FMでは、企業等が保有あるいは賃借するすべてのファシリティを経営資源としてとらえ、最大の経営資源である「人」が創造性を発揮して働く場をつくるために、最小の投資や運営費で、最大の効果を上げることを目的としている（図1）。

日本の企業や自治体等では、従来、総務部や管財部といった部門が施設管理を行ってきたが、体系だったマネジメントの理論やシステムをもっている組織は少なく、経験則による事後保全的、個別的な管理を行ってきた。こうした従来の施設管理とFMの違いは、将来も見据えた長期的な視点から、全施設一元的な管理を行うことにある（表1）。

FMの標準業務は、戦略・計画、プロジェクト管理、運営維持、評価と、これらを遂行するための統括マネジメントの5つから構成される（図2）。組織にとって必要なプログラムを策定する企画段階から関与し、建設や改修・移転といったプロジェクトを統括し、できあがったファシリティを効率的に運用し、客観的データに基づいて評価をすることによって、次の戦略を策定するというサイクルを回すことが、ファシリティマネジャーの業務である。

マネジメント・サイクルにおいて、目標を設定し、その達成度を評価することはきわめて重要である。FMの目標には、財務、品質、供給の3つの管理項目がある（図3）。これらは相互に関連しており、その調和を図ることが必要だが、時代の背景とともに、管理目標の重点も変化している。日本に米国からFMの概念が紹介された1980年代後半には、好景気を背景に、快適なオフィス・スペースをいかに確保するか、つまり「供給」にFMの主眼があった。その後の景気後退期には、企業のリストラや業績回復のために、施設投資の抑制やファシリティにかかるコストの削減といった「財務」が重点目標となった。さらに近年では、知的生産性向上や施設の価値を高めるために、ファシリティの「品質」をいかに最適化するかに注目が集まっている。

耐震性能・劣化性能、省エネ・設備診断といった施設性能評価はデータベースとして蓄積すべきものである。満足度評価やPOE（Post Occupancy Evaluation）[※1]によって、利用するユーザーの声を聞くことは、ファシリティ本来の存在目的からすれば当然のはずだが、十分に理解されているとは言い難い。投資評価やライフサイクルコスト（LCC：Life Cycle Cost）[※2]の評価といった財務面の評価とあわせて、多様な評価の結果にどう答えるかがファシリティの価値を高めるポイントである。

官庁や自治体においては、高度成長期に大量に建設された公共施設や公営住宅のストックが老朽化し、かつ財源が不足するなかで、いかにこれらのファシリティを良好に維持し、これからの人口減少・高齢社会において、満足度の高いサービスを提供していくかというマネジメントの視点が求められている。PFI（Private Finance Initiative）[※3]や、指定管理者制度等を導入し、公共施設の建設や運営において、民間の資金や技術力、経営能力を活用することも行われており、従来型の縦割りの業務を超えた横断的な対応を行うことが必要である。

また、近年はビルの所有と経営の分離が進み、日本でも不動産の証券化が一般化し、アセットマネジメントや、プロパティマネジメントの普及も進展している（表1）。これら建築に関わるマネジメントは、業務内容の違いはあるものの、いずれも建築の価値を高めることによって、利用する人や組織を幸福にするためにある。マネジメントを通じて社会や地球環境に貢献することを認識しなければならない。

[※1] POE：入居後施設評価。施設の利用者に対する心理的・機能的な効果の検証を総称する手法。建築物は人が利用している状況ではじめてその有効性が評価されるものであり、その評価をフィードバックすることによって快適性や機能性が実現できる。
[※2] LCC：建物の設計・建設などの初期投資、施設の運用にかかるコスト、改修のための投資や解体処分までの建物の一生に必要な費用。一般に、初期投資コストに対して、運用時にかかるコストは数倍に達するため、省エネを図るなど運用時のコストを抑えるよう計画することが重要である。
[※3] PFI：国や地方自治体などが自ら実施するよりも効率的に公共サービスを提供するために、公共施設等の建設、維持管理、運営などを、民間の資金および経営能力や技術力を活用して行う事業。

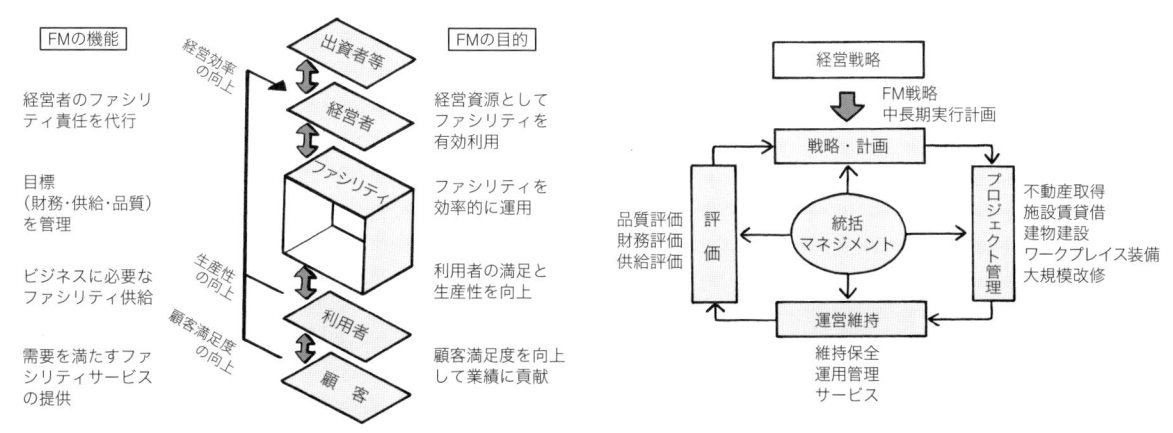

図1 ファシリティマネジメントの目的と機能

図2 FM標準業務サイクル

表1 建築に関わるマネジメントの比較

	従来型の施設維持管理	プロパティマネジメント（PM）	アセットマネジメント（AM）	ファシリティマネジメント（FM）
主体	建物所有者、もしくは、建物所有者から委託を受けた不動産管理会社	（投資用不動産を中心とする）建物所有者から委託を受けたプロパティマネージャー・PM会社	投資家（資金提供者）から委託を受けたアセットマネージャー・AM会社	業務用のファシリティ（土地、建物、構築物、設備等）を所有する法人・団体等の組織
対象	所有もしくは管理している建物	企業委託を受けた不動産（投資用不動産を中心とする）	取得した投資用不動産、今後取得する予定の投資用不動産	オフィス、工場、店舗、その他あらゆる業務用のファシリティ
目的	適正なコストで、建築物および建築設備の機能を適切に維持保全していく	対象不動産の運営・管理業務を通して、不動産から生み出される収益の増大を図り、対象不動産の収益価値を高める	不動産の投資価値を極大化し、投資家の収益性の拡大に努める	施設とその環境を総合的に企画、管理、活用する経営活動を通して、経営にとって最適なファシリティを実現する
対象とする期間	建物の存続期間	建物の所有期間もしくは管理期間	投資家の投資期間もしくはファンドの存続期間	法人・団体等の存続期間
手法業務内容	運営・管理の予算計画／保守管理業務の実行／修繕計画等の実行／テナントへの日常的な窓口業務／運営・管理報告書の作成／適正な再投資	建物の維持管理・改修工事、テナント管理（テナント募集／賃貸借契約書の締結／賃料等の収受・回収）、収益改善案の提案と実行を含む収益物件の経営代行	投資物件のポートフォリオ作成と統括管理／物件の取得・売却の計画と実行／賃貸・管理運営方針の作成／PMrの監理・助言／資本的支出の決定	経営戦略に基づく、FM戦略・計画／プロジェクト管理／運営維持／評価／統括マネジメント
評価	維持管理のコストと建物の管理状況、建物の使用年限で評価	対象不動産の収益性（PMに要したコストと賃貸収入）／対象不動産の資産価値で評価	投資家のポートフォリオ全体の収益性、資産価値で評価	経営にとって最適な状態を、財務、品質、供給の観点から総合的に評価

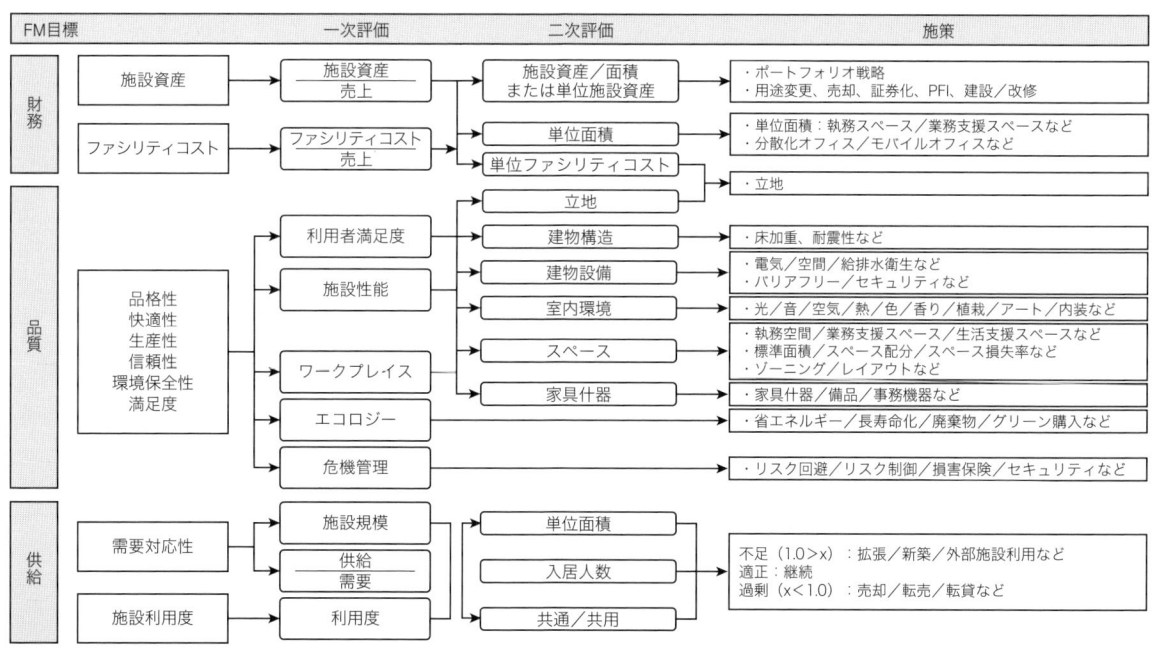

図3 FM目標管理の展開

3・13　転用再生

　わが国の住宅市場が、スクラップ・アンド・ビルド型（フロー型）から、欧米の多くの国にみられるようなサステイナブル型（ストック型）へと変化するのに伴い、社会の構造転換が求められている。この変化と転換は、相互に連関すべき動きであり、少子高齢化・環境保全・経済環境などの社会的諸課題への有効な処方箋として位置付けられる。既存・新築双方を対象とした、良質な住宅ストックの「持続的な（サスティナブルな）」活用を目指す居住環境づくりを、「再生」と呼ぶことにすると、欧米では、日本より早くこの再生が定着している。結果として、現存する住宅数（ストック：S）を年間住宅着工数（フロー：F）で除した値（S／F）を、「住宅が建て替えられる平均年数（平均寿命）」を傾向的に示す指標として考えてみると（図1）、わが国の住宅の寿命が37年であるのに対し、欧米4カ国（英仏独米）では74年～132年であることがわかる。こうしたわが国のスクラップ・アンド・ビルド型（フロー型）建築生産体制は、第二次世界大戦後の産業社会構造の転換によって促され、土地問題や税制によって加速されたものである。また、耐震基準や性能基準などが更新されるたびに、手間と費用がかかる改修・補強工事よりも、新規に建替えるという手法を選択してきたことも建替えを促進した一因となっている。しかしながら、現在住宅ストック数は総世帯数をはるかに超えていること、2007年以降の人口減少が予測されていることから土地不足は解消の方向へ向かっており、都市部では法定容積率の限界まで活用した建築物が多く、建替えることによる床面積の増加が期待できないため経済的メリットを得にくく、建替えは容易ではない。

　集合住宅の再生の内容を、結果として得られる性能レベルによって分類することができる。図2は、マンション再生の意思決定システムを表現したものである。図3中「再生の手法」のレベルⅠとは、「初期性能への回復」を目的とする再生行為であり、建設時の性能状態に戻す再生である。この行為は、一般的に「修理」や「修繕」「補修」といった呼び方をされる。レベルⅡとは、「再生行為の行われる時点での時代標準性能への引き上げ」を目的としている。例えば、20年前の建設時には一般的であった浴室内部設置型の風呂釜を、20年後に一般的になった屋外型の風呂釜に変更し、浴槽を広げて足を伸ばせるようにする、といった変更である。これは「改良」・「改修」といった呼び方で表現できる。レベルⅢは、「空間性能の包括的引き上げ」を目的とするもので、例えば、2つの住戸を1つにして面積を一気に2倍にしてしまうといった再生を指す。表1に、レベル毎の維持・管理（再生）内容の例を挙げる。

　広い意味では、「建替え」も「再生」行為に含めることができる。上記のレベルⅠ～Ⅲで再生するよりも、古い建物を壊して新しい建物を建てた方が社会的・経済的・環境的に有利であると判断される場合には、「建替え」という「第4の選択肢」が選ばれることになる。

　欧米では、レベルⅠ（修理）～Ⅳ（建替え）までの再生行為が連続的に選択されて実行されている。「リノベーション」という言葉は欧米では幅広い意味で「再生」にあたる。日本では、用途を変更しない大規模再生が「リノベーション」と呼ばれるのが一般的である。図4に、欧米の集合住宅再生事例から収集したレベルⅢの再生ボキャブラリを紹介する。欧米では、さらに、「コンバージョン」「用途変更」「転用」と呼ばれる、建物を変更する再生行為の事例も頻繁に行われている（図5）。それに対して、わが国においては、レベルⅠの再生行為が繰り返された後に、いきなりレベルⅣの建替えが選択されるというのが従来の「常識」であった。「永生きする」集合住宅のためには、計画的・継続的にレベルⅠ～Ⅲの再生行為が行われる必要がある。

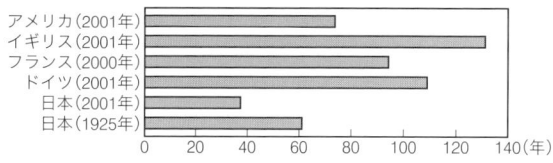

図1 住宅の更新周期の目安

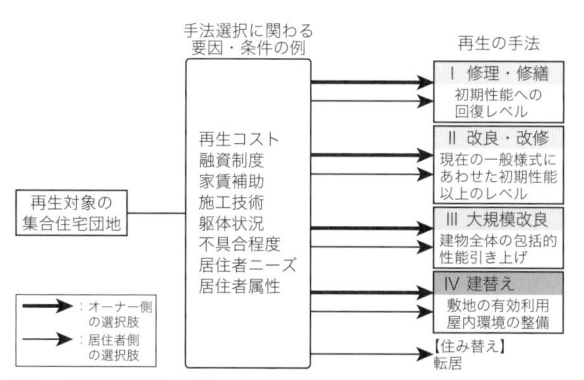

図2 再生手法のレベル

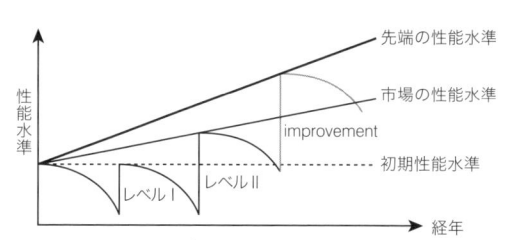

図3 再生による性能水準の変化

表1 再生手法のレベル別 集合住宅再生の手法例

部位	再生レベルⅠ	再生レベルⅡ	再生レベルⅢ
階段	・手すりの修理 ・階段室の塗り替え ・掲示板の修理	・子ども用・老人用の手すり設置 ・掲示板の設置 ・プランターの設置	・新たな階段室の増設 ・階段室の窓をつける
エレベータ	・エレベータの修理	・停止階の修繕	・エレベータの増設
廊下	・手すりの修理 ・壁面・床面の塗り替え	・子ども用・老人用の手すり設置 ・プランターの設置 ・コンクリート床を変える	・開放廊下の室内化
郵便箱 宅配ボックス	・郵便箱の修理	・新たな郵便箱設置	・宅配ボックスの設置
エントランス	・エントランスの修理	・新しい照明器具にする ・スロープの設置	・エントランスのホール化 ・ソファーなどの待合室との兼用
外壁	・外壁の改修 ・外壁の塗り替え	・外壁の張り替え	
屋上	・屋上の修理	・屋上の増築	・屋上を遊び場として利用可能にする
屋根	・屋根の修理	・屋根を変更する	・新たに屋根を設置
設備	・設備の修理	・ソーラーパネルの設置 ・雨水利用システムの設置	
配管	・配管の修理	・配管の交換	・室内配管を変える
構造体		・構造の補強	

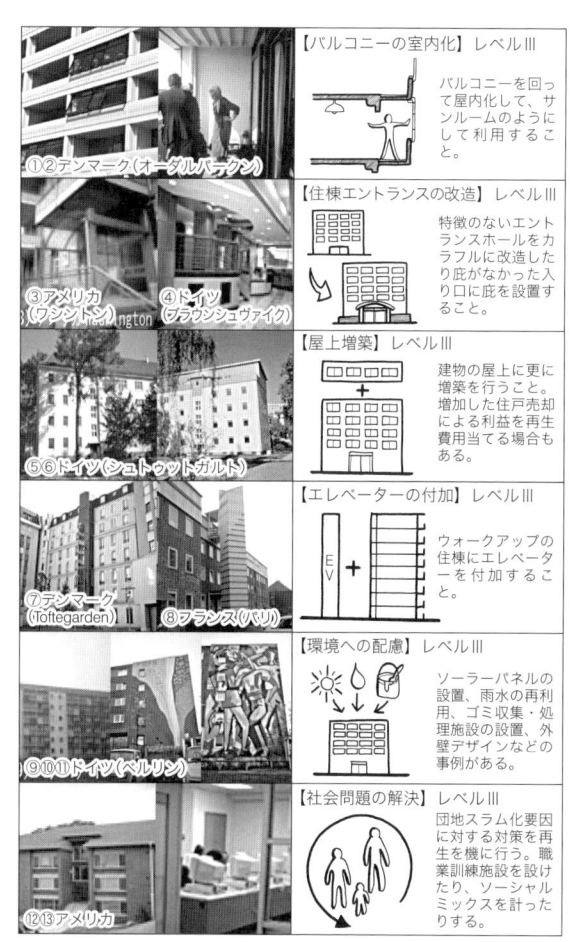

図4 再生手法のボキャブラリ

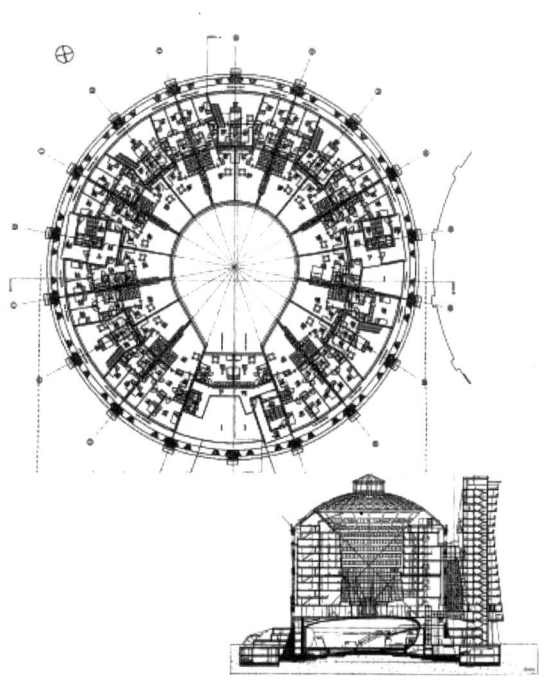

図5 ガソメーター(1896年建設、2001年コンバージョン) 住戸階平面図（上）、断面図（下）

第3章 人間、設計、環境のキーワード 129

3·14　複合化

「複合」とは「2種以上のものが合わさって一つになること」(広辞苑)である。何か異種の複数要素を取り出し、それらを一つに合わせれば「複合化」となるわけであるが、そこでは「何を要素とするのか」および「何をもって合わさるとするのか」、すなわち、合わさる「要素」と「様態」が問われる。建築における複合をいう際にも必然的にそれらは問われることになるが、その両者それぞれについてさまざまな捉え方がなされ、それらがまた組み合わされることで多様な解釈が生じている。

「要素」の捉え方に関して、一つの建物に映画館が複数併設されているシネマコンプレックス(シネコン)を例に挙げよう。その呼称において「複合体(complex)」であることが示されている同施設であるが、そこで「一つの建物に併設されている」という「様態」に対して、その「要素」にあたるのは「同種」の「複数映画館」であり、それでは先の複合の定義にはそぐわない。ただ、そこにおいても各映画館の間に規模や設備等の特性、さらには、上演される作品において差異があることをもって「異種」とみることは可能なのである(図1)。

建築計画学の分野においては、そもそもの同分野の成り立ちとも関連して、「要素」としては「病院」「学校」「図書館」などの各種「建築種別」、いわゆるビルディングタイプを持ってくるのが一般的である(図2、3)。「主要用途による建築の分類」であるビルディングタイプ(この概念規定も一様ではない)は、社会のありよう、とりわけ制度との関わりにおいて創出され、変化し、消失もする相対的なものである。「制度」の意も有する多義語である"institution"の訳語として「施設」の語にもその多義性を認め、ビルディングタイプを「施設種別」と称した場合には、そうした同概念の相対性が意識されよう。その概念の相対性はビルディングタイプを軸に複合化を考える上で留意すべき重要な点である。

ともあれ、まずは定まったビルディングタイプ群の存在を前提として、そこでの複合についてみておこう。各種ビルディングタイプをその「要素」として定めた際にも、一方の「様態」については様々な規定が可能である。例えば「同一建物に同居する」という空間的結合からの規定などはわかりやすいものであるが、「相互利用や共同事業を行うなどの密接な機能的連携を有する」といったような機能連携からの規定も存在する。空間的結合としては、建物においてではなく敷地においてみる(「同一敷地に同居する」とする)場合もあり、さらには、それら空間的結合と機能連携それぞれの規定の組み合わせによるものもまた用いられる。例えば「同一建物に同居し、相互利用や共同事業を行うなどの密接な機能的連携を有する」との規定がそれである。

それら規定のあり方により解釈が異なってくる建築における複合化であるが、それら複合化が行われる背景を総じてみると、財政力不足に起因する管理運営の合理化、土地の高度利用、施設の多機能化・高機能化といった様々な要請がそこには存在している。それぞれの要請に応えることが求められ、その実現が複合化における主たる効果となる。そして、そうした複合化の効果を高めることが重要である一方で、動線の錯綜をはじめとする複合化に伴う課題に関しての配慮が求められるのである。

ところで、複合化の背景の一つ、施設の多機能化・高機能化への要請に対する対応においては、先に示した、制度とも関連したビルディングタイプの相対性が問題とされる。そこでは、既存制度のくびきから脱しての施設の多機能化・高機能化が実質的にどの程度実現可能であるかと、仮にそれが十分実現されたときに、そこに生まれた新たな複合体をどのように捉えればよいかが問われるのである(図4)。そしてそれは、ビルディングタイプを軸とする建築計画学のあり方自体に対する問いにもつながる。

```
3つのホール
○サンタチェーリアホール
  2,756席、ワインヤード形式
○シノーポリホール
  1,133席、シューボックス形式
○ペトラッシホール
  673席、シューボックス形式（プロセニアム形式として利用可能）
```

図1　複合施設（複数ホール）（アウディトリウム・パルコ・デッラ・ムジカ）　映画館以外でも劇場施設には同様の状況がみられる。アウディトリウム・パルコ・デッラ・ムジカは規模、特性の異なる3つのホールを核とする複合施設である。

図2　複合施設（複数ホール＋美術館＋α）（愛知芸術文化センター）

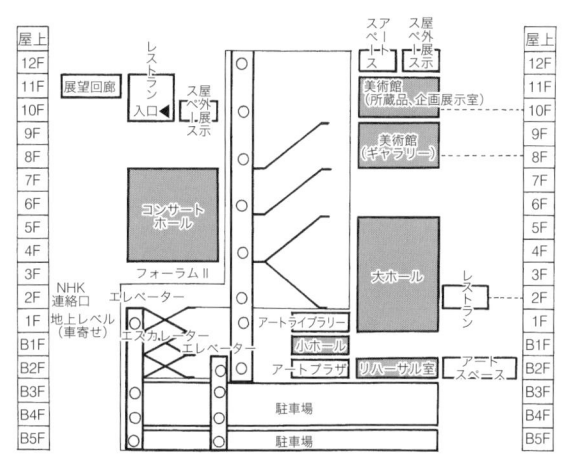

図3　愛知芸術文化センター施設構成

```
開館時間
○せんだいメディアテーク
  午前9時〜午後10時
○仙台市民図書館
  午前10時〜午後8時（土曜・日曜・休日は午後6時まで）

閉館日
○せんだいメディアテーク
  年末年始（12月29日〜1月3日）、保守点検日（毎月第4木曜日）
○仙台市民図書館
  月曜（休日を除く）、休日の翌日、館内整理日、毎月末日、年末年始（12月29日〜1月4日）、特別図書整理期間
```

図4　メディアテーク（せんだいメディアテーク）　せんだいメディアテークでは「メディアテーク」という新しいビルディングタイプの構築が試みられたが、同施設には市の図書館ネットワークに属する仙台市民図書館が含まれており、その部分については既存の図書館制度に従い、施設内においても独自の運用がなされている。

第3章　人間、設計、環境のキーワード　131

3·15 コンパクトシティ

　地球環境問題への意識が高まる中、欧州を中心に、持続可能な都市の議論が活発化している。コンパクトシティとは、持続可能な都市の空間形態を概念化し、都市政策モデルとして提示していくものである。ただし、その具体的な手法は画一ではなく、国によってさまざまであり、地域の状況に応じて実践されている。

　海道清信[※1]が、欧米のコンパクトシティの議論から共通概念をまとめた「コンパクトシティの9つの原則」を見ると（表1）、「自動車だけに依存しない交通」という項がみられる。これまで車交通を前提として都市のスプロール化現象が進行してきた。今後はサスティナブルな社会にむけて車利用を減少させ、エネルギー消費・CO_2の排出を抑制していかなければならない。そのようなことから、公共交通・自転車・徒歩主体の魅力的な中心市街を形成し、そこに都市機能を集約すること、一方で郊外の無秩序な開発を抑制することがコンパクトシティの概念の根幹である。都市機能を集約していくことで、公共的なインフラも集約的に整備・維持することができる。新規開発をさけて、自然環境を保全することもできる。「複合的な土地利用の生活圏」の原則とは、これまで用途純化が進み住宅と就業地が離れて形成されたものを、多様な用途が一定の範囲の中で混合され、生活に必要なものが揃った小さな生活圏へと変えていこうとするものである。そして、それらヒューマンスケールの中心市街を形成するにあたり、地域の歴史的な骨格を利用するなど、文化的な意味を保持していく必要があることも重要な原則として認識されている。別の表現をすれば「伝統的に都市が持っていたコンパクトさをできるだけ維持して、地域の空間資源・ストックを保全・維持・活用する都市づくりを進めること」[※1]ともいえよう。

　次に、具体的にコンパクトシティの概念が実際の都市計画に反映されている様子を、各国のくくりで見ていく。

　EUでは、1990年に「都市環境に関する緑書」、1994年に「ヨーロッパ2000＋」が公表されるなど、サスティナブルシティの概念が形成されてきた（図1）。ドイツやオランダなどでは、歴史的に形成された市街地の構造を大切にしつつ、田園風景や自然を守る整備事業が行われている。またカーフリー団地も整備されている。英国では、アーバン・ルネサンス（図2）において、首都圏の世帯増加に対し、グリーンフィールド（新規開発用地）よりもブラウンフィールド（既成市街地内敷地）での開発や建物の再利用を優先させる方策をとっている。まず広域圏で、都市戦略上、成長をよしとする都市とそうでない地域を明確に示し、それをストラクチャー・プラン（中間自治体圏）、ローカル・プラン（基礎自治体圏）へとブレイクダウンしつつ徹底していく。米国は、欧州にくらべ都市の歴史が浅く、特に自動車依存の拡散的な都市形態が多く見られる。しかし徐々に都市の成長限界線を設定する施策が進められている。1994年にはニューアーバニズム会議が開催され、カルソープが公共交通指向開発モデル（TOD）を提案（図3）、伝統的な近隣居住地を再評価する動きがみられる。オーストラリアでは、ニューマンが低密度に広がった郊外地域を公共交通で再編する提案を行った（図4）。

　日本では、コンパクトシティの議論は中心市街地の空洞化に対する危機意識と強く結び付いている。地方都市では、人口減少・高齢社会の到来に伴い、中心市街地が空洞化、車社会に対応した大型店の郊外立地が、それに拍車をかけている。同時に郊外ニュータウンも衰退しはじめている。市街地の拡散を抑制し、都市機能の集約化を図ること、公共交通主体の魅力的な中心市街地として再生させることが急務である。法的には1998年に制定された、まちづくり三法（中心市街地活性化法、大店立地法、改正都市計画法）が2006年に改正され、大規模集客施設が立地できる用途地域が限定された。また市街化調整区域内にて、それまで開発許可が不要であった病院、福祉施設、学校、庁舎などの公共公益施設も開発許可申請の対象となり、コンパクトなまちづくりへの方向転換が明確になった。

表1 コンパクトシティ9つの原則

①高い居住と就業などの密度	人口密度や住宅密度が高い。密度が高くなると、環境上の問題が発生する恐れが強くなるため、環境の質を高めるためにも、建築デザインやアーバン・デザインの役割がいっそう重要となる。	
②複合的な土地利用の生活圏	一定の生活圏の中で、複合的な土地、建物利用が行われている。住宅や就業などの単一機能の密度が高くてもコンパクトとはいえず、多様な用途が一定の範囲で複合されていることが必要とされる。近代都市計画の原理の一つである「用途純化」は批判の対象となっている。	
③自動車だけに依存しない交通	自動車交通への依存度が低い。生活圏の中や都市中心部などを自由に歩きまわることができ、徒歩と自転車が利用しやすく、公共交通の利便性が高い。自動車を利用した移動性の高さではなく、必要な場所やサービスへの到達のしやすさが重視される。	
④多様な居住者と多様な空間	年齢、社会階層、性別、家族形態、就業など、居住者とその暮らし方の多様さ、建物や空間の多様さがある。多様な住宅が共存していることが重要で、家族形態などが変わっても住みなれた地域で住みつづけられ、居住の継続性と地域の安定性がえられる。	
⑤独自な地域空間	地域の中に、歴史や文化を伝えるもの、他にないものが継承され、他とは違う独特な雰囲気をもっている。歴史的に形成された場所、建物、文化などが大切にされ、活かされる。開発に当たっては、場所性の感覚が重要となる。	
⑥明確な境界	市街地は、地形や緑地・河川などの自然条件、幹線道路や鉄道などのインフラ施設などで区切られ、物理的に明快な境界がある。田園地域や緑地に拡散的に、あいまいに市街地が広がっていない。	
⑦社会的な公平さ	年齢、所得、性別、社会階層、人種、自動車利用、身体機能などいろいろな特徴を持った人々が、公平に生活できる条件が確保される。特に地域で自由に移動できて必要なサービスが受けられ、住宅が確保され就業できることが重要である。	
⑧日常生活上の自足性	徒歩や自転車で移動可能な範囲に、日常生活に必要な生活機能が配置され、地域的自足性がある。狭い近隣だけで充足できる機能は限られるため、広域的なサービスを利用できるような交通手段の整備なども必要である。	
⑨地域運営の自律性	そこに住む市民や住民の交流が盛んでコミュニティが形成され、地域の現状、将来に関する方針の決定や運用について、主体的に参加できる地域自治がある。他の圏域との連携も必要となる。	

図1 中心市街地の歩行者専用・優先道路（デンマーク・コペンハーゲン）

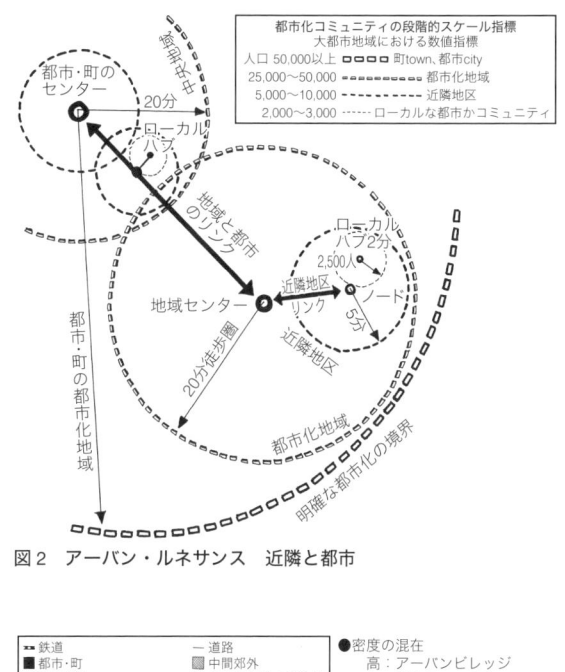

図2 アーバン・ルネサンス　近隣と都市

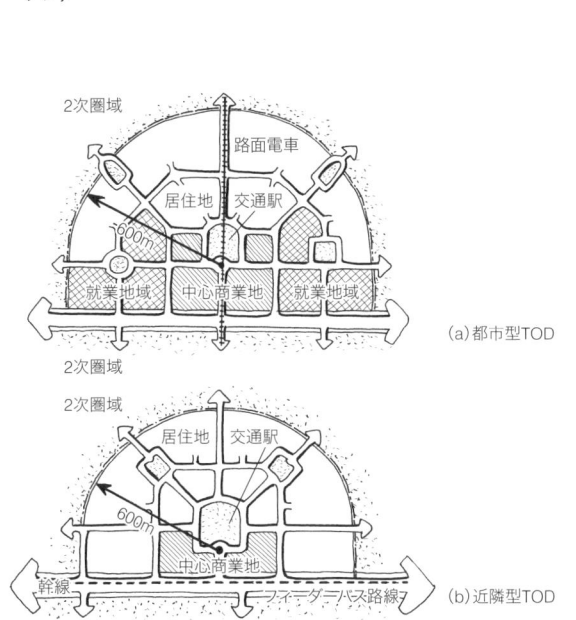

図3 カルソープのTODモデル

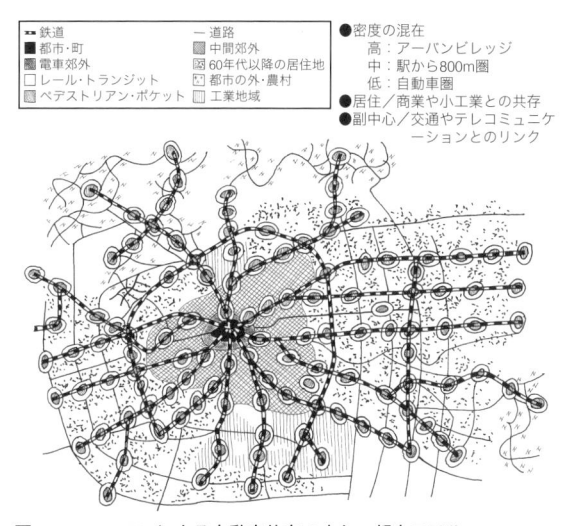

図4 ニューマンによる自動車依存の少ない都市モデル

第3章　人間、設計、環境のキーワード　133

3·16 コンテクスト

　建築・都市は人々の要求が形になった結果である。例えば古代都市は、水・食料を求めやすい河川付近に位置しており、人々の要求から住む場所が選択されている。また、各地で建築・都市の姿やあり方が異なっているのは、その土地の歴史、気候風土、文化的特性などが影響している。建築・都市をつくる際にその場所に関わる様々な情報を参照するが、これを「コンテクスト」と呼ぶ。コンテクストは文脈、前後関係、背景など様々に訳され、意味する範囲が広い。

　経済的合理性を世界規模で重視した場合、世界各地で退屈で面白みのない建築・都市が出現する。魅力的な建築・都市の計画にはコンテクストを読み取り、その場所の固有性を引き出すことが重要である。コンテクストの概念は様々な視点が考えられるが、ここでは物理的環境、社会、時間の視点から述べたい。ただし、これらはそれぞれ独立したものではなく、互いに密接に関わり合っている。

　①物理的環境：コンテクストの中でも最も見出しやすいもので、その場所にあるものが対象となる。例えば、焼き物や陶製土管の製造で栄えた常滑は、住む人にとって身近な陶製の土管や瓶で街を彩っている（図1）。また、このような考え方として、ゲニウスロキ（Genius Loci）がある。ゲニウスロキとは、どのような場所でも固有の土地霊がひそんでいるという考えで、場所が持っている雰囲気の本質を指し示すものともいえる。例えば、古代の墓や都市の位置はゲニウスロキに導かれて決められたと言われている。

　②社会：社会情勢やその土地に住む人々の特徴なども建築・都市に影響している。例えばヨーロッパの都市からは「古典性」、「歴史性」などを読み取ることができるが、東京都心部は建築の更新スピードの速さ、情報の集積から「現代性」を最も良く現している都市といえる（図2）。金沢21世紀美術館（図3）は、街の中心部に位置しており、5カ所から屋内にアクセスできる円形の平面、展示室同士が切り離されていることなど、「開放性」を表現している。広島市環境局中工場（図4）は、ゴミ処理も現代の生活の一部であるという観点から、焼却部分を既存の道路幅に合わせてオープンにし、人々の意識や建築のあり方に対して問題提起している。

　③時間：常に出来事が発生するため、コンテクストは時間とともに更新・変更される。すなわち過去の歴史に着目すると同時に、未来の変化を予測する必要がある。広島平和記念資料館・平和記念公園（図5）では、歴史的な事実を都市軸と結びつけた計画が見られる。平和大通りと直交して資料館、慰霊碑が配置され、その延長線上に原爆ドームがある。

　建築に活かすことができるコンテクストを読み取ることは容易ではない。その土地の地形、方角、自然環境など複雑な情報があり、さらに人工的な環境も常に変化しているためである。C・ノルベルグ＝シュルツは、古代から続くものだけではなく、近・現代の場所にもゲニウス・ロキを見出そうとした先駆者である。彼は空間を読み取る際、中心、通路、領域の概念から分析することで、様々な体系が得られると述べている。また、人間にとって有用な情報だけを読み取るのではなく、人間と環境の相互作用から空間が形づくられる意識が重要と指摘している[文1]。また、読み取られたコンテクストをどのように空間に反映させていくかが設計のポイントとなる。R・ヴェンチューリは、「本当の意味で多様な建物や都市景観を眺める時、人は、全体のまとまりがあまりに簡単に、あまりに素早く見えてしまうことには満足しない」ことを指摘し、「日常の景観の中から、都市を構成する建築にとって有効で力強い、多様で矛盾し対立する秩序を引き出す」複雑な統一をすべきであると論じている[文2]。これらの考えは、母の家（図6）などに見ることができる。

　建築は地域社会の中に存在するものであるから、コンテクストを都合良く解釈し、自らの価値観のみを表現することに終始してはならないことを肝に銘じたい。

図1　土管を使用した常滑の街並み

図2　新宿歌舞伎町の風景

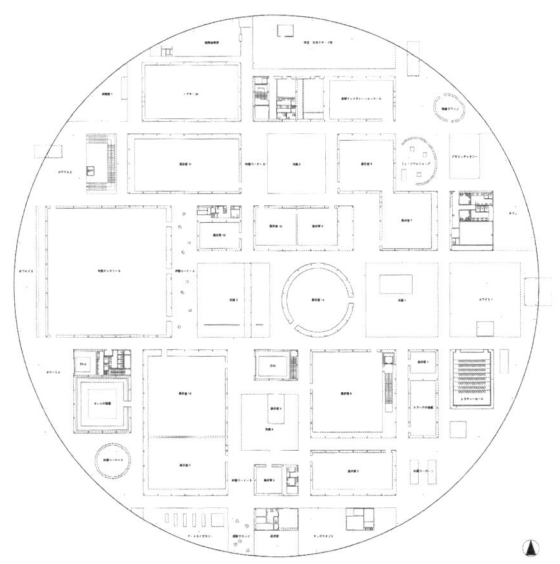

図3　金沢21世紀美術館1階平面図

図4　広島市環境局中工場

図5　広島平和記念資料館・平和記念公園の軸線

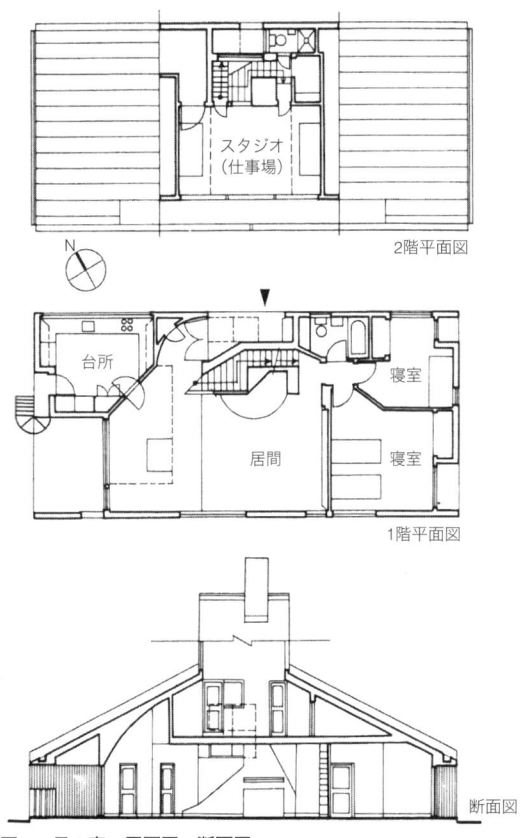

図6　母の家　平面図・断面図

第3章　人間、設計、環境のキーワード

3・17　風土と歴史

▷風土と建築

　建築の形態は、それが建つ場所の風土と密接な関係にある。このことにこだわったのが「バナキュラリズム」である。

　「バナキュラー建築(風土建築)」や「アーキテクチュア・ウィズアウト・アーキテクト（建築家なしの建築）」や「アノニマス建築（無名建築）」は、ほぼ同義の語と捉えてよい。

　特定の建築家が携わった形跡は無く、長い時間をかけて、多くの人の創意工夫が加わってできた、まるで、風土がつくり上げたとしか思えないような建築を意味する（図1）。

　長い時間をかけ、試行錯誤しながら、多くの人の創意工夫を加えてできた建築には破綻がなく、美しい。①住人の生活と一体化している。②その土地の気候になじんでいる。③身近な材料や技術が使われ、メンテナンスも含めた持続可能性も備えている。④多くの人の感性にさらされて、その形態は洗練されてもいる。学ぶべき点は多々ある。

　風、気温、湿度、降雨・降雪量、日照・日照時間、植生…これらとそこに住む人間との関わり方からくる破綻のない建築形態を分析し、今日に生かそうとする試みがなされている。それがもっとも地球に優しい形だと思われているからである。

　しかし、一方ではその特異な形態を現代建築に形として取り入れる作家も多い。違った時代・風土に、異質な形態を出現させることによるある種の効果を期待しての行為であるが、かなり注意しないと失敗する。例えば、防火地区内には「わら屋根」木造は許可されないし、日干し煉瓦は雨が降ると溶けてしまう。実現するには、かなり周到な配慮が必要になる。ただし、ファサードやインテリアについてはこのような制約が少なく、比較的容易に対処できることから部分的なデザインモチーフとし、扱われる事例は少なくない（図2）。

▷歴史と建築

　建築はそれが建てられる時代の国や地方の政治・経済、宗教・哲学・美学そして科学・生産技術等々の影響を強く受ける。建築を見ればその時代の国力が見え、それを時系列順に並べると、その国の歴史そのものにもなるとも言われるほどである。

　建築学には「建築史」の分野があるが、一般には、建築様式の年代特定とその順序を整理する分野と思われている。しかし現在は、そればかりではない。建築様式や形態の時代背景との関連を解明する手法が導入されている。現代の時代背景を克明に分析し、その関連から現代の建築のあるべき形態を追及したり、論評する「現代に役立つ」あるいは「歴史に学ぶ」形の研究も着々と進められている。

　例えば、近世から近代への移行過程で時代の主役が貴族たちから一般庶民に代わった。一点に集中していた金と権力と教養・センスがばらけ、合議で決まるようになった。そのため、ゴシック（図3）、バロック（図4）、ロココ（図5）などの個人の裁量で決まる「装飾の多い様式」から「空間しかないような近代建築のデザイン」に代わったとの見解もある(図6)。

　また、江戸時代まで鉄の生産量は非常に少なかった。川から砂鉄を採り、木炭を使って「タタラ」で「玉はがね」にした。それを鍛冶屋がたたいて伸ばして一本一本手づくりで釘をつくった。鉄釘は貴重だし、高価だった。木造の建物にふんだんに使えるわけはない。そこで、釘を使わずに木の加工だけで接合する方法、すなわち「継ぎ手・仕口」が考えられた。…ということで、江戸時代までは釘一本も使わない（本当は使えなかった）木造建築が普通だった（図7）。

　今は、鉄釘は安価である。1kgいくらの計り売りで売っている。いちいち木を加工するより釘打ちしたほうが作業効率がよいし、下手な職人がつくったものより剛にできる。…ということで今の新しい木造建築の形が生まれた（図8）。

　時代によって、入手容易な材料と技術が違い、建築の形態も変化するという一例である。一方、様式史的建築史の成果は、古建築の修復や再現や時代考証などに役立っている。その他、形だけ真似た懐古趣味的な商業建築等にも使われているが、材料と技術の入手が難しくなってきており、経費を節減すると、張りぼて・書割建築になる危険性が大きい。

図1 バナキュラーな建築 スペイン（左）、パキスタン（右）

図2 伝統的形態を取り入れたデザイン　伝統的なデザインを取り入れようとしているが、現行法規の適合や残存技術・材料の入手が困難なため、デフォルメさせて対応している。しかし、どうしても「張りぼて」くささは払拭できない。

図3 ゴシック

図4 バロック

図5 ロココ

図6 アビタ67

図7 清水寺

図8 現代木造住宅

第3章　人間、設計、環境のキーワード　137

3・18　環境

　皮肉にも、環境をテーマに掲げる愛知万博への関心を高めたのは、ごみ処分にあたっての行政の土建国家的な土地利用からの脱却騒動がひとつのきっかけであった。1999年1月、自然保護団体をはじめとする市民の反対から、世界有数の藤前干潟の埋め立てを断念せざるを得なくなった名古屋市は、その1ヶ月後に「ごみ非常事態宣言」を発令し（図1）、2年で2割減という初めての実質減量目標を立てた上で、政令指定都市初の容器包装リサイクル完全実施など、他の都市から「気違い」と噂されるまで思いきった施策を打ち出した。当初は、ごみの分別に慣れていなかった市民に様々な戸惑いや混乱があったが、干潟を守りきった責任感や、地域の熟年分別お助け隊などの自発的な努力により見事に目標を超え、名古屋市は、結果的に埋め立てるごみを半減させた。その万博会場に建設された三井・東芝館（図2）は、建築現場の仮設用の単管を建物の側面に大々的に用い、単管に流れる水により、体感温度が2、3度下がるように設計された。トヨタグループ館（図3）は、古紙再生紙による外壁の全面を、建築の下地材で用いるC型鋼が穴開けも溶接もない工法の骨組みが取り巻いた。20世紀が石油や鉱物をはじめとする物質消費の社会であったとすれば、21世紀は20世紀の蓄積の反省からの自然回帰の社会といえよう。2000年の地球環境・建築憲章の宣言以降、建築界にて取り上げられてこなかった用語がしばしば用いられた。

　パッシブデザインとは、特別な動力機器を使わず、建築設計の工夫によって太陽や自然の風、気温の変化、大地の熱といった自然エネルギーを利用して、暖房や冷房（室内気候調節）を行う手法である。例えば、人工的・強制的に、室内気候調節をするのではなく、自然エネルギーを利用することで、環境負荷を軽減した室内気候を調節する。ソーラー発電が給湯設備や冷暖房設備といった住宅設備の熱源を太陽に求めて、太陽エネルギーを熱源としたエネルギー交換技術を駆使して冷暖房、給湯を行うのに対して、パッシブソーラーシステムは機械設備を使用せず、自然を建築設計の工夫に取り入れ、室内環境、室内気候を整えるものである。N・フォスターによるロンドン市庁舎（図4）は、太陽光や風雨といった建築物の外部環境の要素と、太陽光による内部空気の対流循環や水を用いた冷却装置といった内部環境の要素の両面からデザインを進めたため、同じ規模の箱形のビルと比べて表面積が約25パーセント少なく、また光熱費・維持費は通常の25パーセントで済むという。

　千種文化劇場（図5）のような建築物の緑化は、新築の際に条例で決められた割合を屋上緑化することが義務づけられたように、パッシブデザインの例である。ヒートアイランド現象への対策、建築の断熱性の向上、躯体の保護・建物の耐久性の向上、防音性の向上、保水力の増加、大気汚染物質の吸収・吸着、畑としての利用、企業におけるイメージの向上、生態系の回復など、地球規模の環境負荷の軽減から建築物のイメージまで効果は多様である。

　サスティナビリティ（持続可能性）は、ある物や活動が人間活動を維持し持続させていけるかどうかの可能性を指す用語である。サステナビリティを保持しながら資源やエネルギーなどを利用していく社会を循環型社会といい、建築における具体例として、省資源、省エネルギー、自然界への排出ゼロのシステムを示すゼロ・エミッション、ごみのリデュース（発生抑制）・リユース（再使用）・リサイクル（再生利用）を示す3R、パーマカルチャーなどが挙げられる。ウィーン郊外のS-House（図6）は、それらの環境対応の多くの指標を先導する好例である。

　ちなみに、昨今よく耳にするようになったLOHASとは、Lifestyles Of Health And Sustainability、つまり、健康と持続可能性のライフスタイルの略であり、健康や環境に意識の高い人々を対象とした営利活動のために生み出されたビジネス用語であり、本質的な環境論の用語ではない。

図1　藤前干潟埋め立て断念とごみ非常事態宣言*1

図2　三井・東芝館

図3　トヨタグループ館

図4　ロンドン市庁舎

図5　千種文化劇場

図6　S-House

第3章　人間、設計、環境のキーワード　139

3·19 「建築」とメディアとの距離

　建築を学び始めた皆さんには、「建築」ということばは、もうすっかりなじみのものとなっていることだろう。例えば、『新建築』『住宅建築』『日経アーキテクチュア』『a＋u』ほか、建物を取り上げる雑誌のタイトルをみると、大半が「建築」だ。さらに、誌面で取り上げられるものは、当たり前のように「建築」なのである。

　では、「建築」とは、何であろう。「建物」とは違うのか。「家」あるいは「住まい」とは違うのだろうか。

　結論から言えば、「建築」とは、私たち人間のあらゆる行為の集積、つまり文化そのものである。具体的に言えば、人間が積極的に生きるための構築物であり、その構築物をつくる過程における行為のことでもある。だから、「建築」とは、構築物そのものだけを指す「建物」とは明確に区別されるべき存在なのである。

　しかしながら、建築メディアの多くが「建築」を紹介する場合、竣工直後の写真とともに、建築設計者の設計意図を紹介するにとどまっている。もちろん、空間を決定づける計画やディテールが重要ではないと言いたいのではない。大半の建築メディアの関心が、技術的な先進性や姿形の斬新さにのみ向けられ、その建物がどのような人間たちにより、どのような思いでつくられたのか、また、つくられた建物の内外において、どのような人間がどのように生きるのかについては、ほとんど触れられていないことが問題なのである。

　建築家を志す人たちが、そうした建築メディアが話題にする建物を優れた「建築」だと勘違いし、そこを目標に、建物の色や形を思考の中心に据え、設計を進めることは、大変危険なことである。そうしてつくられた建物には、人間が存在していないからだ。

　一方、近年、一般消費者向けのメディアとして、「暮らし」をテーマにした雑誌が増えている。『クウネル』『住む』などである。ちなみに、『リンカラン』や『アルネ』もあったが、いずれも2009年12月に休刊した。こうした雑誌のおかげで、人々の間で住への関心が高まったことは間違いない。さらには、住まいを自分らしい暮らしの場とするために、自ら空間に手を加えるということが身近になってきた。そうした雑誌の中では、ほとんど「建築」ということばは使われないが、既存の建築メディアが提示できなかった、人々の生きる場としての「建築」が、人々の生きる姿とともにちゃんと示されているのである。

　とはいえ、メディアの中の「建築」は、それがどんなに丁寧に描かれていたとしても、単にその存在を知るきっかけにしかすぎないということを忘れてはならない。あるいは、メディアの中の「建築」を、盲目的に信じてはいけない。なぜならば、そこにある「建築」は、編集者がとらえた「建築」であり、あなたにとっての「建築」ではないからだ。

　あなたが、「建築」と出合うためには、現場に出向くしか術はない。とりわけ、住宅の現場に行くことを薦めたい。なぜならば、住宅とは、住む人の暮らし、もっと言えば生き方の器であり、建築主、建築設計監理者、施工者の三者の素直な思いがぶつかりあう、真剣勝負の現場となりうるからだ。そして、現場に行ったら、自分の目でそこにいる人々を観察し、できれば会話を交わし、そこで誘発されるであろう人々の営みを想像したり、その建物が及ぼす周囲への影響について考えてみよう。そうして知り得た情報や感じたことは、何にも代えがたい貴重なものである。なぜならば、自分自身が、どういう立場であれ建築をつくる人になったときに、とても役立つリアルな手がかりとなるからである。

　そうして建築を見る目を養えば、実は、街のあちこちに「建築」が存在していることに気づくはずである。いやむしろ、メディアに頼るよりも、街に目を向けたほうが、人々の思いや行為を最優先にした、楽しい「建築」が発見できるだろう。なぜならば、「安心安全」という免罪符でもって、個人の意志を否定し、画一化を押し進める現在の建築行政のもとでは、建築雑誌はじめ、合法的なメディアの中に、楽しい建築の姿を見いだすことはもはや難しいと言わざるを得ないからだ。

　さあ、「建築」を求めて、街に出よう。

図1　築140年の民家を建て主と工務店との二人三脚で大改修
玄関から土間続きにダイニングキッチン、8畳が3間と、あわせてワンルーム。建築設計者がいなくても、建て主はじめ、かかわる人の思いが強ければ、これだけ大胆かつ楽しい住まいになる（愛知県豊田市／施工：協友建築、広州管工／撮影：日紫喜政彦）

図2　ドラム缶のような家
下水の主管などに使うコルゲートパイプを用いてセルフビルドでつくられた家。夏は暑く、冬は寒い過酷な住まいに、今も90歳になる川合花子さんが住んでいる。「ここには川合健二の思想があるから、それに反対じゃない私はただここに居るだけ」とたくましい花子さん（愛知県豊橋市／設計：川合健二）

図3　賃貸住宅の大改修
「原状復帰」が原則といわれる賃貸物件にもかかわらず、大家さんと住み手との信頼関係で叶った築80年の民家の大改修。トップライトを設けて明るく暖かく広々と。（名古屋市／設計：ひさざき設計室、施工：エコ・プランニング）

図4　暮らしの地域雑誌『棲』
図1から図3の家は、法律や規則とは無関係に、「こういう家に住みたい」という住み手の強い意志でできている。豊かで楽しいライフスタイルを提案したいと2009年4月に創刊された雑誌『棲』（すみか）。名古屋発信の一般消費者向けの等身大の暮らしの情報誌は名古屋初（発行：自由空間）

索　引

● 英数

ADA 法	118
ADL	44
D/H	106
NEXT21	42
nLDK 型	38
PFI	126
PN－スペース	95
POE	24, 126
QOL	44
3D モデル	22
51C 型	38

● あ

アーバン・ルネサンス	132
愛知せんねん村	47
アカウンタビリティ	10
アクセシビリティ	118
アクセス方式	40
アクティビティ	112
芦原義信	94, 108
預かり保育	64
アセットマネジメント	126
アニ・ハウス	97
アフォーダンス	110
アプローチ	96
アレグザンダー、C	124
居方	110, 112
意地悪な問題	112
伊丹十三記念館	108
イタリア式劇場	80
一般解的デザイン	28
伊藤ていじ	114
居場所	110
居間	30
インターナショナルスタイル	36, 90
ウィトルウィウス	16
ウェイファインディング	112
ヴェンチューリ、R	114, 134
浦安市立中央図書館	69
運営方式	60
エッジ	106
黄金比	120
オートメーション化	72
オープンカフェ	108
オープン形式	80
オープンスペース	60
緒川小学校	60
奥	114
音響	84

● か

開架方式	71
回遊式庭園	114
確認申請	24
笠原小学校	60
霞ヶ関ビル	93
ガソメーター	129
可動間仕切り	94
金沢 21 世紀美術館	78, 134
可児市文化創造センター	85
ガラスの摩天楼	91
刈田町立図書館	69
カレン、G	114
環境	8
環境圧力	44
環境移行	46, 110
看護単位	52
看護動線	52
カンター、D	110
基準階	90
機能図	58
ギブソン、J・J	110
基本設計	16, 22
客室	88
教科教室型	60
共用部分	40
木割り	120
空間演出	114
クリニック	52
グループホーム	46
黒川紀章	78, 108
グロピウス、W	36
軍艦島	38
群集制御	116
群集流動	116
計画	12
ゲーリー、F・O	76, 122
ゲニウスロキ	134
玄関	30
建築計画学	12
建築的プロムナード	114
建築様式	136
現地調査	20
コア	90
高機能化	130
公共交通指向開発モデル（TOD）	132
交錯流	116
工事監理	24
行動規範	11
高齢者施設	44
個室	30
個室的多床室	53
コミュニティ	54
コミュニティ施設	54
固有の居場所	110
コラージュ・シティ	94
コラボレーション	18
コンセプト模型	21, 23
コンテクスト	134
コンバージョン	70, 128
コンパクトシティ 9 つの原則	133
コンピュータグラフィックス（CG）	22
コンプライアンス	10
コンベンション	86

● さ

サードプレイス	110
サービスヤード	28
在宅ケア	44
埼玉育児院	49
サイトライン	84
榊原記念病院	53
サレジオ小学校	60
参画のはしご	125
参道	114
シークエンス	96, 114
シーグラムビル	91
敷地面積	28
指示代名詞領域	105
施設	130
持続可能性（サスティナビリティ）	128, 136, 138
実施設計	16, 24
児童養護施設	48
東雲キャナルコート	42
市民	8
下山田小学校	62
尺度	120
集合住宅	36
住戸形式	40
住宅	28
住棟形式	40
収納	32
シューボックス形式	80
主寝室	30
小規模多機能施設	48
正倉院	74
消防用設備	116
食堂	30
シングルケアユニット	53
親水空間	98
人体寸法	100
水景	98
末広保育園＋デイサービスふくじゅ	47
杉並第十小学校	60
スクラップ・アンド・ビルド	128
スケッチマップ法	106
スタディ模型	23
ステージ形式	80
スライディングワゴン	84
生活圏	54
生活の場	44
生活リズム	46
設計資料集成	20
設計施工一貫	18
設計チーム	18
設計図書	16
セッティング	110
説明責任	10
洗面・脱衣	30

専用ホール	82
総合教室型	60
総室型病棟	51
ソシオペタル・ソシオフーガル	104

● た

ターニング・トルソー・タワー	42
代官山ヒルサイドテラス	42
台所	30
多機能化	130
宅老所はじめのいっぽ	49
建替え	128
谷口吉生	78
田原市中央図書館	73
卵形利用圏域	68
多目的スペース	62
多目的ホール	82
多翼型病棟	51
単位空間	100
地域密着	48
地球環境・建築憲章	8
地中美術館	78
中間領域	94, 108
チュミ、B	122
超高層集合住宅	42
ついで利用	112
坪庭	98
ディオニュソス劇場	80
帝国ホテル	86
デイサービスセンター	46
ディストリクト	106
デスクレイアウト	93
電子図書館	72
同潤会江戸川アパート	38
特殊解的デザイン	28
特別教室型	60
特別養護老人ホーム	44
都市環境に関する緑書	132
都市景観	94
都市のイメージ	106
都市の景観	114
図書館ネットワーク	68
富弘美術館	76
豊田市美術館	78

● な

ナースステーション	52
ナイチンゲール病棟	51
中廊下型病棟	51
名古屋市美術館	78
西山夘三	12
二方向避難	116
日本の都市空間	114
庭	96
認知地図	106
認定こども園	64
ネクサスワールド	42
ノード	106
ノーマライゼーション	44, 118

● は

パーソナルスペース	104
ハイタウン北方	42
バイロイト祝祭劇場	80
履き替え	60
パス	106
パタン・ランゲージ	124
パッシブデザイン	138
バトン	84
バナキュラー	136
母の家	134
バリアフリー	58
バリアフリーデザイン	118
パンテオン	120
ヒエラルキー	96
日野市立中央図書館	69
兵庫県立近代美術館	78
ビルディングタイプ	130
ビルバオグッゲンハイム美術館	76
広島平和記念資料館・平和記念公園	134
広場	98
ファシリティマネジメント(FM)	24, 126
フォスター、N	138
フライロフト	84
フリーアドレス・システム	92
フレキシビリティ	76
風呂	30
プロクセミクス	104
プログラム	124
プロセスモデル	18
プロセニアム形式	80
プロパティマネジメント	126
プロフェッション	10
プロポーザル	16
便所(トイレ)	30
保育室	66
防火・防煙区画	116
法隆寺宝物館	78
法令遵守	10
ホール、E・T	104
ぼちぼち長屋	49
ホテル	86

● ま

槇文彦	112, 114
まちづくり三法	132
町並み	94
間取り	32
マネジメント・サイクル	126
丸の内ビルヂング	93
丸の内ビルディング	93
ミース・ファン・デル・ローエ	36
見えがくれする都市	114
ミッチェル、W・J	122
ミラノのガッレリア	108
迷路性	96
メディア	140
モータリゼーション	70
モデュール	30, 90, 120
モデュロール	120
森山邸	97

● や

屋根の形状	32
遊戯室	66
ユーコート	42
ユダヤ博物館	78
ユニットケア	46
ユニテ・ダビタシオン	38, 42, 120
ユニバーサルデザイン	58, 118
ヨーロッパ2000＋	132

● ら

ラーキンビル	91
ライト、F・L	36, 86
ライフサイクルコスト	126
ラスベガス	114
ランチルーム	64
ランドマーク	106
立地条件	58
リッテル、H	17
リノベーション	128
リベスキンド、D	78
リンチ、K	106
隣棟間隔	42
倫理綱領	11
ル・コルビュジエ	36, 114, 120
レジビリティ	106
レンタブル比	90
ロウ、C	94
廊下	30
露地	96
六本木ヒルズ森タワー	93
ロンドン市庁舎	138

● わ

ワークショップ	18, 124
ワークプレイス	92
ワインヤード形式	80

図版出典・参考文献

● 1・1　変化する社会と建築
図2　環境省『平成20年版環境循環型白書』2008、p.191
図4　日本建築学会編『建築設計資料集成［総合編］』丸善、2001、p.650
図5　撮影：加藤敏明（アーキフォト KATO）、提供：伊東建築設計事務所

● 1・2　専門家の姿
図3　日本建築学会編『建築設計資料集成「人間」』丸善、2003、p.146
図4　日本建築学会（http://www.aij.or.jp/jpn/guide/ethics.htm）
図5　日本建築学会編『日本建築学会の技術者倫理教材』丸善、2009、p.52
図6　日本建築学会編『日本建築学会の技術者倫理教材』丸善、2009、p.81

● 1・3　建築計画の役割
図1　日本建築学会『建築資料集成［総合編］』丸善、2001、p.365
図2　西山夘三『住まい考今学——現代日本住宅史』彰国社、1989、p.441
図3　吉武泰水『建築設計計画研究拾遺1』2004、p.174
図4　外山義『自宅でない在宅——高齢者の生活空間論』医学書院、2003、p.66

● 1・4　建築計画の広がり
図1　日本建築学会編『建築設計資料集成［総合編］』丸善、2001、p.61
図2　日本建築学会編『構造用教材』丸善、1988、p.49
図3　日本建築学会編『建築設計資料集成［総合編］』丸善、2001、p.49
図4　日本建築学会編『建築設計資料集成［総合編］』丸善、2001、p.19
図6　日本建築学会編『建築設計資料集成［総合編］』丸善、2001、p.30
図7　日本建築学会編『建築設計資料集成［総合編］』丸善、2001、p.582

● 1・5　計画・設計のプロセス
図2　富岡鉄斎画「重源上人勧進図」1915（『東大寺展』朝日新聞社、1980、p.120）
図3　Sebastian Le Clerc画 1684.（Thomas Gordon Smith, *Vitruvius on Architecture*, New York: Monacelli Press）
表2　Rittel, Horst, and Melvin Webber, *Dilemmas in a General Theory of Planning*, pp.155-169, Policy Sciences, Vol.4, 1973.［Reprinted in N. Cross (ed.), *Developments in Design Methodology*, J. Wiley & Sons, Chichester, 1984, pp.135-144.］
▶文1　日本建築学会建築計画委員会編『設計方法』彰国社、1968
▶文2　日本建築学会建築計画委員会編『設計方法 IV 設計方法論』彰国社、1982
▶文3　日本建築学会建築計画委員会編『設計方法 V 設計方法と設計主体』彰国社、1989
▶文4　日本建築学会編『人間－環境系のデザイン』彰国社、1997
▶文5　平尾和洋、末包伸吾編著『テキスト建築意匠』学芸出版社、2006
▶文6　藤井恵介、玉井哲雄『建築の歴史』中公文庫、2006
▶文7　長澤泰編『建築計画』市ヶ谷出版社、2005
▶文8　建築計画教材研究会編『建築計画を学ぶ』理工図書、2005
▶文9　建築計画教科書研究会編著『建築計画教科書』彰国社、1989
▶文10　新建築学大系編集委員会編『新建築学大系23 建築計画』彰国社、1982
▶文11　鈴木成文、守屋秀夫、太田利彦編著『建築計画』実教出版、1975

● 1・6　設計体制と設計の進め方
図1　Nicholas Negroponte, *Soft Architecture Machines*, The MIT Press, 1975, p.106-107
図2　東京建築士会編『建築設計実務のチェックシート第3版』p.25をもとに作成
図3　日本建築学会設計方法小委員会提案のモデルをもとに作成
表1　槇文彦「デザイン・プロセスの型」をもとに作成
▶文1　東京建築士会編『建築設計実務のチェックシート第3版』彰国社、2008
▶文2　日本建築学会建築計画委員会編『設計方法』彰国社、1968
▶文3　日本建築学会建築計画委員会編『設計方法 IV 設計方法論』彰国社、1982
▶文4　日本建築学会編『人間－環境系のデザイン』彰国社、1997
▶文5　槇文彦「デザイン・プロセスの型」（槇文彦『記憶の形象』筑摩書房、1992（ちくま学芸文庫、1997）所収（原題「建築設計」猪瀬博編『工学における設計』（東京大学工学セミナー）東京大学出版会、1987））

● 1・7　企画、計画
図1　今和次郎著、藤森照信編『考現学入門』ちくま文庫、1987、p.242-243
図2　鈴木成文、守屋秀夫、太田利彦編著『建築計画』実教出版、1975、p.67
図3　『建築文化』Vol.51、No.593、1996年3月号、彰国社、p.83（表紙・撮影：中川敦玲）
▶文1　今和次郎著、藤森照信編『考現学入門』ちくま文庫、1987
▶文2　鈴木成文、守屋秀夫、太田利彦編著『建築計画』実教出版、1975
▶文3　日色真帆、小嶋一浩「SB（スペースブロック）によるデザインスタディ」（『建築文化』Vol.51、No.593、1996年3月号、彰国社）

● 1・8　基本設計
図1　長谷川逸子・建築計画工房
図2　長谷川逸子・建築計画工房
図3　タラオ・ヒイロ・アーキテクツ
表1　『これからの建築士事務所：わかりやすい業務と経営のノウハウ』東京都建築士事務所協会、p.51をもとに作成
▶文1　長谷川逸子・建築計画工房編著『ガランドウと原っぱのディテール』彰国社、2003
▶文2　東京都建築士事務所協会編『これからの建築士事務所：わかりやすい業務と経営のノウハウ』東京都建築士事務所協会、1995

● 1・9　実施設計、工事監理
図1　東京建築士会編『建築設計実務のチェックシート第3版』彰国社、p.60をもとに作成
図2　タラオ・ヒイロ・アーキテクツ
図3　タラオ・ヒイロ・アーキテクツ
表1　東京建築士会編『建築設計実務のチェックシート第3版』彰国社、p.63
▶文1　東京建築士会編『建築設計実務のチェックシート第3版』彰国社、2008

● 2・1　住宅
図1　Bernard Rudofsky, *ARCHITECTURE WITHOUT ARCHITECTS*, 1964, p.47, 131, 132, 134
図2　日本建築学会編『コンパクト建築設計資料集成』丸善、2005、p.116
図3　日本建築学会編『コンパクト建築設計資料集成』丸善、2005、

p.118
図5　高島易断所本部編纂『平成二十二年神宮館九星宝暦』神宮館、2009、p.76
図9　〈建築のテキスト〉編集委員会編『初めての建築一般構造』学芸出版社、1996、p.37
図10　〈建築のテキスト〉編集委員会編『初めての建築一般構造』学芸出版社、p.159
図11　〈建築のテキスト〉編集委員会編『初めての建築一般構造』学芸出版社、p.115

● 2・2　集合住宅
図1　日本建築学会編『第2版 コンパクト建築設計資料集成［住居］』丸善、第2版、2006、p.122
図2　日本建築学会編『第2版 コンパクト建築設計資料集成［住居］』丸善、第2版、2006、p.123
図3　日本建築学会編『第2版 コンパクト建築設計資料集成［住居］』丸善、第2版、2006、p.123
図4　雑賀雄二『軍艦島──眠りのなかの覚醒』淡交社、2003、p.137、139
図5　『日本における集合住宅の普及過程──産業革命期から高度経済成長期まで』日本住宅総合センター、1997
図6　『新建築』1978年4月号、新建築社
図7　井出建、元倉眞琴編著『建築デザインワークブック［2］ハウジング、コンプレックス──集住の多様な展開』彰国社、p.60、61
図8　ギャラリー間編著『日本の現代住宅 1985-2005』TOTO出版、2005、p.110、111
図9　日本建築学会編『第2版 コンパクト建築設計資料集成［住居］』丸善、2006、p.147
図10　『新建築』2005年6月号、新建築社、pp.160〜163
図11、12　Andrew Alpern, NEW YORK'S FABULOUS LUXURY APARTMENTS, DOVER PUBLICATIONS, INC, p.20, 128
図13（左）『現代建築家シリーズ　ル・コルビュジエ』美術出版社、1967、p.52
同（右）　Liste des photographes、写真撮影：阿部順子
図14　『a + u』1972年3月号、エー・アンド・ユー、p.14、15
図15　『a + u』2005年9月号、エー・アンド・ユー、p.29、33
図16　『a + u』2009年4月号、エー・アンド・ユー、p.68
▶文1　村上心・元岡展久「インターナショナル・スタイル・ハウジングの歴史的評価に関する研究」（『椙山女学園大学研究論集』第33号自然科学編、2003、pp.93-104）
▶文2　村上心「ドイツの住宅再生」（『マンション学』第15号、2003、pp.11-17）
▶文3　村上心「住環境の分水嶺──第7回 オランダ・Bijlmermeer」（『住宅建築』2002年2月号、建築資料研究社、2002）
▶文4　村上心訳『サステイナブル集合住宅』技報堂出版、2006
▶文5　松村秀一『住宅という考え方』東京大学出版会、1999
▶文6　イアン・カフーン『イギリス集合住宅の20世紀』鹿島出版会、2000
▶文7　近藤茂夫『イギリスのニュータウン開発』至誠堂、1971
▶文8　鈴木成文他『建築計画』実教出版、1975
▶文9　長澤泰他『建築計画』市ヶ谷出版社、2005
▶文10　谷口汎邦他『建築計画／設計シリーズ 33 集合住宅地』市ヶ谷出版社、1991
▶文11　日本建築学会編『第2版 コンパクト建築設計資料集成［住居］』丸善、2006

● 2・3　福祉施設
図1　日本建築学会編『認知症ケア環境事典──症状・行動への環境対応Q & A』ワールドプランニング、2009、p.7
図2　厚生労働省『平成20年度──高齢社会白書』

図3　M. P. Lawton, & L. Nahemow, "Ecology and the Aging Process" In C. Eisdorfer and M. P. Lawton, (ed.), The Psychology of Adult Development and Aging, Washington, American Psychological Association 1973
図4　藤本尚久編『福祉空間学入門──人間のための環境デザイン』鹿島出版会、2006、p.64
図5　児玉桂子編『超高齢社会の福祉居住環境』中央法規、2008、p.115をもとに作成
図6　日本建築学会編『建築設計資料集成［総合編］』丸善、2001、p.303
図7　日本建築学会編『第3版　コンパクト建築設計資料集成』丸善、2005、p.176
図8　日本建築学会編『建築設計資料集成［総合編］』丸善、2001、p.310
図9　日本建築学会編『第3版　コンパクト建築設計資料集成』丸善、2005、p.181
図11　児玉桂子編『超高齢社会の福祉居住環境』中央法規、2008、p.157
図12　日本建築学会編『建築設計資料集成［福祉・医療］』丸善、2002、p.18
図13　『日経アーキテクチュア』No.767、日経BP社、2004、p.43
▶文1　森一彦「認知症ケア環境とは」（日本建築学会編『認知症ケア環境事典　症状・行動への環境対応Q & A』ワールドプランニング、2009、pp.3〜9）
▶文2　M. P. Lawton, & L. Nahemow, "Ecology and the Aging Process" In C. Eisdorfer and M. P. Lawton, (ed.), The Psychology of Adult Development and Aging, Washington, American Psychological Association 1973
▶文3　大戸寛「高齢者福祉と施設空間の計画」（藤本尚久編『福祉空間学入門──人間のための環境デザイン』鹿島出版会、2006、pp.61〜77）
▶文4　井上由起子「特別養護老人ホームにおける環境づくり」（児玉桂子『超高齢社会の福祉居住環境』中央法規、2008、pp.114〜123）
▶文5　外山義編著『グループホーム読本──痴呆性高齢者ケアの切り札』ミネルヴァ書房、2000
▶文6　外山義『自宅でない在宅──高齢者の生活空間論』医学書院、2003
▶文7　上野淳『高齢社会に生きる──住み続けられる施設と街のデザイン』鹿島出版会、2005
▶文8　三浦研「地域に密着した小規模多機能サービス」（児玉桂子編『超高齢社会の福祉居住環境』中央法規、2008、pp.153〜160）
▶文9　厚生労働省『平成18年度社会福祉行政業務報告』
▶文10　河野泰治「児童福祉と空間デザイン」（藤本尚久編『福祉空間学入門──人間のための環境デザイン』鹿島出版会、2006、pp.79-95）
▶文11　「ぼちぼち長屋」『日経アーキテクチュア』No.767、日経BP社、2004、pp.42〜47）

● 2・4　病院
図1　日本建築学会『コンパクト建築設計資料集成』丸善、2005、p.185
図2　長澤泰ほか『建築計画』市ヶ谷出版社、2005、p.115
図3　日本建築学会『コンパクト建築設計資料集成』丸善、2005、p.183
図4　日本建築学会『コンパクト建築設計資料集成』丸善、2005、p.183
図5　長澤泰ほか『建築計画』市ヶ谷出版社、2005、p.135
図6　長澤泰ほか『建築計画』市ヶ谷出版社、2005、p.137
図7　日本建築学会『コンパクト建築設計資料集成』丸善、2005、p.184
図8　日本医療福祉建築協会『医療福祉建築』No.152、日本医療福祉建築協会、2006、p.5
図9　日本建築学会『コンパクト建築設計資料集成』丸善、2005、p.185
図10　日本建築学会『コンパクト建築設計資料集成』丸善、2005、p.185
表1　長澤泰ほか『建築計画』市ヶ谷出版社、2005、p.115、表3・1

● 2・5　コミュニティ施設・公共サービス
表1　地方自治制度研究会『新コミュニティ読本』ぎょうせい、1977、pp.24〜27
表2　農林省「農村環境改善センター」より抜粋

● 2・6　学校・乳幼児施設
図1　日本建築学会編『建築設計資料集成［教育・図書］』丸善、p.12
図2　日本建築学会編『建築設計資料集成［教育・図書］』丸善、p.67
表1　日本建築学会編『第3版 コンパクト建築設計資料集成』丸善、p.220
図3　S.D.S.編集委員会『スペースデザインシリーズ 第2巻 学校』新日本法規出版、p.10. 写真は筆者撮影
図4　S.D.S.編集委員会『スペースデザインシリーズ 第2巻 学校』新日本法規出版、p.23
図5　日本建築学会編『建築設計資料集成［教育・図書］』丸善、p.69
図6　建築思潮研究所編『建築設計資料105 学校3——小学校・中学校・高等学校』建築資料研究社、p.14
図7　日本建築学会編『建築設計資料集成［教育・図書］』丸善、p.24
図8　日本建築学会編『建築設計資料集成［教育・図書］』丸善、p.14
図9　日本建築学会編『建築設計資料集成［教育・図書］』丸善、p.15
図10　日本建築学会編『建築設計資料集成［教育・図書］』丸善、p.78
図12　建築思潮研究所編『建築設計資料91 保育園・幼稚園3』建築資料研究社、p.195
図13　写真提供：認定こども園こどものもり
図15　写真提供：札幌トモエ幼稚園

● 2・7　図書館
図1　日本建築学会編『建築設計資料集成［教育・図書］』丸善、2003、p.138、139
図2　栗原嘉一郎、篠塚宏三、中村恭三『公共図書館の地域計画』日本図書館協会、1977、p.55
図3　栗原嘉一郎、篠塚宏三、中村恭三『公共図書館の地域計画』日本図書館協会、1977、p.85
図4　中井孝幸「利用圏域の二重構造に基づく疎住地の図書館計画に関する研究」（学位論文、2000、p.154）
図5　中井孝幸「利用圏域の二重構造に基づく疎住地の図書館計画に関する研究」（学位論文、2000、p.137）
図6　日本図書館協会町村図書館活動推進委員会『図書館による町村ルネサンス　Lプラン21——21世紀の町村図書館振興をめざす政策提言』日本図書館協会、2001、p.31
図7　日本図書館協会図書館ハンドブック編集委員会編『図書館ハンドブック 第6版』日本図書館協会、2005、pp.406～415をもとに作成
図8　同朋学園大学部附属図書館、写真提供：安井建築設計事務所
図13　中井孝幸「利用圏域の二重構造に基づく疎住地の図書館計画に関する研究」（学位論文、2000、p.161）
表1　日本図書館協会図書館ハンドブック編集委員会編『図書館ハンドブック 第6版』日本図書館協会、2005、p.407をもとに作成
表2　日本建築学会編『建築資料集成　教育・図書』丸善、2003、p.174
表3　日本図書館協会図書館ハンドブック編集委員会編『図書館ハンドブック 第6版』日本図書館協会、2005、p.408
▶文1　栗原嘉一郎、篠塚宏三、中村恭三『公共図書館の地域計画』日本図書館協会、1977
▶文2　栗原嘉一郎、中村恭三『地域に対する公共図書館網計画』日本図書館協会、1999
▶文3　中井孝幸「利用圏域の二重構造に基づく疎住地の図書館計画に関する研究」（学位論文、2000）
▶文4　中井孝幸「地方中小都市における図書館利用とモータリゼーション——利用圏域の二重構造に基づく図書館の地域計画」（日本図書館協会、現代の図書館、vol.39、no.2、2001、pp.102～110）
▶文5　三重県津市・三重大学工学部今井研究室「津市コミュニティ施設整備計画調査研究報告書」（津市、1996）
▶文6　日本図書館協会図書館ハンドブック編集委員会編『図書館ハンドブック　第6版』日本図書館協会、2005
▶文7　日本図書館協会町村図書館活動推進委員会『図書館による町村ルネサンス　Lプラン21——21世紀の町村図書館振興をめざす政策提言』日本図書館協会、2001
▶文8　日本図書館協会図書館政策特別委員会『公立図書館の任務と目標　解説　増補版』日本図書館協会、1995
▶文9　日本建築学会『建築設計資料集成［教育・図書］』丸善、2003
▶文10　鈴木成文、守屋秀夫、太田俊彦編著『建築計画』実教出版、1975
▶文11　長澤泰編著『建築計画』市ヶ谷出版社、2005
▶文12　岡田光正、柏原士郎、辻正矩、森田孝夫、吉村英祐『現代建築学（新版）　建築計画2』鹿島出版会、2003
▶文13　カール・セーガン著、木村繁訳『COSMOS（上・下）』朝日新聞社、1984

● 2・8　美術館・博物館
図2　奥村英里子
表1　日本工業標準調査会 JIS Z 9110

● 2・9　劇場
図1　George C. Izenour, *Roofed theaters of classical antiquity*, New Haven and London, Yale University Press, 1922, p.9
図2　劇場資料をもとに筆者作成
図4　田邉健雄・小谷喬之助・吉片澄夫・関口克明・杉山浩一『新建築学体系 33　劇場の設計』彰国社、1981、p.15
図5　三上祐三・鈴木博之・清水裕之・本杉省三、『S.D.S 第5巻　劇場・コンサートホール』新日本法規出版、1995、p.188
図6　三上祐三・鈴木博之・清水裕之・本杉省三、『S.D.S 第5巻　劇場・コンサートホール』新日本法規出版、1995、p.216
図7　建築思潮研究所編『建築設計資料18　劇場・ホール』建築資料研究社、1987、p.103
図8　日本建築学会編『日本の現代劇場　設計事例集』彰国社、1987、pp.54～55
図9　三上祐三・鈴木博之・清水裕之・本杉省三『S.D.S 第5巻　劇場・コンサートホール』新日本法規出版、1995、p.126
図10　劇場資料をもとに筆者作成
図12　劇場資料をもとに筆者作成
図13　香山壽夫建築研究所提供図面をもとに筆者作成

● 2・10　ホテル
図1　箱根富士屋ホテルパンフレットより
図2　帝国ホテルパンフレットより

● 2・11　オフィスビル
図1　*The Mies van der Rohe Archive 1*, The Museum of Modern Art, 1986, p.62, 68
図2　*The Mies van der Rohe Archive 16*, The Museum of Modern Art, 1992, p.138
図3　『フランク・ロイド・ライト全集』（第2巻）A.D.A.Edita Tokyo, 1987
図4　日本建築学会編『コンパクト建築設計資料集成』丸善、2005、p.299
図5　日本建築学会編『コンパクト建築設計資料集成』丸善、2005、p.293
図6　日本建築学会編『コンパクト建築設計資料集成』丸善、2005、p.299
図7　日本建築学会編『コンパクト建築設計資料集成』丸善、2005、p.296
図8　日本建築学会編『建築設計資料集成［総合編］』丸善、2001、p.125

● 2・12　外部空間
図1　西沢文隆「実測図」集刊行委員会編『建築と庭 西沢文隆「実測図」集』建築資料研究社、1997
図2　芦原義信『外部空間の設計』彰国社、1975

図3　芦原義信『続・町並みの美学』岩波書店、1983
図4　C・ロウ、F・コッター『コラージュ・シティ』鹿島出版会、1992
図5　全国伝統的建造物群保存地区協議会『伝統的建造物群保存地区——歴史の町並み』萩市教育委員会文化課、1999
図6　朝日新聞2007年11月1日付朝刊
図7　都市デザイン研究体『日本の都市空間』彰国社、1968
図9　図面：『DETAIL JAPAN HOUSE 2005-2007』リード・ビジネス・インフォメーション、2007、写真撮影：清水裕二
図10　『新建築 住宅特集』新建築社、1996年8月号
図12　中川武編『日本建築みどころ辞典』東京堂出版、1990
図14　C・ジッテ『広場の造形』鹿島出版会、1983
図17　写真撮影：村上心
▶文1　日本建築学会編『建築・都市計画のための空間学辞典』井上書院、1996
▶文2　芦原義信『町並みの美学』岩波書店、1979
▶文3　芦原義信『続・町並みの美学』岩波書店、1983
▶文4　芦原義信『外部空間の設計』彰国社、1975
▶文5　C・ロウ、F・コッター『コラージュ・シティ』鹿島出版会、1992
▶文6　都市デザイン研究体『日本の都市空間』彰国社、1968
▶文7　槇文彦他『見えがくれする都市』鹿島出版会、1980
▶文8　落合太郎『風景の構成と演出——なぜ街は美しく見えるか』彰国社、1987
▶文9　塚本由晴『小さな家の気づき』王国社、2003
▶文10　西沢文隆「実測図」集刊行委員会編『建築と庭 西沢文隆「実測図」集』建築資料研究社、1997
▶文11　岡田憲久『日本の庭 ことはじめ』TOTO出版、2008
▶文12　中川武編『日本建築みどころ辞典』東京堂出版、1990
▶文13　武居二郎、尼崎博正監修『庭園史を歩く——日本・ヨーロッパ編』昭和堂、1998
▶文14　中村昌生『古典に学ぶ茶室の設計』エクスナレッジ、1999
▶文15　C・ジッテ『広場の造形』鹿島出版会、1983
▶文16　東京大学cSUR-SSD研究会編著『世界のSSD100 都市持続再生のツボ』彰国社、2008
▶文17　全国伝統的建造物群保存地区協議会『伝統的建造物群保存地区——歴史の町並み』萩市教育委員会文化課、1999

◉コラム　単位空間
▶日本建築学会編『建築設計資料集成［総合編］』丸善、2001
▶日本建築学会編『建築設計資料集成3　単位空間I』丸善、1980
▶日本建築学会編『建築設計資料集成5　単位空間III』丸善、1982
▶青木義次他『一目でわかる建築計画——設計に生かす計画のポイント』学芸出版社、2002

◉3・1　パーソナルスペース
図1　渋谷昌三『人と人との快適距離——パーソナルスペースとは何か』日本放送出版協会、1990
図2　橋本都子、西出和彦他「指示代名詞の使い分けによる3次元空間の領域分節」(『日本建築学会計画系論文集』第552号、2002、pp.155〜159)
図3　橋本雅好、西出和彦他「臥位での指示代名詞による領域分節に関する実験的研究」(『日本建築学会計画系論文集』第557号、2002、pp.197〜202)
図5　E・T・ホール著、日高敏隆他訳『かくれた次元』みすず書房、1970をもとに作成
図8　高橋鷹志他「住居における行動場面に関する研究——人の居方から住居の公的空間を考察する」(『住宅総合研究財団研究年報』no.18、1992、pp.129〜138)
▶文1　R・ソマー著、穐山貞登訳『人間の空間——デザインの行動的研究』鹿島出版会、1972
▶文2　橋本都子、西出和彦他「指示代名詞の使い分けによる3次元空間の領域分節」(『日本建築学会計画系論文集』第552号、2002)
▶文3　橋本雅好、西出和彦他「臥位での指示代名詞による領域分節に関する実験的研究」(『日本建築学会計画系論文集』第557号、2002)
▶文4　E・T・ホール著、日高敏隆他訳『かくれた次元』みすず書房、1970

◉3・2　空間認知
図2　K・リンチ著、丹下健三他訳『都市のイメージ』岩波書店、1968、p.31
図4　西出和彦『建築計画の基礎——環境・建築・インテリアのデザイン理論』数理工学社、2009、pp.103
▶文1　K・リンチ著、丹下健三他訳『都市のイメージ』岩波書店、1968

◉3・3　中間領域
図4　J・ラング『建築理論の創造——環境デザインにおける行動科学の役割』鹿島出版会、1992、p.202
▶文1　芦原義信『街並みの美学』岩波書店、1979、p.9
▶文2　黒川紀章『グレーの文化——日本的空間としての縁』創世記、1977、p.42

◉3・4　居場所
図1　D・カンター著、宮田紀元・内田茂訳『場所の心理学』彰国社、1982、p.251
図4　加藤悠介「グループホームにおける活動集団との関係からみた『ひとりになる場面』に関する研究」(『日本建築学会大会学術講演梗概集』2009、pp.189〜190)
▶文1　住田正樹・南博文編『子どもたちの「居場所」と対人的世界の現在』九州大学出版会、2003
▶文2　D・カンター著、宮田紀元・内田茂訳『場所の心理学』彰国社、1982
▶文3　R. Oldenburg, *The Great Good Place: Cafes, Coffee Shops, Community Centers, Beauty Parlors, General Stores, Bars, Hangouts and How They Get You Through the Day*, Paragon House, 1989
▶文4　田中康裕「コミュニティ・カフェによる暮らしのケア」(高橋鷹志他編『環境とデザイン』朝倉書店、2008、pp.95〜121)
▶文5　工藤和美『学校をつくろう！』TOTO出版、2004、p.84
▶文6　井上由起子・石井敏『施設から住まいへ——高齢期の暮らしと環境』厚生科学研究所、2007
▶文7　A・W・ウイッカー著、安藤延男監訳『生態学的心理学入門』九州大学出版会、1994
▶文8　山田あすか『ひとは、なぜ、そこにいるのか——「固有の居場所」の環境行動学』青弓社、2007
▶文9　槇究『環境心理学——環境デザインへのパースペクティブ』春風社、2004
▶文10　鈴木毅「体験される環境の質の豊かさを扱う方法論」(舟橋國男編『建築計画読本』大阪大学出版会、2004、pp.117〜138)

◉3・5　アクティビティ
図1　西山夘三『すまい考今学——現代日本住宅史』彰国社、1989、p.348
図2　日本建築学会編『建築設計資料集成［人間］』丸善、2003、p.61
▶文1　渡辺昭彦他「公共施設における複合・併設化に関する研究(その2)：ついで利用・来館以前認知率・初来館認知率からの分析」(『日本建築学会学術講演梗概集計画系』1984、p.1501、1502)
▶文2　岡田光正他『建築と都市の人間工学：空間と行動のしくみ』鹿島出版会、1977
▶文3　B・ルドフスキー『人間のための街路』鹿島出版会、1973
▶文4　H・ヘルツベルハー『都市と建築のパブリックスペース』鹿島出版会、1995

- ▶文5　槙文彦「都市空間に関するノート・1992」(槙文彦『記憶の形象』ちくま学芸文庫、1997)
- ▶文6　永井荷風『日和下駄 一名東京散策記』他
- ▶文7　槙文彦「人間とは何かを考えながら建築をつくり続ける」(『新建築』2009年10月号、新建築社、pp.36～41)
- ▶文8　鈴木毅「体験される環境の質の豊かさを扱う方法論」(舟橋国男『建築計画読本』大阪大学出版会2004)、鈴木毅「人の「居方」からの環境デザイン」(『建築技術』1993～1995年連載)
- ▶文9　篠原一男『住宅論』SD選書、鹿島出版会、1970
- ▶文10　伊東豊雄『風の変様体』青土社、1989
- ▶文11　「特集・長谷川逸子」(『SD』1995年11月号)、長谷川逸子『長谷川逸子／ガランドウと原っぱのディテール』彰国社、2004)
- ▶文12　古谷誠章『がらんどう』王国社、2009
- ▶文13　青木淳『原っぱと遊園地』王国社、2004
- ▶文14　小嶋一浩『アクティビティを設計せよ！――学校空間を軸にしたスタディ』彰国社、2000
- ▶文15　『ルイス・バラガンの建築』TOTO出版、1992
- ▶文16　西山夘三『すまい考今学――現代日本住宅史』彰国社、1989、p.348
- ▶文17　足立孝雄「柱・壁の位置と行動の性質」(『日本建築学会論文報告集号外』1967、p.746)、足立孝雄「併行2階段の選択」(『日本建築学会論文報告集号外』1967、p.747)、日本建築学会編『建築設計資料集成［人間］』丸善、2003、p.61

● 3・6　シークエンス
- 図2　G・カレン『都市の景観』鹿島出版会、1975
- 図4　落合太郎『風景の構成と演出――なぜ街は美しく見えるか』彰国社、1987
- 図5　槙文彦他『見えがくれする都市』鹿島出版会、1980
- 図6　日本建築学会編『建築・都市計画のための空間学』井上書院、1990
- 図7　R・ヴェンチューリ他『ラスベガス』鹿島出版会、1979
- ▶文1　富永讓『ル・コルビュジエ――幾何学と人間の尺度』丸善、1989
- ▶文2　日本建築学会編『建築・都市計画のための空間学』井上書院、1990
- ▶文3　日本建築学会編『建築・都市計画のための空間学辞典』井上書院、1996
- ▶文4　G・カレン『都市の景観』鹿島出版会、1975
- ▶文5　都市デザイン研究体『日本の都市空間』彰国社、1968
- ▶文6　落合太郎『風景の構成と演出――なぜ街は美しく見えるか』1987、彰国社
- ▶文7　槙文彦他『見えがくれする都市』鹿島出版会、1980
- ▶文8　R・ヴェンチューリ他『ラスベガス』鹿島出版会、1979

● 3・7　歩行群衆
- 図1　日本建築学会編『建築設計資料集成［人間］』丸善、2003
- 図6　青木義次他『やさしい火災安全計画』学芸出版社、1999、p.57

● 3・8　ユニバーサルデザイン
- 図7　同朋大学複合施設Doプラザ閻蔵、写真提供：安井建築設計事務所
- 図9　日本建築学会編『コンパクト建築設計資料集成　バリアフリー』丸善、2002、p.150, 151
- 表1　下記参考文献をもとに作成
- ▶文1　古瀬敏『建築とユニバーサルデザイン』オーム社、2001
- ▶文2　建築物等バリアフリー研究会編『新バリアフリー建築物ガイドラインQ＆A』大成出版社、2008、pp.1-8
- ▶文3　萩原俊一『MINERVA福祉ライブラリー44 バリアフリー思想と福祉のまちづくり』ミネルヴァ書房、2001
- ▶文4　社団法人日本建築学会編著『コンパクト建築設計資料集成　バリアフリー』丸善、2002
- ▶文5　岡田光正他『現代建築学（新版）建築計画1』鹿島出版会、2007
- ▶文6　長澤泰編著・在塚礼子・西出和彦『建築計画』市ヶ谷出版社、2007
- ▶文7　建築計画教材研究会編『建築計画を学ぶ』理工図書、2005
- ▶文8　http://www.design.ncsu.edu/cud/about_ud/docs/Japanese.pdf

● 3・9　尺度
- 図5　W. Boesiger, (ed.), *Le Corbusier Œuvre complète Volume 4 1938-1946*, Les Éditions d'Architecture, 1946, p.171

● 3・10　デジタルデザイン
- 図1　写真撮影：奥村英里子
- 図2、3、5、6　瀬尾文彰他『ハイパーサーフェスのデザインと技術』彰国社、2005
- 図8　CG提供：鈴木健史

● 3・11　ワークショップ
- 図1　クリストファー・アレグザンダー『パタン・ランゲージ――環境設計の手引』鹿島出版会、1984
- 図2　ヘンリー・サノフ『まちづくりゲーム』晶文社、1993
- 図3　日本建築学会編『参加による公共施設のデザイン』丸善、2004、p.72
- 図7　ロジャー・ハート『子どもの参画――コミュニティづくりと身近な環境ケアへの参画のための理論と実際』萌文社、2000、p.42
- ▶文1　木下勇『ワークショップ』学芸出版社、2007、p.15
- ▶文2　鈴木賢一『子どもたちの建築デザイン』農文協、2006

● 3・12　ファシリティマネジメント
- 図1～3　FM推進連絡協議会編『総解説ファシリティマネジメント』日本経済新聞社、2003
- 表1　2009年度日本建築学会大会、パネルディスカッション資料「建築の価値を高めるプロパティマネジメント」より抜粋、加筆修正

● 3・13　転用再生
- 図5　『a + u』1999年8月号、エー・アンド・ユー、p.70, 72

● 3・14　複合化
- 図3　施設パンフレットをもとに筆者作成

● 3・15　コンパクトシティ
- 表1　海道清信『コンパクトシティの計画とデザイン』学芸出版社、2007、p.14
- 図2　海道清信『コンパクトシティ』学芸出版社、2001、p.245（原典：DETR, *Towards Urban Renaissance*, Urban Task Force, 1999, p.55）
- 図3　海道清信『コンパクトシティ』学芸出版社、2001、p.151（原典：P. Calthorpe, *The Next American Metropolis - ecology, community, and the American dream*, Princeton architectural Press, 1994, p.56）
- 図4　海道清信『コンパクトシティ』学芸出版社、2001、p.247（原典：P. Newman and J. Kenworthy, *Cities and Automobile Dependence - an International Sourcebook*, Gower Technical, 1989, p.185）
- ▶文1　海道清信『コンパクトシティ』学芸出版社、2001
- ▶文2　海道清信『コンパクトシティの計画とデザイン』学芸出版社、2007
- ▶文3　青森市役所『青森市のまちづくり』
  (http://www.city.aomori.aomori.jp/view.rbz?cd=1275)
- ▶文4　名古屋市交通問題調査会『なごや交通戦略』2004
  (http://www.city.nagoya.jp/kurashi/anzen/anzen/shinokoutsu/sogokotsu/senryaku/)
- ▶文5　D・ガボール著、林雄二郎訳『成熟社会－新しい文明の選択』講談社、1973
- ▶文6　鈴木浩『日本版コンパクトシティ』学陽書房、2007
- ▶文7　大野秀敏＋アバンアソシエイツ『シュリンキング・ニッポン――縮小する都市の未来戦略』鹿島出版会、2008

● 3・16　コンテクスト
- 図3　『建築文化』no.674、2004年12月号、彰国社、p.7

図6　日本建築学会編『建築設計資料集成［居住］』丸善、p.83
►文1　ノルベルグ・シュルツ『実存・空間・建築』鹿島出版会、1973
►文2　R・ヴェンチューリ『建築の多様性と対立性』鹿島出版会、1982、p.193

◉ **3・17　風土と歴史**
図1　Bernard Rudofsky, *ARCHITECTURE WITHOUT ARCHITECTS* 1964, p.39, 115
図3～5　日本建築学会編『西洋建築史図集』彰国社、1981、p.40、72、75
図6　日本建築学会編『近代建築史図集』彰国社、1976、p.146
図7　日本建築学会編『日本建築史図集』彰国社、1980、p.78
図8　〈建築のテキスト〉編集委員会編『初めての建築一般構造』学芸出版社、1996、p.14

◉ **3・18　環境**
図1　(左) 中日新聞1999年1月26日付朝刊、(右) 中日新聞1999年2月19日付朝刊
図4　撮影：上野山貴嗣
図6　*GraT*, Vienna University of Technology

◉ **3・19　「建築」とメディアとの距離**
図1　撮影：日紫喜政彦

◎特記なきものは、筆者の撮影・作成・提供による

●著者一覧

〈編著者〉

内藤和彦	(ないとう・かずひこ)	中部大学工学部建築学科教授	2・1、2・5、3・17
橋本雅好	(はしもと・まさよし)	椙山女学園大学生活科学部生活環境デザイン学科准教授	3・1、3・2、コラム
日色真帆	(ひいろ・まほ)	東洋大学理工学部建築学科教授	1・5〜1・9、3・5
藤田大輔	(ふじた・だいすけ)	福井工業大学環境情報学部デザイン学科講師	2・6、3・3、3・16

〈著　者〉

浅野未紗子	(あさの・みさこ)	『棲』編集人（編集者）	3・19
生田京子	(いくた・きょうこ)	名城大学理工学部建築学科准教授	2・4、3・15
石川来夢	(いしかわ・らいむ)	椙山女学園大学生活科学部生活環境デザイン学科非常勤講師	コラム
大月　淳	(おおつき・あつし)	三重大学大学院工学研究科准教授	2・9、3・14
小川清一	(おがわ・せいいち)	NPO法人「街づくり支援協会 リング」理事	2・10、3・9
加藤悠介	(かとう・ゆうすけ)	金城学院大学生活環境学部准教授	2・3、3・4
北川啓介	(きたがわ・けいすけ)	名古屋工業大学大学院工学研究科准教授	2・8、3・10、3・18
佐野友紀	(さの・とものり)	早稲田大学人間科学学術院准教授	3・7
清水裕二	(しみず・ゆうじ)	愛知淑徳大学メディアプロデュース学部准教授	2・12、3・6
鈴木賢一	(すずき・けんいち)	名古屋市立大学大学院芸術工学研究科教授	1・1〜1・4、3・11
恒川和久	(つねかわ・かずひさ)	名古屋大学大学院工学研究科講師	2・11、3・12
中井孝幸	(なかい・たかゆき)	愛知工業大学工学部建築学科准教授	2・7、3・8
村上　心	(むらかみ・しん)	椙山女学園大学生活科学部生活環境デザイン学科教授	2・2、3・13

（五十音順、肩書は初版執筆当時）

作図協力／野村　彰

設計に活かす 建築計画

2010 年 4 月 30 日　第 1 版第 1 刷発行
2022 年 8 月 20 日　第 1 版第 4 刷発行

編著者　内藤和彦・橋本雅好・日色真帆・藤田大輔
著　者　浅野未紗子・生田京子・石川来夢・大月淳
　　　　小川清一・加藤悠介・北川啓介・佐野友紀
　　　　清水裕二・鈴木賢一・恒川和久・中井孝幸
　　　　村上　心
発行者　井口夏実
発行所　株式会社学芸出版社
　　　　京都市下京区木津屋橋通西洞院東入
　　　　〒600-8216　電話 075・343・0811
　　　　創栄図書印刷／新生製本
　　　　装丁：KOTO DESIGN Inc. 山本剛史

JCOPY 〈(社)出版者著作権管理機構委託出版物〉
本書の無断複写（電子化を含む）は著作権法上での例外を除き禁じられています。複写される場合は、そのつど事前に、(社)出版者著作権管理機構（電話 03-5244-5088、FAX 03-5244-5089、e-mail: info@jcopy.or.jp）の許諾を得てください。
また本書を代行業者等の第三者に依頼してスキャンやデジタル化することは、たとえ個人や家庭内での利用でも著作権法違反です。

©内藤和彦・橋本雅好・日色真帆・藤田大輔、2010
ISBN978-4-7615-2484-5　Printed in Japan

〈図説やさしいシリーズ〉

カラー版　図説 建築の歴史──西洋・日本・近代

● 西田雅嗣・矢ヶ崎善太郎 編
● B5変・184頁・定価3240円（本体3000円）
● ISBN978-4-7615-3207-9

西洋建築史・日本建築史・近代建築史を、68のテーマで様式別に整理した定番の1冊、待望のオールカラー化。臨場感溢れる鮮やかなカラー写真から、国・時代の多様さを感じながらも、精細なイラストも豊富に盛り込み、複雑な様式や空間構成が一目で理解できるよう工夫を凝らした。歴史を体系的に理解できるコンパクトな一冊。

図説 やさしい構造力学

● 浅野清昭 著
● B5変・192頁・定価2730円（本体2600円）
● ISBN978-4-7615-2349-7

数学や物理はよく理解できていないけれども、初めて、あるいはもう一度、構造力学を勉強しなければならない人に向けた入門教科書。すべてを手描きによるイラストで図解し、丁寧な解説をこころがけ、〈手順〉どおりにやれば誰でも解けるように構成を工夫した。二級建築士の資格試験（一級建築士レベルの基礎的学習）に対応。

図説 やさしい建築一般構造

● 今村仁美・田中美都 著
● B5変・192頁・定価2940円（本体2800円）
● ISBN978-4-7615-2477-7

材料、骨組み、構造形式、各部の名称としくみなど、建築物の構造の基本を初学者にも容易に理解できるよう工夫されたテキスト。木構造、鉄骨造、鉄筋コンクリート造の3つを中心に、その他の構造、基礎、下地と仕上げの各分野を、イラストを多用してイメージをつかみ理解を深めるように構成した。建築士受験レベルにも対応。

図説 やさしい建築法規

● 今村仁美・田中美都 著
● B5変・224頁・定価3360円（本体3200円）
● ISBN978-4-7615-3156-0

建築基準法は年々複雑となり、関連法規も新たに加わることで、法規学習のハードルは高くなったと感じる初学者が多い。建築士試験や実務遂行でも、つまづくことが増えていることを実感する声も多い。簡潔な文とイラスト主体で説明した、二級建築士受験レベルの法規解説書。重要ポイントは青刷、ゴシック書体で強調！

図説 やさしい建築材料

● 松本　進 著
● B5変・160頁・定価2730円（本体2600円）
● ISBN978-4-7615-2417-3

建築材料の発展は、建築の歴史そのものであり、建築様式に多大な影響を与えており、現在では工業製品として流通し、多種多様な広がりを見せている。本書では、3つの主な構造材料（木材、コンクリート、鉄鋼）を軸に、各種の仕上材料から塗料、接着剤に至るまで、図やイラストを通じて、初学者にも学べるように工夫している。